Konzentrationslager

Wolfgang Wippermann

Konzentrationslager

Geschichte, Nachgeschichte, Gedenken

ELEFANTEN PRESS BERLIN

Inhalt

Vorwort

Das Buch ist am Schreibtisch geschrieben, aber nicht dort entstanden. Es entsprang praktischen Bedürfnissen. Seit über 20 Jahren besuche ich mit Studenten, Schülern und anderen Interessierten Gedenkstätten im In- und Ausland, die sich auf dem Gelände ehemaliger Konzentrationslager befinden. Warum? Einmal um das zu tun, was in der normalen Lehre oft viel zu kurz kommt, nämlich Emotionen nicht zu verbannen, sondern zu wecken, in dem man der Opfer gedenkt. Doch dieses Gedenken, das weder verordnet noch gar erzwungen werden darf, reicht nicht aus. Man muß auch etwas über die Geschichte wissen. Nicht alles und jedes Detail, doch das Wichtigste. Was ist wirklich wichtig, und was sollte man vor und bei dem Besuch einer Gedenkstätte wissen, um es vor Ort erzählen zu können? Die Antwort auf diese Frage hat den Aufbau und die Zielsetzung des vorliegenden Buches geprägt.

Es enthält im ersten Teil, bzw. in den ersten fünf Kapiteln einen Überblick über die Geschichte der Konzentrations- und der anderen nationalsozialistischen Zwangslager. Ich beginne mit der Vorgeschichte. Konzentrationslager sind nämlich keine Erfindung der Nationalsozialisten. Deshalb mußten sie den Begriff auch nicht erklären, als sie 1933 die ersten »Konzentrationslager« errichteten. Die nationalsozialistischen unterschieden sich aber von Anfang an von den früheren Konzentrationslagern, die seit dem ausgehenden 19. Jahrhundert sowohl im Ausland wie in Deutschland selber errichtet worden waren.

Die nationalsozialistischen Konzentrationslager waren nicht gleich. Man kann drei Typen von einander unterscheiden, die in unterschiedlichen Phasen entstanden sind. Bei den Konzentrationslagern der ersten Phase handelte es sich um Haftanstalten, die in früheren Gefängnissen, Kasernen, Fabriken, Schiffen etc. errichtet wurden und in denen vornehmlich politische Gegner des Nationalsozialismus auf unbestimmte Zeit festgehalten und gefoltert wurden. In der zweiten Phase, die 1936/37 begann, wurden neue und größere Lager gebaut, die alle der SS unterstanden und in in denen neben politischen »Schutzhäftlingen« auch sogenannte »polizeiliche Vorbeugungshäftlinge« zur Zwangsarbeit eingesetzt wurden. Diese Konzentrationslager bestanden in der dritten Phase nicht nur fort, sie wurden durch weitere ergänzt, die in den von deutschen Truppen okkupierten Ländern West- und vor allem Osteuropas errichtet wurden. Neben diesen Konzentrations- und ihren zahlreichen Außenlagern gab es seit 1941 Lager, die ausschließlich der Vernichtung vornehmlich von Juden dienten, weshalb sie auch als »Todesfabriken« bezeichnet werden.

Teilweise schon seit Mitte der 30er Jahre und verstärkt während der Kriegszeit gründeten die Nationalsozialisten weitere Zwangslager, die jedoch wie die sogenannten »Arbeitserziehungs«-, »Jugendschutz«- und »Zigeunerlager« nicht der zentralen »Inspektion der Konzentrationslager« unterstanden, obwohl sich die hier herrschenden Verhältnisse kaum von den übrigen Konzentrations-, wohl aber von den Vernichtungslagern unterschieden.

Diese allgemeine Geschichte der Konzentrations- und der anderen Zwangslager sollte in den Grundzügen bekannt sein, bevor man sich der speziellen Geschichte der einzelnen Lager zuwendet, die in den einzelnen Gedenkstätten durch Museen und – meist wenige – Relikte dokumentiert ist. Die Geschichte der einzelnen Lager sollte wiederum in die allgemeine Geschichte eingebettet werden. Der Weg führt also vom allgemeinen zum besonderen und wiederum zurück zur allgemeinen Geschichte.

Doch mit der Geschichte allein kann und darf man sich nicht begnügen. Es ist notwendig, auch auf die Nachgeschichte einzugehen. Warum? Was gehört zu dieser Nachgeschichte? Einmal die schon unmittelbar nach 1945 einsetzenden Versuche, die Schrecken der Konzentrations- und vor allem der Vernichtungslager zu verharmlosen oder gar generell zu leugnen. Auch darauf sollte man bei einem Besuch einer Gedenkstätte eingehen. In Gedenkstätten, die sich wie die in Buchenwald und Sachsenhausen an Orten befinden, wo die früheren nationalsozialistischen Konzentrationslager nach 1945 in sowjetische »Speziallager« umgewandelt wurden, ist es dagegen notwendig, auch diese Nachgeschichte zu behandeln und insbesondere die

Frage zu prüfen, ob die sowjetischen »Spezial«- mit den nationalsozialistischen Konzentrationslagern zu vergleichen und gleichzusetzen sind. Schließlich und nicht zuletzt ist der gegenwärtige Zustand der Gedenkstätten zu erklären und ihre Geschichte zu erzählen, weil ihre Errichtung dazu geführt hat, daß viele originale Relikte aus der Zeit der Konzentrationslager beseitigt und die Gelände überformt worden und eine neue Sinngebung erhalten haben, die in beiden Teilen Deutschlands sowie in Polen einen sehr unterschiedlichen Charakter hatte und zum Teil immer noch hat.

Diese Nachgeschichte wird im zweiten Teil dieses Buches, bzw. in den Kapiteln sechs bis acht skizziert. Im Anhang findet man einmal Kurzbeschreibungen der Geschichte der wichtigsten Konzentrations- und anderen Zwangslager sowie der hier errichteten Gedenkstätten. Diese Beschreibungen korrespondieren mit der allgemeinen Geschichte der Lager und Gedenkstätten und sind daher sehr knapp gehalten. Weiterführende Hinweise sind dem Kommentierten Literaturverzeichnis zu entnehmen, das die wichtigste Literatur zur Geschichte der Konzentrationslager, zum Revisionismus und zur Geschichte der Denkmäler und Gedenkstätten enthält.

Damit sind Aufbau und Zielsetzung dieser Einführung in die Geschichte und Nachgeschichte der Konzentrationslager erklärt und begründet, die insofern einen singulären Charakter hat. Es handelt sich um ein fachwissenschaftliches Buch, das aber keinen nur fachwissenschaftlichen Zweck hat. Es wendet sich keineswegs nur an Fachleute, sondern an Lehrer, Schüler, Studenten und alle historisch Interessierten, vor allem aber an diejenigen, die eine Gedenkstätte besuchen wollen. Daher ist es bewußt knapp gehalten und allgemein verständlich geschrieben.

Vielfältige Hinweise habe ich von den Teilnehmern meiner Seminare und Exkursionen, den Mitarbeitern verschiedender Gedenkstätten sowie den Kollegen der Historikerkommission und des Kuratoriums für die thüringischen Gedenkstätten Buchenwald und Mittelbau-Dora erhalten, dem ich seit 1991 angehöre. Ihnen allen möchte ich herzlich danken.

Berlin, im November 1998
Wolfgang Wippermann

Einleitung

»Lieber Gott, mach mich stumm, daß ich nicht nach Dachau komm!« hieß ein in der NS-Zeit weit verbreiteter Spruch. Er beweist, daß die Deutschen sehr genau wußten, was Konzentrationslager waren und wo sie lagen. Dies ist nicht weiter verwunderlich. Haben doch die Nationalsozialisten selber die Existenz der Konzentrationslager keineswegs verschwiegen, sondern verschiedene kleinere und größere Arbeiten über sie publiziert.[1]

Sie dienten einmal dem Ziel, die eigene Bevölkerung in Angst und Schrecken zu versetzen und sie von jeglichen Widerstandsakten abzuhalten. Hinzu kam das Bestreben, die kritische Darstellung der nationalsozialistischen Konzentrationslager in der antifaschistischen sowie der ausländischen Publizistik[2] als unwahr zu entlarven. Selbst Kommandeure von Konzentrationslagern griffen zur Feder, um sich gegen Vorwürfe zu wehren, die ehemalige Häftlinge gegen sie erhoben hatten.[3] Dies geschah dann aber in so ungeschickter Weise, daß die weitere Berichterstattung über die Konzentrationslager von den Behörden des Dritten Reiches stärker kontrolliert und eingeschränkt wurde.

Ganz eingestellt wurde sie jedoch nicht. Höhere Gestapo-Beamte, die für die Verhängung der »Schutzhaft« und für die Einweisung in die Konzentrationslager verantwortlich waren, ließen es sich nicht nehmen, in juristischen und kriminalistischen Fachzeitschriften über ihre Tätigkeit und Erfahrungen zu berichten.[4] 1937 wurde sogar eine Dissertation über »Die politische Schutzhaft im nationalsozialistischen Deutschland«, veröffentlicht, mit der der Verfasser den juristischen Doktortitel (gewissermaßen einen »Dr. jur KZ.«!) erworben hatte.[5] Ganz offen und mit sichtlichem Stolz auf ihre Leistungen und Erfolge haben dann verschiedene Beamte der Kriminalpolizei in ihren Fachorganen über ihre Erfahrungen berichtet, die sie mit sogenannten »Asozialen«, Homosexuellen und »Zigeunern« gemacht hatten,[6] die seit 1937 in »polizeiliche Vorbeugungshaft« genommen und ebenfalls in Konzentrationslager verschleppt wurden.

Diese Häftlingsgruppen wurden in der antifaschistischen Publizistik entweder gar nicht erwähnt oder in einem sehr negativen Licht dargestellt, während das Verhalten der kommunistischen Häftlinge geradezu verherrlicht wurde.[7] Hier wirkte sich einmal die divide-et-impera-Taktik der KZ-Bewacher aus, denen es häufig genug gelungen war, die einzelnen Häftlingsgruppen durch die Vergabe von Funktionsstellen gegeneinander auszuspielen. Die Folge war ein interner Kampf um die Besetzung dieser Stellen, der in einigen Konzentrationslagern von den kommunistischen Häftlingen gewonnen wurde, was in den Erlebnisberichten geflohener oder entlassener Häftlinge jedoch aus verständlichen Gründen meist verschwiegen wurde.[8] Nur andeutungsweise zugegeben wurde ferner, daß es auch zwischen kommunistischen sowie sozialdemokratischen und vor allem trotzkistischen Häftlingen zu erbitterten politischen Auseinandersetzungen gekommen ist.

Dennoch besitzt die antifaschistische Publizistik über die nationalsozialistischen Konzentrationslager insgesamt einen großen Quellenwert. Hinzuweisen ist vor allem auf die ebenso kenntnis- wie materialreiche Darstellung und Dokumentation des »Strafvollzugs im III. Reich«, die Max Kahane im Auftrag der »Union für Recht und Freiheit« herausgab.[9] Bemerkenswert ist ferner die topographische Aufstellung und Beschreibung aller deutschen Konzentrationslager, die 1936 in Form eines »Reiseführers« veröffentlicht und in großer Stückzahl auch nach Deutschland eingeschmuggelt wurde.[10] Doch keine dieser zeitgenössischen Darstellungen erlangte den Bekanntheitsgrad, den Eugen Kogon mit seinem Buch über den »SS-Staat« erreichte, in dem er seine eigenen Erlebnisse als Buchenwald-Häftling mit allgemeinen Fakten über das nationalsozialistische System der Konzentrationslager zu einer sehr nüchternen und informativen Darstellung verband.[11] Kogons erstmals 1946 veröffentlichtes Buch erlebte viele Auflagen und wurde vor allem in der Bundesrepublik zu einem Standardwerk. Doch dann schwand das Interesse an diesem Thema. Über diese Sache schien ›Gras zu wachsen‹.

Dies galt sogar im wörtlichen Sinne. Sofern dies nicht schon 1945 geschehen war, wurden die Lager nämlich meist abgerissen, nachdem sie von den Besatzungsmächten als Internierungs- bzw. im Osten als »Speziallager« für tatsächliche oder angebliche Nationalsozialisten genutzt worden waren. Erst in den 60er Jahren änderte sich das Bild. Jetzt kam es zur Errichtung der ersten Gedenkstätten. Dies fand fast zeitgleich, aber in völlig unterschiedlicher Form in beiden Teilen Deutschlands statt.

In der DDR wurden die ehemaligen nationalsozialistischen Konzentrationslager Buchenwald, Dora-Mittelbau, Ravensbrück und Sachsenhausen zu »Nationalen Mahn- und Gedenkstätten« ausgebaut. Hier wurden die kommunistischen Häftlinge als Vorbilder und Vorläufer der herrschenden SED geehrt. Dies äußerte sich in der teilweise monumentalen Architektur und Ikonographie der Denkmäler und in den ritualisierten Feiern der Partei- und Staatsspitze, die auch militärische und paramilitärische Verbände aufmarschieren ließ.

In einem mehr als auffälligen Kontrast zur Instrumentalisierung dieser Nationalen Mahn- und Gedenkstätten für gegenwartspolitische Zwecke stand die historische Aufarbeitung der Geschichte dieser ehemaligen Konzentrationslager.[12] Sie war insgesamt unzureichend. Über so wichtige Lager wie Sachsenhausen, Ravensbrück und Dora-Mittelbau lagen nur sehr dünne Broschüren vor.[13] Über das KZ Oranienburg, immerhin das erste in Preußen, gab es gar nichts, obwohl es in der antifaschistischen Publizistik vor 1945 häufig erwähnt worden ist. Die vorhandenen Bücher und Materialien etwa über Buchenwald zeichneten sich dagegen durch eine mehr als beflissene parteikonforme Darstellung aus. Dies schloß selbst Beschimpfungen der amerikanischen Armee nicht aus, die Konzentrationslager wie Buchenwald befreit hatte.[14] Derartiges stand im Zeichen des Kalten Krieges. Gegenwartspolitisch motiviert war auch die Konzentration auf die Darstellung und Verherrlichung des Verhaltens der inhaftierten Kommunisten, während über die anderen Häftlingsgruppen, die spätestens seit 1937/38 in der Mehrheit waren, wenig und dann auch noch negativ berichtet wurde. Dies galt für die Juden, die Sinti und Roma, »Asozialen«, Homosexuellen und vor allem für die Zeugen Jehovas, die vermutlich deshalb nicht erwähnt wurden, weil sie in der DDR erneut verboten und verfolgt worden sind.

In den 80er Jahren wurden zwar einige fundiertere Arbeiten über einzelne Aspekte der Geschichte der Konzentrationslager veröffentlicht,[15] doch niemand fand sich bereit, das einseitige Gesamtbild in Frage zu stellen. Besonders deutlich wird dies an der Überblicksdarstellung von Heinz Kühnrich, der sich ganz und gar auf die Darstellung der Lage der kommunistischen Häftlinge konzentrierte, deren Verhalten sehr überschwenglich gelobt wurde.[16] Wenn andere Häftlingsgruppen erwähnt wurden, geschah dies in einer ziemlich überheblichen Art und Weise. So kommentierte Kühnrich die Einweisung von »asozialen« Häftlingen, worunter sich auch verschiedene Juden und Sinti und Roma befanden, mit der Bemerkung: »Die Faschisten wollten damit demonstrieren, daß sie kriminelle und politische Häftlinge auf eine Stufe stellen. Die politischen Häftlinge sollten moralisch erniedrigt werden.«[17]

Die Entwicklung in der Bundesrepublik verlief anders, aber auch nicht besser.[18] Auch hier wurden in den 60er Jahren einige Gedenkstätten eingeweiht.[19] Die bekanntesten waren Dachau, Bergen-Belsen, Flossenbürg und Neuengamme. Allerdings war die architektonische und ikonographische Ausgestaltung[20] (sowie die personelle Ausstattung) weitaus bescheidender als in der DDR. Die westdeutschen Gedenkstätten wurden auch nicht so intensiv für offizielle Zwecke genutzt. Teilweise wurden sie sogar gegen den intensiven Widerstand von Politikern und lokalen Honoratioren errichtet.[21] Auf pompöse Gedenkfeiern, wie sie in der DDR alljährlich zelebriert wurden, hat man in der Bundesrepublik so gut wie ganz verzichtet. Die politische Prominenz der Bundesrepublik nahm nur äußerst selten an Gedenkfeiern teil, die in ehemaligen Konzentrationslager stattfanden. Dies überließ man meist den Repräsentanten der Kirchen.

Die Geschichtswissenschaft nahm sich auch relativ spät der Erforschung der Geschichte der Konzentrationslager an. Sie setzte erst in den 60er Jahren ein. Ein Anlaß war der Auschwitz-Prozeß, der 1964 in Frankfurt begann. Zu diesem Zweck war das Münchener Institut für Zeitgeschichte mit der Abfassung eines Gutachtens über die Grundzüge der Geschichte der Konzentrationslager beauftragt worden. Es wurde von Martin Broszat geschrieben und 1967 zusammen mit thematisch ähnlichen Untersuchungen in einem zweibändigen Sammelband veröffentlicht.[22] Es folgten die wichtige Studie von Hans Georg Adler über die Deportation der Juden[23] sowie verschiedene Analysen zur Geschichte einzelner Konzentrationslager, die zum

Teil von den staatlichen Behörden in Auftrag gegeben worden waren, die die erwähnten Gedenkstätten errichtet hatten.[24] Einige von ihnen wurden dann in Sammelbänden[25] veröffentlicht, durch die die Überblicksdarstellung von Broszat aber nicht wesentlich erweitert wurde. Sehr vernachlässigt wurde dagegen die Erforschung der Konzentrations- und Vernichtungslager im Osten.

All diese Darstellungen konzentrierten sich meist auf die Täter. Das Leben und Leiden der Opfer wurde dagegen mehr pauschal und ohne Nennung von Namen und Einzelheiten erwähnt.[26] Dagegen hat Falk Pingel die Häftlinge in den Mittelpunk seiner 1978 veröffentlichten Studie über, so der passende Untertitel, »Widerstand, Selbstbehauptung und Vernichtung im KZ« gestellt.[27] Bei seiner detaillierten Beschreibung ihres Verhaltens untereinander und gegenüber der SS versuchte er, einerseits eine Heroisierung der Häftlinge zu vermeiden, wie sie in der DDR üblich war, andererseits aber auch ein gewisses Mitgefühl des Leser mit dem Schicksal dieser »Häftlinge unter SS-Herrschaft« zu wecken.[28]

Eine, wie das Schlagwort lautete, »emotionale Betroffenheit« zu erzeugen, stand dann ganz im Mittelpunkt der Bestrebungen von zahlreichen Geschichtswerkstätten, Initiativgruppen[29] und Einzelpersonen, die in den 80er Jahren durch Wort und Schrift darauf aufmerksam machten, daß sich verschiedene KZs samt ihren Außenlagern in unmittelbarer Nachbarschaft befanden.[30] Ihre Arbeit war zwar bei Schülern und Studenten sehr erfolgreich,[31] erfreute sich jedoch bei vielen Behörden und Politikern keiner großen Beliebtheit, die sich nur ungern an die »vergessenen KZs«[32] in ihrer Umgebung erinnern lassen wollten, wobei es sich meistens um Außenlager der größeren KZs und andere nationalsozialistische Zwangslager handelte, die bis dahin vergessen oder als »keine richtigen KZs«[33] bezeichnet und damit verharmlost worden waren.

In diesem Zusammenhang wurde dann auch die Geschichte der anderen nationalsozialistischen Zwangslager entdeckt, die wie die »Arbeitserziehungs«- »Jugendschutz«- und »Zigeunerlager« zwar formal nicht der zentralen Inspektion der Konzentrationslager unterstanden, sich aber faktisch kaum von den Konzentrationslagern unterschieden. Dies galt vor allem für die letzte Phase des Dritten Reiches, als die unterschiedliche organisatorische Unterstellung dieser Zwangslager immer bedeutungsloser wurde. Die Geschichte dieser sogenannten anderen Lager sowie der zahlreichen Außenlager der »großen Konzentrationslager« wurde, wie gesagt, meist von Laienhistorikern dokumentiert und durch die Errichtung von Denkmälern gekennzeichnet. Teilweise kam es sogar zur Errichtung weiterer kleinerer Gedenkstätten.[34] Sie wurden dann von den beteiligten Mitgliedern der betreffenen Projektgruppen und Bürgerinitiativen als »Landmarken gegen die Wendegeschichtsschreibung« gefeiert.[35] Dies geschah nicht ganz zu Unrecht.

Andererseits mehrten sich bereits in den 80er Jahren die Stimmen derjenigen, die die Brutalität und teilweise sogar die Existenz der nationalsozialistischen Konzentrations- und vor allem der Vernichtungslager leugneten. Die Lügen dieser Revisionisten fanden auch innerhalb der seriösen Publizistik und Fachwissenschaft Beachtung. Schon deshalb konnte man sie nicht mehr mit Nichtachtung strafen. Daher widmeten sich verschiedene in- und ausländische Wissenschaftler der Widerlegung dieser revisionistischen Lügen und dem Nachweis ihrer politischen Funktion.[36] Hierbei wurde deutlich, daß die Geschichte der Konzentrationslager kaum von der Geschichtspolitik zu trennen ist, die mit ihnen betrieben wurde und wird.

Dies zeigt sich nicht nur bei der revisionistischen Leugnung ihrer Brutalität und Existenz, sondern auch an dem Versuch, die nationalsozialistischen Konzentrations- und mit den sowjetischen Zwangslagern zu vergleichen und ihre Schrecken zu relativieren. Derartige im Zeichen der Totalitarismustheorie[37] stehenden aufrechnenden Vergleiche sind bereits in den 50er Jahren gemacht worden. In diesem Zusammenhang wurde behauptet, daß das nationalsozialistische Konzentrations- und das sowjetische Gulagsystem im Kern identisch seien.[38] Von einigen deutschen Historikern und Publizisten wurden darüber hinaus die von der sowjetischen Besatzungsmacht in der damaligen SBZ errichteten »Speziallager« ganz dezidiert als »sowjetische Konzentrationslager auf deutschem Boden« bezeichnet.[39] Derartige Bezeichnungen und Wertungen standen jedoch nicht nur ganz im Zeichen des Kalten Krieges, sie wurden auch vornehmlich von solchen Autoren verwandt, die der »Kampfgruppe gegen Unmenschlichkeit«[40] und anderen Propagandaorganisationen des Kalten Krieges angehörten.

Mit dem Abflauen des Kalten Krieges verschwanden derartige Bezeichnungen aus dem (west-)deutschen Sprachgebrauch. Die Existenz und Brutalität des Gulags wurde zwar nicht geleugnet, aber kaum jemand fand sich bereit, die sowjetischen Zwangslager mit den nationalsozialistischen Konzentrationslagern zu vergleichen. Dies konnte man allenfalls in der rechtsradikalen Publizistik antreffen.[41] Doch in den 80er Jahren änderte sich dies. Wesentlich dazu beigetragen hat der eindrucksvolle Erinnerungsbericht von Alexander Solschenizyn über den »Archipel Gulag.«[42] Solschenizyns Buch rief vor allem bei den bis dahin noch sehr moskautreuen französischen Linken einen regelrechten »Gulag-Schock« hervor.[43]

In Deutschland wurde diese Debatte dagegen wenig rezipiert. Kaum Beachtung fand hier auch das 1982 publizierte Buch des polnischen Historikers Andrzej Józef Kaminski über die Geschichte der »Konzentrationslager«, zu denen er keineswegs nur die deutschen, sondern auch die sowjetischen zählte.[44] Dagegen stieß Ernst Nolte mit seiner Behauptung, daß der »Archipel Gulag« »ursprünglicher« als der Holocaust und das nationalsozialistische Konzentrationslagersystem gewesen sei, am Ende der 80er Jahre auf eine ziemlich einhellige Kritik.[45] Da der Holocaust als eine singuläre Erscheinung angesehen wurde, verzichtete man auf Vergleiche zwischen dem Gulag-System und dem deutschen »KZ-Staat«.[46] Dies hat sich nach dem Untergang der kommunistischen Regime in Europa geändert. Die – bisher allerdings nur sehr partielle – Öffnung der russischen Archive ist von verschiedenen Forschern genutzt worden, um neue Informationen über den Gulag zu bekommen. In Deutschland stießen vor allem die sowjetischen Speziallager auf ein breites Interesse.[47] Dies führte in der Öffentlichkeit und in Teilen der Forschung dazu, daß wiederum Vergleiche zwischen den sowjetischen Zwangs- und den deutschen Konzentrationslagern gezogen wurden.

Diese Diskussion hat sich bisher jedoch kaum auf die Spezialforschung zur Geschichte der nationalsozialstischen Konzentrationslager ausgewirkt. Dies gilt sowohl für die Studie über die »Inspektion der Konzentrationslager« von Johannes Tuchel[48] wie für die materialreiche, aber nur bis 1939 reichende Darstellung der Geschichte der Konzentrationslager von Klaus Drobisch und Günther Wieland[49], die Gesamtdarstellung der Geschichte aller nationalsozialistischen Zwangslager von Gudrun Schwarz[50] und schließlich für die theoretisch orientierte »soziologische Situationsanalyse« von Wolfgang Sofsky über die »Ordnung des Terrors«.[51]

Dagegen konnten Gedenkstätten wie Buchenwald und Sachsenhausen der Frage nicht ausweichen, wie man an die »Speziallager« erinnern sollte, die 1945 auf dem Gelände der nationalsozialistischen Konzentrationslager errichtet worden waren, was von der Partei- und Staatsführung der DDR weitgehend verschwiegen worden war. Eine Einbeziehung auch der »Speziallager« in die neuen Gedenkstättenkonzepte erwies sich als notwendig. Die Frage war nur: wie?

In Sachsenhausen wurde die im Auftrag des Ministerrats der DDR erstellte Ausstellung über die Geschichte des KZ Sachsenhausen durch eine Sonderausstellung zum »Speziallager« ergänzt, die jedoch zahlreiche Fehler enthält und sich durch eine äußerst scharfe antikommunistische Tendenz auszeichnet. Beide völlig konträren Ausstellungen befinden sich unter einem Dach. An dieser Situation, die den Besucher mehr als verwirrt, hat sich bis heute nichts geändert. Die etwas widersprüchlichen Empfehlungen einer Experten-Kommission zur Umgestaltung der Gedenkstätte Sachsenhausen sind bisher nur ansatzweise umgesetzt worden.[52]

Die von der thüringischen Landesregierung ernannte Historiker-Kommission hat sich dagegen von Anfang an für eine strikte Trennung der Dokumentation der Geschichte des Konzentrations- und des späteren sowjetischen »Speziallagers« ausgesprochen, wobei der Schwerpunkt der Gedenkstättenarbeit auf der Geschichte des KZs basieren sollte.[53] Diese Empfehlung wurde inzwischen durch die Neugestaltung der Ausstellung über das nationalsozialistische Konzentrationslager und die Schaffung einer neuen Ausstellung über das »Speziallager«, die getrennt von der ersteren in einem eigenen Gebäude untergebracht ist, verwirklicht. Geplant ist eine weitere Ausstellung zur Geschichte Buchenwalds als »Nationaler Mahn- und Gedenkstätte« der DDR, die Anfang 1999 eröffnet werden wird.

Diese geplanten und, was Buchenwald angeht, inzwischen auch weitgehend beendeten Umgestaltungen dieser Gedenkstätten fanden in der Öffentlichkeit ein breites und durchaus kontroverses Interesse, das wiederum verdeutlicht, wie eng die Geschichte der Konzentrationslager mit der Nachgeschichte verbunden ist.

Anmerkungen

1 Einige dieser Zeitungsberichte waren sogar mit Bildern versehen. Vgl.: »Besuch im Konzentrationslager«, in: Deutsche Illustrierte Zeitung, 30. 5. 1933; teilweise abgedruckt in: Hans-Norbert Burkert/Klaus Matußek/Wolfgang Wippermann, »Machtergreifung«. Berlin 1933, 2. Aufl. 1984, S. 89.

2 Vgl. dazu: Klaus Drobisch, Zeitgenössische Berichte über Nazikonzentrationslager 1933–1939, in: Jahrbuch für Geschichte Bd. 26, Berlin 1982, S. 108–132.

3 So etwa: Werner Schäfer, Konzentrationslager Oranienburg. Das Antibraunbuch über das erste deutsche Konzentrationslager, Berlin 1934. Der Lagerkommandant von Oranienburg, Schäfer, polemisiert hier nicht nur gegen das berühmte »Braunbuch«, auf das noch einzugehen ist, sondern gegen den Erlebnisbericht des ehemaligen Reichstagsabgeordneten der SPD, Gerhart Seger, Oranienburg, Erster authentischer Bericht eines aus dem Konzentrationslager Geflüchteten. Mit einem Geleitwort von Heinrich Mann, Karlsbad 1934; Neudruck Berlin 1979.

4 Hans Tesmer, Die Schutzhaft und ihre rechtlichen Grundlagen, in: Deutsches Recht, H. 7 /8, 15. 4. 1936, S. 135 f; Werner Spohr, Die Schutzhaft, Düsseldorf 1934; ders., Das Recht der Schutzhaft, Berlin 1937.

5 Otto Geigenmüller, Die politische Schutzhaft im nationalsozialistischen Deutschland, Jur-Diss. Leipzig-Würzburg 1937.

6 So in Zeitschriften wie »Deutsches Recht«, »Die Polizei« und »Kriminalistische Rundschau«.

7 Dies gilt insbesondere für die Berichte in: Braunbuch über Reichstagsbrand und Hitler-Terror, Basel 1933; Neudruck Berlin 1980; sowie in der Sammlung: Konzentrationslager. Ein Appell an das Gewissen der Welt. Ein Buch über Greuel. Die Opfer klagen an, Karlsbad 1934. Ferner für die Artikel in der – kommunistischen – »Rundschau über Politik, Wirtschaft und Arbeiterbewegung«, der »Deutschen Volkszeitung«; aber auch für Bücher wie: Maximilian Scheer, Das deutsche Volk klagt an. Hitlers Krieg gegen die Friedenskämpfer in Deutschland. Ein Tatsachenbericht, Paris 1936; Willi Bredel, Die Prüfung, Moskau/Leningrad 1935; Neudruck Berlin 1974 etc.

8 Offen angesprochen wurde dies jedoch bei: Eugen Kogon, Der SS-Staat. Das System der deutschen Konzentrationslager, München 1977 (zuerst 1946). Zum Verhalten der kommunistischen Kapos in Buchenwald jetzt: Lutz Niethammer (Hrsg.), Der gesäuberte Antifaschismus. Die SED und die kommunistischen Kapos von Buchenwald, Berlin 1994.

9 Max Kahane, Der Strafvollzug im III. Reich. Denkschrift und Materialsammlung, hrsg. von der Union für Recht und Freiheit, Prag 1936. In dieser »Union« arbeiteten sowohl deutsche und ausländische Kommunisten, Sozialdemokraten und Mitglieder bürgerlicher Parteien zusammen. Unter ihnen war auch der bekannte tschechische Theologe Josef Hromádka.

10 Lernen Sie das Schöne Deutschland kennen. Ein Reiseführer, unentbehrlich für jeden Besucher der Olympiade, o.O. u. o. J.

11 Eugen Kogon, Der SS-Staat. Das System der deutschen Konzentrationslager,

München 1974 (zuerst: Frankfurt 1946). Scharfe Kritik am historiographischen Wert dieser Studie, die eher den Charakter eines »Erlebnisberichts« habe, bei: Johannes Tuchel, Konzentrationslager. Organisationsgeschichte und Funktion der »Inspektion der Konzentrationslager« 1934–1948, Boppard 1991, S. 15.

12 Darüber können auch die umfangreichen Bestandsverzeichnisse der wirklich zahlreichen Gedenkstätten und Denkmäler nicht hinwegtäuschen. Vgl.: Anna Dora Miethe, Gedenkstätten. Arbeiterbewegung, antifaschistischer Widerstand, Aufbau des Sozialismus, Leipzig 1974.

13 Komitee der antifaschistischen Widerstandskämpfer (Hrsg.), Sachsenhausen, Berlin 1962 (weitere Aufl.); Komitee der Antifaschistischen Widerstandskämpfer der Deutschen Demokratischen Republik (Hrsg.), Frauen-KZ Ravensbrück, Berlin 1971; Guste Zörner, Frauen-KZ Ravensbrück, Berlin 1986. Zahlreich sind dagegen die sogenannten Dokumentar- und Erinnerungsberichte über Ravensbrück und Sachsenhausen, die jedoch alle dem gleichen Schema folgen, d.h. offensichtlich zensiert wurden. Völlig unzureichend war der For schungsstand zu Dora-Mittelbau. Vgl. jetzt: Angela Fiedermann u.a., Das Kon zentrationslager Mittelbau Dora. Ein historischer Abriß, Berlin 1993.

14 Besonders krass in: Komitee der antifaschistischen Widerstandskämpfer in der DDR (Hrsg.), Buchenwald, Berlin 1959. Ähnlich: Buchenwald. Mahnung und Verpflichtung. Dokumente und Berichte, Berlin 1961. Zurückhaltender in der Bewertung: Klaus Drobisch, Widerstand in Buchenwald, Berlin 1977, 2. Aufl. 1985. Modifizierter auch der letzte Katalog aus der DDR-Zeit: Nationale Mahn- und Gedenkstätte Buchenwald (Hrsg.), »Konzentrationslager Buchenwald. Post Weimar/Thür.« Katalog zu der Ausstellung aus der Deutschen Demokratischen Republik im Martin-Gropius-Bau Berlin (West), Weimar-Buchenwald 1990.

15 Erwähnenswert sind verschiedene Arbeiten von Klaus Drobisch und Günther Wieland. Beide Autoren arbeiteten an einer Gesamtgeschichte der NS-Konzentrationslager, die aber erst 1993 veröffentlicht wurde und inhaltlich nur bis 1939 reicht: Klaus Drobisch/Günther Wieland, System der NS-Konzentrationslager 1933–1939, Berlin 1993.

16 Heinz Kühnrich, Der KZ-Staat 1933–1945. Die faschistischen Konzentrationslager 1933–1945, Berlin 1980.

17 Kühnrich, Der KZ-Staat, S. 58.

18 Eine Gesamtdarstellung der Geschichte der Gedenkstätten und Gedenkfeiern in der Bundesrepublik liegt bisher nicht vor. Erster Ansatz: Bernd Eichmann, Versteinert – Verharmlost – Vergessen. KZ-Gedenkstätten in der Bundesrepublik Deutschland, Frankfurt/M. 1985. Interessante Hinweise bei: Detlef Garbe, Gedenkstätten: Orte der Erinnerung und die zunehmende Distanz zum Nationalsozialismus, in: Hanno Loewy (Hrsg.), Holocaust: Die Grenzen des Verstehens. Eine Debatte über die Besetzung der Geschichte, Reinbek 1992, S. 260–284.

19 Vgl. die umfassende Dokumentation von: Ulrike Puvogel, Gedenkstätten für die Opfer des Nationalsozialismus. Eine Dokumentation, Bonn 1987 (= Schriftenreihe der Bundeszentrale für Politische Bildung, Bd. 245).

20 Dazu der sehr instruktive Band von: Harold Marcuse/Frank Schimmelpfennig/ Jochen Spielmann, Steine des Anstoßes – Nationalsozialismus und Zweiter Weltkrieg in Denkmalen 1945–1985, Hamburg 1985.

21 Besonders heftig war dieser Protest gegen die Errichtung der Gedenkstätte in Dachau. Vgl.: Harold Marcuse, Das ehemalige Konzentrationslager Dachau. Der mühevolle Weg zur Gedenkstätte 1945–1968, in: Wolfgang Benz/Barbara Distel (Hrsg.), Erinnern oder Verweigern – Das schwierige Thema Nationalsozialismus, Dachau 1990 (Dacher Hefte 6), S. 182–205.

22 Martin Broszat, Nationalsozialistische Konzentrationslager 1933–1945, in: Hans Buchheim u. a., Anatomie des SS-Staates, Bd. 2, München 1967, S. 11–160. Wichtige Hinweise auf die Anfangsphase der Geschichte der Konzentrationslager bei: Karl Dietrich Bracher/Wolfgang Sauer/Gerhard Schulz, Die nationalsozialistische Machtergreifung. Studien zur Errichtung des totalitären Herrschaftssystems in Deutschland 1933 /34, Köln-Opladen 1960.

23 Hans Georg Adler, Der verwaltete Mensch. Studien zur Deportation der Juden aus Deutschland, Tübingen 1974.

24 So etwa für Bergen-Belsen: Eberhard Kolb, Bergen-Belsen. Geschichte des »Aufenthaltslagers« 1943–1945, Hannover 1962. Obwohl das Buch seit 1966 vergriffen war, kam es nicht zu einer Neuauflage. Erst 1985 konnte Kolb eine überarbeitete Neufassung herausbringen: Eberhard Kolb, Bergen-Belsen. Vom »Aufenthaltslager« zum Konzentrationslager 1943–1945, Göttingen 1985.

25 Ino Arndt u.a ‚Studien zur Geschichte der Konzentrationslager, hrsg. vom Institut für Zeitgeschichte München, Stuttgart 1970.

26 Dies trifft jedoch auf ausländische Veröffentlichungen zu. Vgl. den Tagungsband der Yad Vashem Konferenz: The Nazi Concentration Camps. Structure and Aims. The Image of the Prisoner. The Jews in the Camps, Jerusalem 1984.

27 Falk Pingel, Häftlinge unter SS-Herrschaft. Widerstand, Selbstbehauptung und Vernichtung im KZ, Hamburg 1978.

28 Ähnliche Tendenz auch in dem Sammelband von: Ludwig Eiber (Hrsg.), Verfolgung – Ausbeutung – Vernichtung: Die Lebens- und Arbeitsbedingungen der Häftlinge in deutschen Konzentrationslagern 1933–1945, Hannover 1985; sowie in dem eindrucksvollen Bericht des ehemaligen Auschwitz-Häftlings: Hermann Langbein, ... nicht wie die Schafe zur Schlachtbank. Widerstand in den nationalsozialistischen Konzentrationslagern 1938–1945, Frankfurt/M. 1980.

29 Dazu ist auch eine an der Gesamthochschule Kassel angesiedelte Arbeitsgruppe »Nationalsozialismus in Hessen« zu zählen, die sich vor allem mit dem frühen KZ Breitenau und einem Außenlager von Buchenwald beschäftigte. Vgl.: Gesamthochschule Kassel (Hrsg.), Erinnern an Breitenau 1933–1945, Kassel 1982; Klaus Mosch, Schäferberg. Ein Henschel-Lager für ausländische Zwangsarbeiter, Kassel 1983. In Breitenau kam es 1984 zur Errichtung einer Gedenkstätt. Vgl.: Gunnar Richter /Dietfried Krause-Vilmar, Die Gedenkstätte Breitenau in Guxhagen, in: Wulff E. Brebeck u.a., Zur Arbeit in Gedenkstätten für die Opfer des Nationalsozialismus – ein internationaler Überblick, Berlin 1988, S. 147–158.

30 Auch hier fehlt eine gründliche Aufarbeitung der für die Entwicklung der politischen Kultur in der – alten – Bundesrepublik so wichtigen Bewegung. Hin weise in den in den nächsten Anmerkungen genannten Literatur.

31 Mit weiterführenden Literaturhinweisen: Gisela Lehrke, Gedenkstätten für die Opfer des Nationalsozialismus. Historisch-politische Bildung am Ort des Widerstandes, Frankfurt/M. 1988; Annegret Ehmann u.a.,(Hrsg.), Praxis der Gedenkstättenpädagogik. Erfahrungen und Perspektiven, Opladen 1995

32 Detlev Garbe (Hrsg.), Die vergessenen KZs? Gedenkstätten für die Opfer des NS-Terrors in der Bundesrepublik, Bornheim-Merten 1983.

33 Vgl. etwa: Eberhard Klopp, Hinzert – kein richtiges KZ?. Ein Beispiel unter 2000, Trier 1983.

34 Wie mühselig dies war, wird beispielhaft dokumentiert in: Aktionskomitee Emslandlager e.V. (Hrsg.), Das Schweigen wird lauter. Vom Kampf um den Moorsoldatenfriedhof bis zur Entstehung des Dokumentationszentrums Emslandlager. Eine Chronik 1955–1985, Oldenburg o.J. Ähnlich: Projektgruppe Breitenau (Hrsg.), Erinnern an Breitenau 1933–1945, Kassel 1984. Welches Ausmaß diese Bewegung in den 80er Jahren annahm, wird deutlich, wenn man sich die umfangreichen »heimatgeschichtlichen Wegweiser« ansieht, die allein für das Bundesland Niedersachsen erstellt wurden: Studienkreis zur Erforschung und Vermittlung der Geschichte des Widerstandes (Hrsg.), Heimatgeschichtlicher Wegweiser zu Stätten des Widerstandes und der Verfolgung 1933–1945. Niedersachen I u. II, Köln 1986.

35 Thomas Lutz, Gedenkstätten für die Opfer des NS-Regimes – Landmarken gegen die Wendegeschichtsschreibung, in: Heide Gerstenberger/Dorothea Schmidt (Hrsg.), Normalität oder Normalisierung ? Geschichtswerkstätten und Faschismusanalyse, Münster 1987, S. 191–203.

36 Till Bastian, Auschwitz und die »Auschwitz-Lüge«. Massenmord und Geschichtsfälschung, München 1994; Deborah E. Lipstadt, Betrifft: Leugnen des Holocaust, Zürich 1994; Brigitte Bailer-Galanda u.a. (Hrsg.), Die Auschwitzleugner. »Revisionistische« Geschichtslüge und historische Wahrheit, Berlin 1996.

37 Zur Genese und Funktion der Totalitarismustheorie, auf die hier nicht näher eingegangen werden kann: Wolfgang Wippermann, Totalitarismustheorien. Die Entwicklung der Diskussion von den Anfängen bis heute, Darmstadt 1997.

38 Ganz besonders deutlich bei: Hannah Arendt, Elemente und Ursprünge totaler Herrschaft, Bd. 1–3 Berlin 1975, Bd. 3, S. 210 ff.

39 Hermann Just, Die sowjetischen Konzentrationslager auf deutschem Boden 1945–1950. Hrsg. von der Kampfgruppe gegen Unmenschlichkeit, Berlin 1952.

40 Dazu die ziemlich unkritische Studie von: Kai-Uwe Merz, Kalter Krieg als antikommunistischer Widerstand. Die Kampfgruppe gegen Unmenschlichkeit 1948–1959, München 1987. Zum ähnlich aufgebauten »Ostbüro« der SPD: Wolfgang Buschfort, Das Ostbüro der SPD. Von der Gründung bis zur Berlin-Krise, München 1991.

41 Beispielhaft sind: Joachim R. Stern, Und der Westen schweigt. Erlebnisse,

Berichte, Dokumente über Mitteldeutschland. 1945–1975, Pr. Oldendorf 1976; Hans-Hermann Wilhelm, Ohne Stein und ohne Namen. Aufzeichungen aus stalinistischen Todeslagern in Deutschland, Leoni 1974. Diese und andere Publikationen erschienen in rechtsradikalen Verlagen.

42 Alexander Solschenizyn, Der Archipel GULAG, Bd. 1–3 Reinbek 1978 (zuerst: 1977).

43 Vgl. dazu: David Bosshart, Politische Intellektualität und totalitäre Erfahrung. Hauptströmungen der französischen Totalitarismuskritik, Berlin 1992, bes. S. 262 ff.

44 Andrzej Józef Kaminski, Konzentrationslager 1896 bis heute. Eine Analyse, Stuttgart 1982.

45 Die wichtigsten Beiträge – es handelt sich meist um Zeitungsartikel – sind enthalten in: »Historikerstreit« – Die Dokumentation der Kontroverse um die Einzigartigkeit der nationalsozialistischen Judenvernichtung, München 1987.

46 Hans-Ulrich Wehler, Entsorgung der deutschen Vergangenheit? Ein polemischer Essay zum »Historikerstreit«, München 1988; Dan Diner (Hrsg.), Ist der Nationalsozialismus Geschichte? Zu Historisierung und Historikerstreit, Frankfurt/M. 1987; Richard J. Evans, Im Schatten Hitlers? Historikerstreit und Vergangenheitsbewältigung in der Bundesrepublik, Frankfurt/M. 1991. Zum Fortgang der Diskussion: Wolfgang Wippermann, Wessen Schuld? Vom Historikerstreit zur Goldhagen-Kontroverse, Berlin 1997.

47 Vgl. die Zusammenfassung des Forschungsstandes bei: Lutz Niethammer, Alliierte Internierungslager in Deutschland nach 1945. Vergleich und offene Fragen, in: Christian Jansen u. a. (Hrsg.), Von der Aufgabe der Freiheit. Festschrift für Hans Mommsen, Berlin 1995, S. 469–492.

48 Johannes Tuchel, Konzentrationslager. Organisationsgeschichte und Funktion der »Inspektion der Konzentrationslager« 1933–1938, Boppard 1991. Vgl. aber seine fundierte Kritik an den vergleichenden Ausführungen von Hannah Arendt , S. 359 ff.

49 Klaus Drobisch/Günter Wieland, System der NS-Konzentrationslager 1933–1939, Berlin 1993.

50 Gudrun Schwarz, Die nationalsozialistischen Lager, Frankfurt/M. 1990.

51 Wolfgang Sofsky, Die Ordnung des Terrors. Das Konzentrationslager, Frankfurt/M. 1993. In der Einleitung findet man aber einige Bemerkungen über die Vergleichbarkeit, bzw. Unvergleichbarkeit der nationalszialistischen Konzentrationslager.

52 Ministerium für Wissenschaft, Forschung und Kultur des Landes Brandenburg (Hrsg.), Brandenburgische Gedenkstätten für die Verfolgten des NS-Regimes. Perpektiven, Kontroversen und internationale Vergleiche, Berlin 1992, bes. S. 212–265.

53 Zur Neuorientierung der Gedenkstätte Buchenwald. Die Empfehlungen der vom Minister für Wissenschaft und Kunst des Landes Thüringen berufene Historikerkommission, Weimar-Buchenwald 1992, S. 10–13.

»Campos de concentración«, »concentration camps«, »Konzentrationslager«

Die Vorgeschichte der nationalsozialistischen Konzentratioslager

Am 6. April 1933 erschien im »Dachauer Volksblatt« die folgende »Meldung«: »In einer Pressebesprechung am 20. März teilte der kommissarische Polizeipräsident von München (gemeint ist Heinrich Himmler) mit: Am Mittwoch wird in der Nähe Dachaus das erste Konzentrationslager eröffnet.«[1] Liest man diesen Artikel sorgfältig durch, fällt auf, daß der Begriff »Konzentrationslager« mit keinem Wort erklärt wird. Dies war auch gar nicht nötig. Den Zeitgenossen war diese Bezeichnung bekannt. »Konzentrationslager« waren nämlich keine Erfindungen der Nationalsozialisten. Sie gab es schon lange vorher.

Die ersten Konzentrationslager wurden 1896 auf Kuba errichtet.[2] Mit diesen »campos de concentración« wollte der gerade zum Gouverneur der Insel ernannte General Valeriano Weyler y Nicolau den Widerstand der aufständischen Kubaner gegen die spanische Kolonialherrschaft brechen. Insgesamt 400.000 Menschen, meist Frauen, Kinder und Greise soll dieser spanische General deutscher Herkunft eingesperrt, bzw., wie das neue Verb lautete, »rekonzentriert« (reconcentrados) haben.

Weylers ›Erfindung‹ machte Schule.[3] Zwei Jahre später haben US-Amerikaner »concentration camps« auf den Philippinen errichtet. Insassen und Opfer waren Einheimische, die sich gegen die neuen Kolonialherren wehrten. 1900 waren es dann die Briten, die in Südafrika die Angehörigen der aufständischen Buren in »concentration camps« internierten, um so den Widerstand der Buren zu brechen. Insgesamt handelte es sich um 160.000 Personen, meist Frauen und Kinder, die unzureichend untergebracht, mangelhaft ernährt und medizinisch schlecht versorgt wurden. Etwa 20.000 sollen gestorben sein. Dies rief in aller Welt, vor allem aber in Deutschland, wo man ohnehin mit den Buren sympathisierte, eine Welle der Empörung hervor.[4]« Concentration camps« galten als weiterer Beweis für die Brutalität und Tücke des »perfiden Albions«.[5]

Als »Konzentrationslager« wurden bis in die 30er Jahre hinein auch die sowjetischen Lager des Gulag-Systems benannt.[6]

Fraglich ist jedoch, ob die Nationalsozialisten dies wußten und sich bei der Errichtung ihrer Konzentrationslager am sowjetischen Vorbild orientiert haben. Der französische Historiker Stéphane Courtois hat dies jüngst behauptet, wobei er sich auf eine einzige Aussage in dem Erinnerungsbericht des Kommandanten von Auschwitz Rudolf Höß stützt.[7] Daß der sowjetische Gulag das Vorbild der nationalsozialistischen Konzentrationslager gewesen sein soll, ist jedoch schon deshalb unglaubhaft, weil es in Deutschland bereits vor der NS-Zeit Konzentrationslager gegeben hat. Gemeint sind die – offiziell so genannten – »Konzentrationslager«, die 1921 in Cottbus-Sielow und in Stargard in Pommern auf dem Gelände von ehemaligen Kriegsgefangenenlagern errichtet wurden.[8] Dabei handelte es sich um Abschiebelager für »unerwünschte Ausländer«. Die meisten von ihnen waren sogenannte »Ostjuden«. Wer waren diese »Ostjuden« und worin unterschieden sie sich von den emanzipierten und assimilierten deutschen Juden? Um dies zu verstehen, ist ein kleiner historischer Exkurs notwendig.

»Ostjuden« stammten streng genommen gar nicht aus dem Osten, sondern waren die Nachkommen der deutschen Juden, die Mitte des 14. Jahrhunderts aus Angst vor den Pogromen nach Polen geflüchtet waren.[9] Dort waren sie zunächst mit offenen Armen aufgenommen und mit verschiedenen Privilegien ausgestattet worden. Doch seit dem Aufstand Bogdan Chmielnickis in der Mitte des 17. Jahrhundert kam es auch in Polen bzw. in den an Rußland gefallenen polnischen Gebieten zu Pogromen, die am Ende des 19. Jahrhunderts immer brutalere Züge annahmen.

Daher verließen viele Juden ihre angestammte Heimat, um in der Fremde ihr Glück zu versuchen. Während die weitaus meisten von ihnen nach Amerika auswanderten, zog es einige in das Land ihrer Vorväter: Deutschland. Schließlich fühlten sich viele »Ostjuden« mit der deutschen Sprache und Kultur schon deshalb verbunden, weil das von ihnen gesprochene Jiddisch aus dem Mittelhochdeutschen hervorgegangen ist.

Diese Einwanderung wurde zunächst von den deutschen Behörden kaum wahrgenommen.[10] Stellten die »ostjüdischen« Einwanderer doch alles andere als ein soziales Problem dar. Viele fanden eine Anstellung als Rabbiner, Schächter und Lehrer in den jüdischen Gemeinden. Andere waren als Händler und Hausierer tätig. Ein nicht unerheblicher Teil von ihnen waren Arbeiter. Viele »Ostjuden« assimilierten sich genauso schnell wie es die alteingesessenen deutschen Juden vor ihnen getan hatten. Doch einige hielten aus religiösen Gründen an der traditionellen Kleidung (Kaftan und schwarzer Hut) sowie der Haar- und Barttracht fest, wie dies unter den Juden Osteuropas immer noch üblich war. Dadurch und durch ihren jiddischen Akzent waren sie anders als die deutschen Juden auch äußerlich als Juden erkennbar.

Noch wichtiger war, daß die meisten jüdischen Einwanderer nicht mehr eingebürgert wurden, sondern Ausländer blieben. Dies geschah gegen ihren Willen und war die Folge des 1842 in Preußen und 1870 auch im Deutschen Reich eingeführten ius sanguinis, was wörtlich Blutrecht heißt und die deutsche Staatsbürgerschaft von einer – natürliche fiktiven – deutschen Abstammung abhängig macht.[11] Dieses Blutrecht, das immer noch in Kraft ist, war rassistisch motiviert und verschärfte den ohnehin schon in Deutschland vorhandenen Antisemitismus.[12]

Für die eingefleischten deutschen Antisemiten avancierten die, wie sie im 19. Jahrhundert meist verächtlich genannt wurden, »polnischen Juden« zu den bevorzugten Objekten ihres Hasses. Man malte das Schreckgespenst einer jüdischen Masseneinanderung bzw. einer »jüdischen Flut aus dem Osten« an die Wand. So heißt es in dem berüchtigten Aufsatz des Historikers Heinrich von Treitschke »Ein Wort über unser Judentum« aus dem Jahr 1880: »Über unsere Ostgrenze aber dringt Jahr für Jahr aus der unerschöpflichen Wiege eine Schar strebsamer, hosenverkaufender Jünglinge herein, deren Kinder und Kindeskinder dereinst Deutschlands Börsen und Zeitungen beherrschen sollen.«[13] Treitschke verband damit das antisemitische Klischee von dem angeblich so reichen und mächtigen deutschen Juden mit dem Stereotyp von der »jüdischen Flut« und verschaffte dem Antisemitismus so einen Doppelcharakter.[14]

Diese Hetze war erfolgreich. Schon 1885/86 wurden etwa 15.000 Juden (und weitere 20.000 polnische Einwanderer) aus Preußen ausgewiesen,[15] wie dies vom »Deutschen Volksverein« in seiner 1881 eingebrachten und von 250.000 Deutschen unterzeichneten Antisemitenpetition gefordert worden war. Doch die Entwicklung ließ sich nicht stoppen.

Deutschland war zu einem Einwanderungsland geworden, was es bis heute auch geblieben ist. Neben Polen aus Rußland und Österreich wanderten auch weiterhin Juden nach Deutschland ein. Trotz aller rigiden Maßnahmen stieg die Zahl der in Deutschland lebenden ausländischen Juden von 11.900 im Jahr 1890 auf 41.000 zehn Jahre später, um 1910 mit 78.000 »Ostjuden« einen vorläufigen Höhepunkt zu erreichen. Damit waren etwa 12 Prozent der insgesamt etwa 600.000 Juden Ausländer.

Sie wurden nun pauschal als »Ostjuden« bezeichnet. Dabei handelte es sich um einen extrem negativ geprägten Begriff. Schon die an sich völlig korrekte Bezeichnung »Jude« hatte eine so negative Bedeutung gewonnen, daß sich die deutschen Juden meist selber als »Bekenner des mosaischen Glaubens« oder »deutsche Staatsbürger jüdischen Glaubens« bezeichneten. In Verbindung mit dem Begriff »Osten« wurde die negativ konnotierte Bedeutung von »Jude« noch gesteigert. Galt der »Osten« doch für viele Deutsche als ebenso primitiv wie bedrohlich, weil aus ihm ständig »Menschenfluten« »heranströmen« würden, gegen die man sich durch die Errichtung von »Dämmen« und »Deichen« schützen müsse.[16]

Deutlich wird dies in einem Pamphlet des Mitglieds des Alldeutschen Verbandes Georg Fritz, der energisch dazu aufrief, »unsere Reichsgrenzen vor der Überflutung durch die ostjüdischen Massen zu verschließen«, weil der Kampf um »Rasse und Kultur« nur dann zu gewinnen sei, wenn das »germanische Gepräge unseres Volkes« möglichst »rein« gehalten werde.[17] Diese alldeutsche Hetzschrift erschien bereits 1915 und nicht, wie man bei diesen Zitaten meinen könnte, erst im Dritten Reich. Fritz wandte sich ausdrücklich an die deutsche Armee und Industrie, die zahlreiche »ostjüdische« Arbeitskräfte angeworben hatten, um sie in der deutschen Rüstungsindustrie einzusetzen. Dort wurden sie zwar auch noch weiterhin gebraucht, dennoch ordnete die Reichsregierung auf Druck der Antisemiten in Staat und

Gesellschaft am 23. April 1918 an, die weitere Anwerbung von »Ostjuden« sofort einzustellen.[18]

Nach Ende des Krieges flohen jedoch noch weitere 10.000 »Ostjuden« aus Furcht vor den Pogromen im revolutionären Rußland und im wieder gegründeten Polen nach Deutschland. So kam es, daß zu Beginn der Weimarer Republik etwa 160.000 »Ostjuden« in Deutschland lebten. Bei einer Gesamteinwohnerzahl von 60 Millionen war dies eine kaum ins Gewicht fallende Zahl, zumal gerade die »ostjüdischen« Flüchtlingen den staatlichen Behörden kaum zur Last fielen, weil sie in vorbildlicher Weise von einem eigens zu diesem Zweck gegründeten »Jüdischen Arbeiterfürsorgeamt« betreut wurden.[19]

Dennoch hielt es der preußische Innenminister Wolfgang Heine (SPD) bereits am 1. November 1919 für notwendig, »mit Rücksicht auf die Ernährungsschwierigkeiten und die Arbeitslosigkeit im Inland« jeglicher weiteren Einwanderung von »Ostjuden« durch »Sperrung der Grenzen entgegen (zu) treten«.[20] Eine Ausweisung aller »im Land bereits befindlichen Ostjuden« lehnte Heine jedoch – noch – ab. Geduldet werden sollten solche, die einer »nutzbringenden Beschäftigung« nachgingen. Dieser Erlaß Heines wurde am 1. Juni 1920 von dessen Nachfolger Carl Severing, der ebenfalls der SPD angehörte, verschärft: »Lichtscheue Elemente« und alle, die auch nur »in dem dringenden Verdacht einer strafbaren Handlung« stünden, sollten unverzüglich ausgewiesen werden.[21]

Doch auch diese harten Maßnahmen waren den Antisemiten nicht hart genug. So forderte die damals noch kleine NSDAP in ihrem Parteiprogramm vom 25. Februar 1920, daß alle »Nicht-Deutschen, die seit dem 2. August 1914 in Deutschland eingewandert sind, sofort zum Verlassen des Reiches gezwungen werden« sollten.[22] Bayern erfüllte diese Forderung bereits im April 1920 und trieb alle »Ostjuden« über die Grenzen des bayerischen »Freistaates«. Preußen wollte sich offenbar dem bayerischen Vorbild anpassen. Am 23. Januar 1921 kündigte der preußische Innenminister Dominicus (DDP) an, daß man nun mit der Internierung von unerwünschten Ausländern, womit vornehmlich »Ostjuden« gemeint waren, in »Konzentrationslagern« beginnen werde.[23]

Kurz darauf wurden die oben schon erwähnten »Konzentrationslager« in Stargard in Pommern und in Cottbus-Sielow errichtet. Dabei benutzte man schon bestehende Lager, in denen bisher russische Kriegsgefangene untergebracht worden waren. Das Bewachungspersonal wurde von der Reichswehr gestellt. Diese Soldaten haben die Insassen dieser ersten deutschen »Konzentrationslager« von Anfang an äußerst schlecht behandelt. Darüber beschwerten sich dann einige jüdische Zeitungen.[24] Das Jüdische Arbeiterfürsorgeamt verfaßte eine Denkschrift über den »augenblicklichen Stand des Ostjudenproblems«, in dem die folgende Bemerkung zu finden ist: »Das Konzentrationslager, das, gerichtet gegen kriminelle und verdächtige Elemente, zweckmäßig erscheint und gegen kopflosen Zuzug als Präventivmaßnahme geeignet ist, dürfte dann lediglich einen geringen Teil der Flüchtlinge aufnehmen.«[25]

Das »Konzentrationslager« Stargard in Pommern wurde daraufhin geschlossen. Doch das in Cottbus-Sielow existierte noch im Dezember 1923, was vom preußischen Innenminister Severing in einer Debatte des Preußischen Landtages in einem sehr widersprüchlichen Dementi bestätigt wurde. Erklärte Severing doch auf eine Anfrage eines kommunistischen Abgeordneten: »Von der Preußischen Staatsregierung sind nicht nur keine Konzentrationslager errichtet worden, sondern das einzige Konzentrationslager, das seit langem besteht und zur Aufnahme jener Ausländer dient, die abgeschoben werden sollen, aber aus mehreren Gründen nicht abgeschoben werden können, dieses einzige Konzentrationslager in Cottbus-Sielow wird mit dem 31. dieses Monats (Dezember 1923) geschlossen.«[26]

Doch auch nach diesem Zeitpunkt gab es in Deutschland noch weitere »Konzentrationslager«. So wurden nämlich in einigen Städten die kommunalen »Zigeunerlager« genannt.[27] Diese »Konzentrationslager« können jedoch in keiner Weise mit den nationalsozialistischen Konzentrationslagern verglichen werden. Dies gilt im Grunde auch für die übrigen bisher genannten »Konzentrationslager«. Dennoch ist diese Vorgeschichte aus mehreren Gründen wichtig. Einmal, weil Begriff und Sache der »Konzentrationslager«, mit deren Errichtung die führenden Nationalsozialisten vor 1933 mehr als einmal gedroht haben,[28] in der Bevölkerung bekannt war. Allerdings erinnerte man sich in diesem Zusammenhang mehr an die britischen »concentration camps« im Burenkrieg als an die übrigen »Konzentrationslager«, die es eben auch in Deutschland gab. Den nationalsozialistischen Propagandisten war dies nicht nur recht, sie haben selber mehrmals darauf hingewiesen, daß die demokratischen »Engländer« die »Erfinder« der Konzentrationslager seien.[29] Mit diesem, im übrigen falschen Vergleich haben schon die Nationalsozialisten selber versucht, die beispiellose Brutalität ihrer Konzentrationslager zu verharmlosen. Damit haben sie ein »Argument« der späteren »revisionistischen« Historiker vorweggenommen, die ebenfalls ständig versuchen, durch den vergleichenden Hinweis auf Konzentrationslager in anderen Ländern die Bedeutung der nationalsozialistischen zu relativieren und zu leugnen. Darauf wird noch näher einzugehen sein.[30] Im nächsten Kapitel wird gezeigt, daß die nationalsozialistischen Konzentrationslager zudem eine andere und zugleich spezifisch deutsche »Wurzel« hatten. Gemeint ist das rechtliche Institut der »Schutzhaft«.

Anmerkungen

1 Dachauer Volksblatt vom 6. 4. 1933; zitiert nach: Josef u. Ruth Becker (Hrsg.), Hitlers Machtergreifung. Dokumente vom Machtantritt Hitlers 30. Januar 1933 bis zur Besiegelung des Einparteienstaats 14. Juli 1933, München 1983, S. 149.

2 Dazu mit Hinweisen auf weitere Quellen und Forschungen: Andrzej J. Kaminski, Konzentrationslager 1896 bis heute. Eine Analyse, Berlin 1982, S. 34 f.

3 Kaminski, Konzentrationslager, S. 35. Ob Kaminski mit dieser Vermutung jedoch recht hat, kann bezweifelt werden. Die spanischen und amerikanischen Konzentrationslager sind nämlich anders als die britischen »concentration camps«, so weit ich sehe, nirgendwo sonst in der zeitgenössischen Publizistik erwähnt worden. Zumindest in Deutschland galten die Engländer als Erfinder der Konzentrationslager.

4 Beispiele bei Kaminski, Konzentrationslager, S. 35 f. Vgl. ferner: Jörg Fisch, Die Geschichte Südafrikas, München 1991.

5 Beispiele bei: Günther Wieland, Die normativen Grundlagen der Schutzhaft in Hitlerdeutschland, in: Jahrbuch für Geschichte 26, Berlin, 1982, S. 75–102, S. 80. Auch einem so aufmerksamen Beobachter wie Victor Klemperer fielen nur die britischen Konzentrationslager ein. Vgl.: Victor Klemperer, LTI. Notizbuch eines Philologen, Frankfurt/M. 1982 (zuerst: 1946), S. 42.

6 Hinweise bei Kaminski, Konzentrationslager, S. 51 ff.

7 So ganz dezidiert in einem Interview mit der »Zeit« vom 21. 11. 1997. Ferner in der Einleitung Stéphane Courtois u. a., Das Schwarzbuch des Kommunismus. Unterdrückung, Verbrechen und Terror, München 1998, S. 27. Courtois beruft sich hier auf eine Bemerkung von Rudolf Höß: Martin Broszat (Hrsg.) Kommandant in Auschwitz. Autobiographische Aufzeichnungen des Rudolf Höß, München 1981, S. 139. Die von Höß hier erwähnte »Berichtszusammenstellung über die russischen Konzentrationslager« des Reichssicherheitshaupt-

amtes wird sonst nirgendwo erwähnt. Aus dem Höß-Zitat geht ferner nicht hervor, daß sich die Nazis von den sowjetischen »Konzentrationslagern« in irgend einer Weise »inspirieren« ließen.

8 Die Existenz dieser, so weit ich sehe, ersten deutschen Konzentrationslager ist nach wie vor wenig bekannt. Erwähnt wurden sie bereits von: Salomon Adler-Rudel, Ostjuden in Deutschland 1880 bis 1940. Zugleich eine Geschichte der Organisationen, die sie betreuten, Tübingen 1959, S. 117 ff. Ausführlich zur Ausweisung und Inhaftierung von »Ostjuden« dann: Wolfgang Wippermann, Das Leben in Frankfurt zur NS-Zeit I. Die nationalsozialistische Judenverfolgung, Frankfurt/M. 1986, S. 46 ff.; ders., Probleme und Aufgaben der Beziehungsgeschichte zwischen Deutschen, Polen und Juden, in: Stefi Jersch-Wenzel (Hrsg.), Deutsche – Polen – Juden. Ihre Beziehungen von den Anfängen bis ins 20. Jahrhundert. Beiträge zu einer Tagung, Berlin 1987, S. 1–47; Trude Maurer, Ostjuden in Deutschland 1918–1933, Hamburg 1986, S. 255 ff. Zu knappe und auch nicht ganz zutreffende Hinweise bei: Drobisch/Wieland, System der NS-Konzentrationslager, S. 20.

9 Allgemein zur Geschichte der »Ostjuden«: Michael Brocke (Hrsg.), Beter und Rebellen. Aus tausend Jahren Judentum in Polen, Frankfurt/M. 1983; Friedrich Battenberg, Das Europäische Zeitalter der Juden, Bd. 1–2 Darmstadt 1990; Heiko Haumann, Geschichte der Ostjuden, München 1991.

10 Vgl. zur Geschichte der »Ostjuden« im Kaiserreich und Weimarer Republik neben Adler-Rudel und Maurer auch: Steve E. Aschheim, Brothers and Strangers. The East European Jews in Germany and German-Jewish Consciousness, 1800–1923, Madison 1982; Jack L. Wertheimer, Unwelcome Strangers. East European Jews in Imperial Germany, New York 1987.

11 Dazu: Rogers Brubaker, Staats-Bürger. Deutschland und Frankreich im historischen Vergleich, Hamburg 1994.

12 Mehr dazu bei: Wolfgang Wippermann, »Wie die Zigeuner«. Antisemitismus und Antiziganismus im Vergleich, Berlin 1997. In der Forschung zum Antisemitismus wird dieser Aspekt m.E. viel zu wenig berücksichtigt.

13 Heinrich von Treitschke, Ein Wort an unserer Judentum (1880), in: Walter Boehlich (Hrsg.), Der Berliner Antisemitismusstreit, Frankfurt/M. 1965, S. 5 ff.

14 Ausführlich dazu: Wippermann, »Wie die Zigeuner«, S. 122 ff.

15 Vgl. dazu: Helmut Neubach, Die Ausweisungen von Polen und Juden aus Preußen 1885/86. Ein Beitrag zur Polenpolitik und zur Geschichte des deutsch-polnischen Verhältnisses, Wiesbaden 1967.

16 Zu diesem »Geostereotyp«: Wolfgang Wippermann, »Aufschwung Ost« – Der Mythos »deutsche Ostkolonisation« in Gegenwart und Vergangenheit, in: Peter Gerlich u.a. (Hrsg.), Mitteleuropäische Mythen und Wirklichkeiten, Wien-Torun 1996, S. 93–106.

17 Georg Fritz, Die Ostjudenfrage. Zionismus & Grenzschluß, München 1915, S. 45 und S. 4.

18 Nach: Adler-Rudel, Ostjuden, S. 47.

19 Ausführliche Schilderung der Tätigkeit dieses »Jüdischen Arbeiterfürsorgeamtes« bei: Adler-Rudel, Ostjuden, der in dieser jüdischen Selbsthilfeorgani-

sation gearbeitet hatte.

20 Erlaß des Preußischen Ministers des Innern vom 1.11.1919, zitiert nach Exemplar im Stadtarchiv Frankfurt/M., Mag. – Akte T 813.

21 Erlaß des Preußischen Ministers des Innern vom 1. 6. 1920, zitiert nach Exemplar im Stadtarchiv Frankfurt/M. , Mag. – Akte R. 1376.

22 Programm der NSDAP vom 25. Februar 1920 (sogenanntes 25 Punkte-Programm), zitiert nach: Hans-Dieter Schmid/Gerhard Schneider/Wilhelm Sommer (Hrsg.), Juden unterm Hakenkreuz. Dokumente und Berichte zur Verfolgung und Vernichtung der Juden durch die Nationalsozialisten, Bd. 1, Düsseldorf 1983, S. 46.

23 Zitiert nach: Adler-Rudel, Ostjuden, S. 115. Vgl. auch: Maurer, Ostjuden, S. 255 ff.

24 Vgl. etwa: »Hölle Stargard« in: Jüdische Arbeiterstimme vom 1. 6. 1921, zitiert nach: Adler-Rudel, Ostjuden, S. 117 f.

25 Fritz Mordechai Kaufmann/Werner Senator, Die Einwanderung der Ostjuden. Eine Gefahr oder ein sozialpolitisches Problem. 4 Aufsätze, Berlin 1920, S. 6; auszugsweise abgedruckt bei: Wippermann, Das Leben in Frankfurt zur NS-Zeit I, S. 154 f.

26 Sitzungsberichte des Preußischen Landtages, 1923, Sp. 19768 – 20324; zitiert nach: Wieland, Normative Grundlagen, S. 86 f.

27 Dazu: Wolfgang Wippermann, Das Leben in Frankfurt zur NS-Zeit II. Die nationalsozialistische Zigeunerverfolgung, Frankfurt/M. 1986, S. 62 f.

28 Mit Hinweisen auf verschiedene Äußerungen Hitlers und anderer NS-Führer: Drobisch/Wieland, System der NS-Konzentrationslager, S. 13 ff.

29 So im »Völkischen Beobachter« vom 31. 1. 1942; zitiert nach: Wieland, Die normativen Grundlagen der Schutzhaft, S. 80.

30 Vgl. unten S. 83 ff.

»Schutzhaft«
Die ersten Konzentrationslager im nationalsozialistischen »Doppelstaat« 1933 bis 1937

Am 11. August 1932 erschien im »Völkischen Beobachter« ein Artikel, in dem das Szenario einer künftigen »Machtergreifung« beschrieben wurde. Der Kernsatz lautete: »Sofortige Verhaftung und Aburteilung aller kommunistischen und sozialdemokratischen Parteifunktionäre (...). Unterbringung Verdächtiger und intellektueller Anstifter in Konzentrationslagern.«[1]

Dies war eine exakte Beschreibung dessen, was sich sechs Monate später ereignete. Warum waren die Nationalsozialisten in der Lage, solche exakten Pläne zu entwerfen? Lag es an ihrer Geschicklichkeit und brutalen Weitsicht? Keineswegs, sie konnten sich nur eines politischen Instrumentariums bedienen, das der bürgerliche Staat bereit hielt. Dazu gehörte auch die »Unterbringung Verdächtiger und intellektueller Anstifter in Konzentrationslagern« ohne vorheriges gerichtliches Urteil. Möglich war dies auf Grund des rechtliches Instituts der »Schutzhaft«, das die Nationalsozialisten ebenfalls nicht erfinden mußten, sondern bei ihrem Machtantritt vorfanden.[2]

Die Geschichte dieser »Schutzhaft« geht auf die Revolution von 1848 zurück. Zu ihrer Niederschlagung wurden die preußischen Behörden durch ein Gesetz vom 24. September 1848, das am 12. Februar 1850 noch einmal verschärft wurde, ermächtigt, auch solche Personen zu inhaftieren, die keine Straftaten begangen hatten. Es genügte der Hinweis auf die bedrohte öffentliche Sicherheit und Ordnung.[3] Diese rechtsstaatlichen Prinzipien Hohn sprechende Praxis wurde mit der geradezu zynischen Begründung legitimiert, daß dies »zum Schutz der persönlichen Freiheit« der Betroffenen geschehe. Aufgrund des »Preußischen Gesetzes über den Belagerungszustand« vom 4. Juni 1851, das die ganze Zeit des Kaiserreiches über in Kraft blieb, konnte eine derartige Sicherungshaft sogar unbefristet sein.[4]

Außerdem war sie der richterlichen Kontrolle entzogen. Vorbedingung war allein die Verkündung des regionalen oder überregionalen »Belagerungszustandes«.

Nach Ausbruch des Ersten Weltkrieges machten die Militärbehörden von diesen Bestimmungen reichhaltigen Gebrauch.[5] Oppositionelle Sozialdemokraten wie Rosa Luxemburg und Franz Mehring wurden in »militärische Sicherungs«- oder, wie es dann auch hieß, »Schutzhaft« genommen. Diese Praxis wurde zwar in der Öffentlichkeit kritisiert, letzlich aber durch das »Gesetz betreffend die Verhaftung und Aufenthaltsbeschränkung auf Grund des Kriegszustandes und des Belagerungszustandes« vom 4. Dezember 1916 noch einmal bekräftigt.[6]

Erst mit Inkrafttreten der Weimarer Reichsverfassung am 11. August 1919 war es mit dieser Praxis vorbei. Das preußische »Gesetz über den Belagerungszustand« von 1851 wurde ausdrücklich aufgehoben. An seine Stelle trat der Artikel 48 der Verfassung, in dem es im Absatz 2 hieß: »Der Reichspräsident kann, wenn im Deutschen Reiche die öffentliche Sicherheit und Ordnung erheblich gestört und gefährdet wird, die zur Wiederherstellung der öffentlichen Sicherheit nötigen Anordnungen treffen, erforderlichenfalls mit Hilfe der bewaffneten Macht einschreiten. Zu diesem Zweck darf er vorübergehend die in den Artikeln 114, 115, 117, 118, 123, 124 und 153 festgesetzten Grundrechte ganz oder zum Teil außer Kraft setzen.«[7]

Der Artikel 114 betraf die »Freiheit der Person«. Sie konnte unter bestimmten Umständen auf eine gewisse Zeit eingeschränkt werden. Eine solche Inhaftierung ohne Verurteilung oder dringenden Tatverdacht wurde auch in der Weimarer Republik »Schutzhaft« genannt. In den ersten Krisenjahren der Weimarer Republik wurden »Schutzhäftlinge«, wobei es sich meist um Kommunisten handelte, in Lagern untergebracht, die zumindest in der Öffentlichkeit genau wie die bereits erwähnten Abschiebelager für »unerwünschte Ausländer« in Cottbus-Sielow und in Stargard »Konzentrationslager« genannt wurden. Am Ende der Weimarer Republik ließen die Reichskanzler v. Papen und v. Schleicher weitere Gesetzentwürfe formulieren, durch die das auf dem Artikel 48 basierende Ausnahmerecht noch weiter verschärft werden sollte. Die Reichswehr entwickelte gleichzeitig Pläne, wie in möglichst kurzer Zeit möglichst viele Verfassungsfeinde, worunter man zu diesem Zeitpunkt ausschließlich Kommunisten und Sozialisten und nicht etwa Nationalsozialisten verstand, in »Schutzhaft« genommen werden könnten.[8]

Als die Nationalsozialisten an die Macht kamen, mußten sie diese Schubladengesetze nur verkünden und die bereits vorliegenden Pläne verwirklichen. Sie taten dies mit bemerkenswerter Schnelligkeit und Konsequenz[9]: Bereits am 2. Februar 1933 wurden Demonstrationen gegnerischer Parteien verboten.[10] Am 4. Februar unterzeichnete Reichspräsident v. Hindenburg eine »Notverordnung zum Schutz des deutschen Volkes«, durch welche nicht nur die Vereins-, Versammlungs- und Pressefreiheit eingeschränkt wurde, sondern auch die Möglichkeit geschaffen wurde, bestimmte Personen ohne vorherigen Gerichtsbeschluß bis zur Dauer von drei Monaten in »Schutzhaft« zu nehmen.[11] Nachdem Hermann Göring in seiner Eigenschaft als (zunächst kommissarischer) preußischer Innenminister am 22. Februar 1933 50.000 Angehörige der SA, SS und des konservativen »Stahlhelms« zu Hilfspolizisten ernannt hatte[12], waren alle Voraussetzungen für eine rücksichtslose Verfolgung aller politischen Gegner des Nationalsozialismus geschaffen, die Göring mehrmals öffentlich ankündigte[13].

Den Brand des Reichstages am Abend des 27. Februars, für den fälschlich die Kommunisten verantwortlich gemacht wurden,[14] nahmen die Nationalsozialisten zum Anlaß, um mit ihrem offensichtlich sorgfältig geplanten Terrrorfeldzug zu beginnen. Seit diesem Zeitpunkt wurden Funktionäre der KPD in »Schutzhaft« genommen und in »Konzentrationslagern« inhaftiert. Dabei handelte es sich um sehr unterschiedliche Gebäude: Von den sogenannten »Sturmlokalen« und Kasernen der SA und SS in den Großstädten, vor allem in Berlin, wo es mehr als 100 derartige Stätten des frühen NS-Terros gab,[15] bis hin zu requirierten ehemaligen Brauereien (so in Oranienburg), Pulverfabriken (Dachau) ehemaligen Festungen und selbst Schiffen (so in Bremerhaven).

Schon im März 1933 gab es allein in Preußen 15.000 »Schutzhäftlinge«; einen Monat später waren es 30.000.[16] Dabei handelte es sich aber nur um solche Personen, die von der »normalen« Polizei sowie von der »Hilfspolizei« in staatliche Gefängnisse und »offizielle« Konzentrationslager eingeliefert und dort auch registriert worden waren.

Doch viele Opfer des SA-Terrors waren gar nicht an die Polizei oder eine andere staatliche Institution abgeliefert worden. Sie wurden in Konzentrationslagern gefoltert, die allein der SA und SS unterstanden und meist als »wilde Konzentrationslager« bezeichnet wurden.[17]

Diese Bezeichnung ist mißverständlich und apologetisch, weil sie suggeriert, daß diese Stätten des Terrors ohne Wissen, ja, gegen den Willen der nationalsozialistischen Partei- und Staatsführung errichtet worden sind. Doch dies war keineswegs der Fall. Die sogenannten wilden Konzentrationslager unterstanden zwar nicht dem »Normen«- sondern dem neu geschaffenen »Maßnahmestaat«, doch dabei handelte es sich nur um die beiden Seiten des nationalsozialistischen »Doppelstaates«.[18] Und dieser »Doppelstaat« hat auch die von SA und SS geleiteten »wilden« Konzentrationslager bewußt geduldet. Schließlich diente das – weit verbreitete – Wissen über die Existenz dieser Lager der Einschüchterung der Bevölkerung.

Was führenden Nationalsozialisten wie dem preußischen Innenminister Göring und dem Reichsinnenminister Frick an der Existenz der »wilden« Konzentationslager nicht gefiel, war folgendes: Einmal die Tatsache, daß sie diese Lager nicht hinreichend kontrollieren konnten. Zum anderen, daß die Unterhaltung auch dieser »wilden« Lager Geld kostete.[19] SA und SS wollten für diese Kosten nicht aufkommen und verlangten statt dessen, vom Staat für ihre Foltertätigkeit bezahlt zu werden! Mit dem Ziel der Kostenersparnis und nicht etwa aus humanitären Erwägungen griff die – nationalsozialistische – Staatsgewalt ein.

Am 16. Juni 1933 ordnete das preußische Innenministerium an, daß fortan alle »Schutzhäftlinge« zur Zwangsarbeit anzuhalten seien.[20] Dies sei nur in den »Konzentrationslagern« möglich, die »ausdrücklich als solche bestätigt« worden seien. Am 14. Oktober 1933 hat Göring diese Anordnung wiederholt und folgendermaßen präzisiert:[21] Alle männlichen »Schutzhäftlinge« sollten nur in den staatlichen Lagern Papenburg im Emsland, Sonnenburg bei Frankfurt/Oder, Lichtenburg bei Merseburg, Brandenburg sowie Brauweiler bei Köln inhaftiert werden. Weibliche Häftlinge sollten dagegen im ehemaligen Provinzialwerkhaus Moringen bei Göttingen untergebracht werden. Doch auch jetzt weigerten sich Einheiten der SA und SS vielfach, diesem Befehl Folge zu leisten und ihre Konzentrationslager aufzulösen.

Teilweise war dies erfolgreich. So erreichten SA und SS, daß die von ihnen in Oranienburg[22] und im Columbia-Haus in Berlin[23] installierten »wilden« Konzentrationslager vom Staat als »offizielle« Konzentrationslager »anerkannt« wurden.

Die in den einzelnen Ländern unterschiedliche und zugleich sehr willkürliche Schutzhaftpraxis wurde erst im April 1934 durch zwei Erlasse des Reichsinnenministers Frick vereinheitlicht.[24] In diesen Schutzhaft-Erlassen, die bis 1938 in Kraft blieben, wurde erstmals allgemeinverbindlich angeordnet, daß neben den Regierungspräsidenten nur noch die Gestapo (und nicht mehr wie bisher einzelne Repräsentanten und Institutionen der Partei) berechtigt seien, Personen, die die »öffentliche Sicherheit und Ordnung« gefährdeten, in »Schutzhaft« zu nehmen. Gegen diese Maßnahme konnte keinerlei Beschwerde eingelegt werden.

Nach der Entmachtung der SA[25] im Zuge des angeblichen Röhm-Putsches am 30. Juni 1934 wurde die aus der SA rekrutierte Hilfspolizei aufgelöst[26] und alle Konzentrationslager, die bis dahin noch von der SA bewacht worden waren, der SS unterstellt. Damit hatte Heinrich Himmler, der als Inspekteur der Gestapo letzlich entschied, wer in »Schutzhaft« genommen wurde, einen weiteren Schritt auf dem Wege zum »SS-Staat« erreicht. Himmler ordnete an, daß die Angehörigen der SS, die die Konzentrationslager bewachten, aus der Allgemeinen SS ausgegliedert wurden. Diese uniformierten und besoldeten Wachmannschaften wurden seit 1936 SS-Totenkopfverbände[27] genannt. Das gesamte Konzentrationslagerwesen wurde von Himmler zentralisiert und einem »Inspekteur« unterstellt.[28] Dies war Theodor Eicke, der sich bereits als Kommandeur des KZ Dachau[29] »bewährt« hatte. Die in Dachau erlassene »Disziplinar- und Strafordnung« wurde in allen Konzentrationslagern eingeführt. Sie sah ein abgestuftes System von Strafen vor, das von Essensentzug bis hin zu Arrest, Prügel und selbst der Todesstrafe reichte.[30]

Das in Dachau entwickelte System der Zwangsarbeit wurde ebenfalls zur Norm. Die SS gründete eine eigene Firma, die »Deutsche Erd- und Steinwerke GmbH«.[31] Sie sorgte dafür, daß die Arbeitskraft der Häftling möglichst effektiv und für die SS auch lukrativ ausgebeutet wurde. Diese – wirtschaftliche und nicht mehr primär politische! – Zielsetzung wirkte sich auf die Zahl und den Charakter der

Lager aus. Da sie entweder zu klein waren oder zu wenige Arbeits- und Verdienstmöglichkeiten boten, wurden die Lager Oranienburg, Cloumbia-Haus in Berlin, Fuhlsbüttel und Sachsenburg zwischen 1935 und 1937 geschlossen. Die berüchtigten Emslandlager[32] übergab man der Justiz. An die Stelle der alten traten neue größere und nach zwangswirtschaftlichen Kriterien organisierte Konzentrationslager, nämlich: Sachsenhausen, Buchenwald, Flossenbürg, Mauthausen, Neuengamme und das Frauenkonzentrationslager Ravensbrück.

Das am Stadtrand von Oranienburg gelegene Konzentrationslager Sachsenhausen wurde im Juli 1936 – zu diesem Zeitpunkt fanden im nahegelegenen Berlin die Olympischen Spiele statt – von Häftlingen aus den bisherigen Emslandlagern erbaut.[33] Nach Himmlers Anweisungen sollte es so etwas wie ein »Musterlager« werden. Darauf deutet bereits die von dem Architekten Bernhard Kuiper entworfene Anlage hin, die strikt geometrisch orientiert war.[34] Das eigentliche Lager war in Form eines gleichschenkligen Dreiecks gehalten, das auf allen Seiten von den Gebäuden der Kommandantur und verschiedenen Fabrikationsanlagen umgeben war. Im Innern dieses Dreickes befanden sich die Baracken der Häftlinge, die in verschiedenen Halbkreisen errichtet worden waren. Alle Baracken lagen im Einschußbereich eines einzigen Maschinengewehrs, das auf dem Turm des Eingangstor postiert war. Das Eingangstor selber war mit dem zynischen Spruch »Arbeit macht frei« gekennzeichnet.

Die Häftlinge, deren Zahl von 2.000 im Jahr 1936 auf über 10.000 nach Kriegsbeginn stieg, wurden seit 1938 vor allem in dem Klinkerwerk beschäftigt, das wenige Kilometer entfernt am Oder-Havel-Kanal errichtet worden war. Sie mußten Ziegelsteine herstellen, die für den Umbau Berlins zur Hauptstadt des »Großdeutschen Reiches« bestimmt waren, die »Germania« heißen sollte.[35] Die Arbeits- und Lebensbedingungen im Klinkerwerk, wo 1941 ein erstes Außenlager von Sachsenhausen erbaut wurde, waren so schrecklich, daß die meisten Häftlinge hier umkamen. Weitere Außenlager wurden in der Folgezeit in der unmittelbaren Nähe von Rüstungsbetrieben errichtet, in denen die Häftlinge als Zwangsarbeiter eingesetzt wurden.

1941 wurde in einem Teil der Fabrikationsanlagen im Stammlager Sachsenhausen eine Massenerschießungsanlage mit angeschlossenem Krematorium installiert, wo in der Folgezeit zunächst weit über

10.000 sowjetische Kriegsgefangene, dann Häftlinge verschiedener anderer Nationalitäten in einer geradezu fabrikmäßig zu nennenden Weise erschossen und anschließend verbrannt wurden. Über die Hälfte der insgesamt über 100.000 Häftlinge in Sachsenhausen und seinen Außenlagern sind ermordet worden.

Die gesamte Zeit diente Sachsenhausen als Ausbildungsstätte für die Angehörigen der SS-Totenkopfverbände. Außerdem befand sich in unmittelbarer Nähe des Häftlingslagers im sogenannten T-Gebäude die von Theodor Eicke geleitete zentrale »Inspektion der Konzentrationslager«.[36]

Das im Juli 1937 errichtete Konzentrationslager Buchenwald bei Weimar diente ebenfalls der Ausbildung der SS-Totenkopfverbände.[37] Außerdem befanden sich in der näheren Umgebung des Lager verschiedene Rüstungsbetriebe, die jedoch erst 1943 fertiggestellt worden waren. Bis zu diesem Zeitpunkt war die Zahl der Häftlinge von 2.500 im Jahr 1937 und 18.000 1938 auf 60.000 gestiegen, um mit über 80.000 im Februar 1945 ihren Höchststand zu erreichen. Weitere Häftlinge waren in den schließlich insgesamt 130 Außenlagern Buchenwalds untergebracht, die sich im gesamten mitteldeutschen Raum befanden.

Obwohl sich die politischen Häftlinge Buchenwalds schon 1938 in der Minderheit befanden, weil in diesem Jahr Tausende von sogenannten »Asozialen« (darunter viele Sinti und Roma) und über 10.000 deutsche und österreichische Juden nach Buchenwald deportiert worden waren,[38] ist es den politischen, vor allem kommunistischen Häftlingen gelungen, alle wichtigen Funktionshäftlingsstellen zu besetzen. Diese Position nützten sie aus, um eine illegale Lagerleitung aufzubauen, die Widerstandsaktionen vorbereitete und schließlich auch durchführte. Diese Aktivitäten sind von den Historikern der DDR besonders intensiv erforscht und auch verherrlicht worden.[39] Übersehen wurde dabei, daß diese Erfolge teilweise auf Kosten der Angehörigen anderer Häftlingsgruppen erzielt wurden und vielleicht auch mußten. Diese Tatsache, über die schon Eugen Kogon berichtet hat, wurde dann 1994 von Lutz Niethammer anhand der Protokolle dokumentiert, die kommunistische Politiker unmittelbar nach 1945 über die Vernehmungen dieser sogenannten »roten Kapos« angefertigt haben.[40]

Im Unterschied zu Sachsenhausen und Buchenwald waren die anderen Häftlingsgruppen in den Konzentrationslagern Flossenbürg, Mauthausen und Neuengamme, die alle im Laufe des Jahres 1938 errichtet wurden, von Anfang an in der Mehrheit.[41] Anlaß zur Errichtung dieser Lager waren auch keineswegs mehr politische Gründe, sondern die ökonomischen Interessen der SS an der Ausbeutung möglichst vieler Arbeitssklaven. In Flossenbürg und Mauthausen mußten sie in Steinbrüchen arbeiten, in Neuengamme in einem Klinkerwerk. In allen drei Lagern waren die Lebens- und Arbeitsbedingungen sehr hart. Als die zahlreichen Konzentrationslager 1942 in verschiedene Kategorien eingeteilt wurden, fiel Mauthausen in die dritte und härteste Kategorie.

Obwohl eigentlich vornehmlich für sogenannte »Asoziale« gedacht, wurden in der Folgezeit auch politische Häftlinge aus fast ganz Europa und Juden in die Konzentrationslager Flossenbürg, Mauthausen und Neuengamme deportiert. In Mauthausen waren dies neben Österreichern, Tschechen, Jugoslawen und Russen vor allem Spanier, die auf Seiten der Republik gekämpft hatten und am Ende des Spanischen Bürgerkrieges nach Frankreich geflüchtet waren. Hier wurden sie zunächst interniert, um dann den Deutschen ausgeliefert zu werden. In Mauthausen sowie auch in Buchenwald, wo ebenfalls einige dieser sogenannte »Rotspanier« inhaftiert waren, genossen sie vor allem bei den Kommunisten ein sehr hohes Ansehen.[42]

Einen besonderen Charakter unter allen deutschen Konzentrationslagern hatte das im Mai 1939 bei Fürstenberg in Mecklenburg (heute Brandenburg) gegründete Lager Ravensbrück, weil es als reines Frauenkonzentrationslager konzipiert war.[43] Zuvor waren Frauen, unter ihnen vor allem Kommunistinnen und Zeugen Jehovas, in den Konzentrationslagern Moringen (bei Göttingen) und Lichtenburg (an der Elbe) inhaftiert worden. Da diese Lager sich als zu klein erwiesen und vor allem keine ausreichenden Zwangsarbeitsmöglichkeiten boten, hatte sich die SS für den Neubau Ravensbrück entschieden, wo die Häftlinge vor allem in eigens zu diesem Zweck errichteten Textilbetrieben arbeiten mußten, die der SS gehörten.[44] Seit Sommer 1942 wurden vor allem an den hier inhaftierten Sintizas verschiedene medizinische Versuche unternommen, wofür die Ärzte Karl Gebhardt und Professor Carl Clauberg verantwortlich waren. Vorrangiges Ziel war die Erprobung von Sterilisationsverfahren mittels Röntgenstrahlen. Die meisten der betroffenen Frauen starben unter entsetzlichen Qualen.

In Ravensbrück gab es seit April 1941 auch ein Männerlager, das formal dem Konzentrationslager Sachsenhausen unterstand. Dennoch stellten Frauen die überwiegende Mehrheit der insgesamt über 100.000 Insassen. Von ihnen waren 25 Prozent Polinnen, 20 Prozent Deutsche, 19 Prozent Russinnen und Ukrainerinnen, 15 Prozent Jüdinnen und 5,5 Prozent Sintizas. Der Rest kam aus weiteren europäischen Nationen. Sie alle wurden in Ravensbrück selber sowie in verschiedenen Außenlagern von Aufseherinnen bewacht, die hier auch von der SS zu ihrem Dienst ausgebildet wurden, den sie mit der gleichen Brutalität versahen wie ihre männlichen Kollegen.[45]

Anmerkungen

1 Zitiert nach: Wieland, Normative Grundlagen der Schutzhaft, S. 79.

2 Zum folgenden: Wieland, Normative Grundlagen der Schutzhaft, S. 75 ff; Karen Hartmann, »Schutzhaft« 1933 bis 1936, in: Günter Morsch (Hrsg.), Konzentrationslager Oranienburg, Oranienburg 1994, S. 34–39.

3 In: Preußische Gesetzessammmlung 1848, S. 257 und 1850, S. 45.

4 Preußische Gesetzessammlung 1851, S. 451 f.

5 Zum folgenden: Drobisch/Wieland, System der NS-Konzentrationslager, S. 16 ff.

6 Reichsgesetzblatt 1916 I, S. 1329 ff.

7 Hier zitiert nach: Rudolf Schuster (Hrsg.), Deutsche Verfassungen, München 16. Aufl. 1985, S. 108.

8 Mit weiterführenden Literaturangaben: Drobisch/Wieland, System der NS-Konzentrationslager, S. 20.

9 Vgl. zum folgenden vor allem: Karl Dietrich Bracher/Wolfgang Sauer/Gerhard Schulz, Die nationalsozialistische Machtergreifung. Studien zur Errichtung des totalitären Herrschaftssystems in Deutschland 1933/34, Bd. 1–3 Frankfurt/M. 1983 (zuerst: 1960).

10 Dazu: Bracher/Sauer/Schulz, Die nationalsozialistische Machtergreifung, S. 54.

11 In: Reichsgesetzblatt 1933 I, S. 35.

12 Dazu: Drobisch/Wieland, System der NS-Konzentrationslager, S. 23.

13 So etwa in seinem sogenannten Schießerlaß vom 17. 2. 1933: Runderlaß des Preußischen Ministers des Innern Hermann Göring an alle Polizeibehörden über die »Förderung der nationalen Bewegung«, in: Ministerialblatt für die preußische innere Verwaltung 1933 I, S. 169; abgedruckt u.a. bei: Michalka (Hrsg.), Das Dritte Reich, Bd. 1, S. 24 f.

14 Wer den Reichstag angezündet hat, ist in der Forschung nach wie vor umstritten. Für die These, daß es allein der Holländer Marinus van der Lubbe war: Fritz Tobias, Der Reichstagsbrand. Legende und Wirklichkeit, Rastatt 1962. Mit der Behauptung, daß es die Nationalsozialisten selber waren: Walther Hofer u.a. (Hrsg.), Der Reichstagsbrand. Eine wissenschaftliche Dokumentation, Bd. 1 Berlin 1972, Bd. 2 München 1978. Mit einer sehr polemischen Kritik an diesem Werk: Uwe Backes u.a., Reichstagsbrand – Aufklärung einer historischen Legende, München 1986. Dagegen habe ich nachzuweisen gesucht, daß das am Brandherd gefundene flüssige Brennmaterial nicht von van der Lubbe stammen konnte: Wolfgang Wippermann, Oberbranddirektor Walter Gempp: Widerstandskämpfer oder Krimineller?, in: Wolfgang Ribbe (Hrsg.), Berlin-Forschungen III, Berlin 1988, S. 208–229.

15 Mit Korrektur älterer Angaben: Helmut Bräutigam/Oliver Gliech, Nationalsozialistische Zwangerslager in Berlin I. Die ›wilden‹ Konzentrationslager und Folterkeller 1933/34, in: Wolfgang Ribbe (Hrsg.), Berlin-Forschungen II, Berlin 1987, S. 141–178.

16 Angaben nach: Broszat, Konzentrationslager, S. 20.

17 Diese Bezeichnung hat der erste Chef der Gestapo Rudolf Diels in seinen Memoiren auch deshalb verwandt, um seine eigene Mitwirkung an der Errichtung des nationalsozialistischen Terrorregimes zu verschleiern. Vgl.: Rudolf Diels, Lucifer ante portas. Es spricht der erste Chef der Gestapo, Stuttgart 1950.

18 Ernst Fraenkel, Der Doppelstaat, Frankfurt/M. 1974 (zuerst: New York 1940).

19 Ausführlich zum Aspekt der Finanzierung der Konzentrationslager: Tuchel, Konzentrationslager, S. 110 ff.

20 Broszat, Konzentrationslager, S. 24.

21 Broszat, Konzentrationslager, S. 26. Ausführlich auch: Drobisch/Wieland, System der NS-Konzentrationslager, S. 31 ff.

22 Zur weiteren Entwicklung des KZ Oranienburg: Morsch (Hrsg.), Oranienburg.

23 Zu diesem Konzentrationslager, das erst im Sommer 1936 aufgelöst wurde: Johannes Tuchel/Kurt Schilde, Columbia-Haus. Berliner Konzentrationslager 1933–1936, Berlin 1990.

24 Erlasse vom 12. und 26. April 1934 teilweise abgedruckt bei: Broszat, Konzentrationslager, S. 33 f. Vgl. auch Drobisch/Wieland, System der NS-Konzentrationslager, S. 36 f.

25 Dazu: Peter Longerich, Die braunen Bataillone. Geschichte der SA, München 1989.

26 Und zwar schon am 2. August. Vgl. Broszat, Konzentrationslager, S. 25.

27 Zu ihnen neben Tuchel, Konzentrationslager: Charles W. Sydnor, Soldiers of Destruction. The SS Death's Head Divisions, Princeton 1977.

28 Ausführlich dazu: Tuchel, Konzentrationslager, S. 160 ff.

29 Zu Dachau: Barbara Distel, Konzentrationslager Dachau, Brüssel 1972; Günther Kimmel, Das Konzentrationslager Dachau. Eine Studie zu den nationalsozialistischen Gewaltverbrechen, in: Martin Broszat u.a. (Hrsg.), Bayern in der NS-Zeit, Bd. 2 München 1979, S. 349–413.

30 Broszat, Konzentrationslager, S. 46 ff.

31 Zum folgenden: Drobisch/Wieland, System der NS-Konzentrationslager, S. 260 ff.; und Tuchel, Konzentrationslager, S. 192 ff.

32 Zu ihnen die hervorragende Dokumentation von: Erich Kosthorst/Bernd Walter, KZ- und Strafgefangenenlager im Emsland 1933–1945. Zum Verhältnis von NS-Regime und Justiz. Darstellung und Dokumentation, Bd. 1–3 Düsseldorf 1985.

33 Der Forschungsstand zu Sachsenhausen ist nach wie vor unzureichend. Lückenhaft und in der einen oder anderen Weise ideologisch geprägt sind die Publikationen, die von westlichen und Historikern der DDR verfaßt wurden. Dies gilt sowohl für: Gerhard Finn, Sachsenhausen 1936–1950, Bonn 1985; wie für: Zentralleitung des Komitees der Antifaschistischen Widerstandskämpfer der DDR (Hrsg.), Sachsenhausen, Frankfurt/M. 1982. Besser, aber insgesamt noch zu knapp sind die folgenden Broschüren, die nach dem Untergang der DDR publiziert wurden: Rainer Kühl, Konzentrationslager Sachsenhausen, Berlin 1990 (hrsg. von der Landeszentrale für politische Bildungsarbeit Berlin); Manuela Hrdlicka, Alltag im KZ. Das Lager Sachsenhausen bei Berlin, Opladen 1992.

34 Dazu und zum folgenden: Eduard Führ, Morphologie und Topographie eines Konzentrationslagers, in: Günter Morsch (Hrsg.), Von der Erinnerung zum Monument. Die Entstehung der Nationalen Mahn- und Gedenkstätte Sachsenhausen, Oranienburg 1996, S. 30–58.

35 Vgl. dazu: Wolfgang Schäche/Hans J. Reichhardt, Von Berlin nach Germania. Über die Zerstörung der Reichshauptstadt durch Albert Speers Neugestaltungsplanungen, Berlin 1990.

36 Tuchel, Konzentrationslager.

37 Über Buchenwald gibt es eine besonders reichhaltige Erinnerungsliteratur, aus der das schon erwähnte klassische Werk von Eugen Kogon herausragt. Vgl.: Eugen Kogon, Der SS-Staat. Das System der deutschen Konzentrationslager, 8. Aufl. München 1991 (zuerst: 1946). Die Forschungen, die von Seiten der DDR-Historiker betrieben wurden, haben einen stark ideologischen Charakter. Beispielhaft ist: Nationale Mahn- und Gedenkstätte Buchenwald in Zusammenarbeit mit der Lagerrbeitsgemeinschaft Buchenwald-Dora beim Komitee der antifaschistischen Widerstandskämpfer der DDR (Hrsg.), Buchenwald. Mahnung und Verpflichtung. Dokumente und Berichte, Berlin 1983 (1. Aufl. 1960). Problematisch jedoch auch die westliche Broschüre von: Gerhard Finn, Buchenwald 1936–1950. Geschichte eines Lagers, Bad Münstereifel 1991 (zuerst: 1985). Zur Zeit gibt es zwar eine ganz neu erarbeitete Ausstellung, die 1995 eröffnet wurde, aber noch keine neue Gesamtdarstellung, die auf dem neueren Forschungsstand basiert. Nützlich ist der knappe Gedenkstättenführer von: Sabine und Harry Stein, Buchenwald. Ein Rundgang durch die Gedenkstätte, Weimar-Buchenwald 1993.

38 Zur Lage der besonders schlecht behandelten Juden: Harry Stein, Juden in Buchenwald 1937–1942, Weimar 1992.

39 Unter Einbeziehung der verschiedenen Erinnerungen ehemaliger kommunisti-

scher Häftlinge vor allem: Klaus Drobisch, Widerstand in Buchenwald, Berlin 1977, 3. Aufl. 1987.

40 Lutz Niethammer (Hrsg.), Der »gesäuberte« Antifaschismus. Die SED und die roten Kapos von Buchenwald. Dokumente, Berlin 1994.

41 Zu Flossenbürg, Mauthausen und Neuengamme: Toni Siegert, Das Konzentrationslager Flossenbürg. Ein Lager für sogenannte Asoziale und Kriminelle, in: Martin Broszat u.a. (Hrsg.), Bayern in der NS-Zeit, Bd. 2 München 1979, S. 429–494; Hans Marsalek, Die Geschichte des Konzentrationslagers Mauthausen, Wien 1974; Hermann Kaienburg, »Vernichtung durch Arbeit«. Der Fall Neuengamme. Die Wirtschaftsbestrebungen der SS und ihre Auswirkungen auf die Existenzbedingungen der KZ-Gefangenen, Bonn 1991.

42 Vgl. dazu den Erinnerungsbericht von: Jorge Semprún, Was für ein schöner Sonntag!, Frankfurt/M. 1984. Obwohl Semprún selber nicht am Bürgerkrieg teilgenommen hatte, konnte er als Spanier (und Kommunist) von diesem Nimbus profitieren.

43 Ino Arndt, Das Frauenkonzentrationslager Ravensbrück, in: Broszat (Hrsg.), Studien zur Geschichte der Konzentrationslager, S. 93–129; Guste Zörner u.a. (Hrsg.), Frauen-Konzentrationslager Ravensbrück, Berlin 1971; Claus Füllberg-Stolberg u.a. (Hrsg.), Frauen in Konzentrationslagern. Bergen-Belsen und Ravensbrück, Bremen 1994.

44 Lotte Zumpe, Die Textilbetriebe der SS im Konzentrationslager Ravensbrück, in: Jahrbuch für Wirtschaftsgeschichte 1, 1969, S. 11–40.

45 Die Erforschung des Verhaltens dieser Aufseherinnen steht noch in den Anfängen. Vgl.: Edgar Lustgarten, Irma Greese. The Business of Murder, London 1968; Gunther B. Lys, Irma Greese oder Das Abtrünnige im Menschen, Berlin 1988; Julia Duesterberg, Dorothea Binz. Biographie einer NS-Täterin, Magisterarbeit FU Berlin 1998 (Masch.). Auf die allgemeine Debatte über die Rolle von Frauen als Opfer und Täterinnen kann hier nicht eingegangen werden.

»Polizeiliche Vorbeugungshaft«
Ausbau und Wandel der Konzentrationslager 1937 bis 1941

Seit 1937 veränderte sich die personelle Zusammensetzung der KZ-Häftlinge. Waren es bisher ausschließlich politische Gegner des Nationalsozialismus gewesen, so wurden nun auch andere sogenannte »Volksschädlinge« eingewiesen. An erster Stelle sind hier die Zeugen Jehovas[1] zu nennen, die spätestens seit dem 22. April 1937, als die Gestapo eine entsprechende Anordnung erließ,[2] in die Konzentrationslager Dachau, Sachsenhausen, Buchenwald, Flossenbürg, Mauthausen, Neuengamme und Ravensbrück verschleppt wurde. Warum? Was hatten die Mitglieder dieser völlig unpolitischen religiösen Sekte getan?

Eigentlich nichts, denn die Zeugen Jehovas, die sich bis 1931 »Ernste Bibelforscher« nannten, interessierten sich weit mehr für das himmlische Jenseits als für das politische Diesseits.[3] Nach der Lehre ihres Gründers, des Amerikaners Charles Taze Russel (1852–1914), meinten die Zeugen Jehovas, direkt ins Paradies zu kommen, wenn sie sich zu Lebzeiten durch einen untadeligen Lebenswandel, Frömmigkeit und missionarische Erfolge ausgezeichnet hätten. Letzteres war besonders wichtig, denn nach der Auffassung Russels würden insgesamt nur 144.000 Menschen, die ein solches Zeugnis vorzuweisen hätten, am jüngsten Tag direkt in den Himmel fahren. Den Zeitpunkt dieses jüngsten Tages und des ihm vorausgehenden Unterganges der Welt meinten die Zeugen Jehovas, aufgrund einer mehr als eigenwilligen Bibelauslegung vorhersagen zu können. Allerdings haben sie sich bisher bei allen genannten Terminen geirrt.

Diese, wenn man will, Mißerfolge taten ihrem Ansehen jedoch keinen Abbruch. In Deutschland gehörten zur Zeit der Weimarer Republik etwa 20.000 Menschen dieser Sekte an. Viele von ihnen stammten aus den Unterschichten. Dies hat zu Vermutungen Anlaß gegeben, die Zeugen Jehovas würden insgeheim mit den Kommunisten sympathisieren. Doch davon konnte ebenso wenig die Rede sein, wie der Vorwurf, sie gehörten zu einer internationalen deutschfeindlichen Organisation.

Aufgrund dieser, wie gesagt, unbegründeten Verdächtigungen wurden die Zeugen Jehovas am 5. April 1933 in Bayern und am 24. Juni desselben Jahres auch in Preußen verboten.[4] Diese Verbote wurden von Repräsentanten beider Kirchen ausdrücklich begrüßt. Der Münchener Kardinal Faulhaber erklärte sogar öffentlich, daß er sich freue, daß die »Bibelforscher (...) nicht mehr ihre amerikanisch-kommunistische Tätigkeit entfalten« könnten.[5]

In dieser Situtation fanden die Zeugen Jehovas einen einflußreichen Fürsprecher. Und dies waren die Vereinigten Staaten, deren Berliner Botschafter bei der Reichsregierung gegen das regionale Verbot der Zeugen Jehovas protestierte.[6] Obwohl sich die um Rat gefragten Kirchen gegen die Zeugen Jehovas und für eine weitere Verfolgung aussprachen,[7] wurden die einzelnen Verbotsmaßnahmen tatsächlich rückgängig gemacht, wobei ausdrücklich auf die »diplomatischen Schritte der amerikanischen Regierung« hingewiesen wurde.[8]

Dennoch haben, ob mit Wissen Berlins ist nicht klar, nachgeordnete Institutionen des NS-Staates ihre Repressionsmaßnahmen gegen die Zeugen Jehovas fortgesetzt. Dies veranlaßte nun wiederum den Präsidenten der internationalen Vereinigung der Zeugen Jehovas, Franklin Rutherford (1869–1942), am 9. Februar 1934 einen energischen Brief an Hitler zu senden, in dem er diesen ultimativ aufforderte, die Verfolgungen der Zeugen Jehovas sofort einzustellen. Falls dies »bis zum 24. März 1934« nicht geschehen sei, werde er, Rutherford, die Welt über die »ungerechte Behandlung von Christen« in Deutschland informieren.[9]

Natürlich reagierte Hitler auf diesen mehr als ungewöhnlichen Brief nicht; und ebenso natürlich fuhren die Zeugen Jehovas mit ihrer missionarischen Tätigkeit fort, ohne sich um die nationalsozialistischen Behörden zu kümmern. Dazu wurden sie auf einem internationalen Treffen der Zeugen Jehovas, das im September 1934 in Basel stattfand, mit der Begründung aufgerufen, daß man »Gott mehr gehorchen« müsse »als den Menschen«.[10] Nicht genug damit, kamen die Zeugen Jehovas bei ihren »Bibelforschungen« zu dem Ergebnis, daß

Hitler das in der Offenbarung des Johannes erwähnte »Tier aus der Tiefe« sei, das in der »Schlacht von Harmageddon« untergehen und dem »Tausendjährigen Endreich« weichen werde.

Im Vertrauen auf dieses Heilsversprechen kündigten die Zeugen Jehovas dem nationalsozialistischen Regime ihren Gehorsam auf. Sie verweigerten konsequent und kompromißlos den Hitler-Gruß, weil, so ihre religiöse Begründung, die auch von den Angehörigen der Kirchen hätte kommen können, kein Mensch göttliches »Heil« beanspruchen könne, und lehnten jeden direkten oder auch nur indirekten (etwa in der Rüstungsindustrie) Militärdienst ab. Der NS-Staat antwortete mit einer Verschärfung seiner repressiven Maßnahmen: Alle Organisationen der Zeugen Jehovas wurden verboten und ihr Vermögen beschlagnahmt. Zeugen Jehovas, die gegen das gleichzeitig ergangene strikte Missionsverbot verstießen, wurden von der Gestapo verhaftet und von den sogenannten »Sondergerichten« aufgrund des »Heimtückegesetzes« zunächst zu Gefängnisstrafen verurteilt.[11]

Die Zeugen Jehovas ließen sich davon nicht beeindrucken. Sie gingen nun dazu über, verschiedene Protest-Resolutionen, die auf ihren internationalen Kongressen beschlossen worden waren, illegal zu verbreiten. Im Juni 1937 gelang es ihnen, in einer groß angelegten Aktion einen gegen den NS-Staat gerichteten »Offenen Brief« zu verteilen, in dem unter anderem auch die Namen der mit ihrer Verfolgung beauftragten Gestapo-Beamten genannt wurden. Dies versetzte die Gestapo vollends in Weißglut. Sie reagierte mit dem oben schon erwähnten Erlaß vom 22. April 1937, wonach alle straffällig gewordenen Zeugen Jehovas nach der Verbüßung ihrer Haftstrafen in »Schutzhaft« zu nehmen und in ein Konzentrationslager zu verschleppen seien.[12]

In den Konzentrationslagern stellten die mit einem violetten Winkel gekennzeichneten Zeugen Jehovas eine von den übrigen abgesonderte Gruppe dar, die sich zwar konsequent weigerte, Zwangsarbeiten auszuführen, die einen militärischen Nutzen hatten, sich sonst aber allen Anordnungen der Lagerleitungen willig fügten. Dennoch und obwohl die Zeugen Jehovas auch in den Konzentrationslagern ihre Missionstätigkeit fortsetzten, genossen sie bei den übrigen Häftlingen ein erstaunlich großes Ansehen.[13]

Dies trifft keineswegs auf die mit einem rosa Winkel gekennzeichneten Homosexuellen zu,[14] die ebenfalls seit etwa 1937 in zunehmenden Maße in Konzentrationslager verschleppt wurden, nachdem sie ihre Haftstrafen verbüßt hatten, zu denen sie von ganz normalen Gerichten verurteilt worden waren. Maßgebend dafür war der 1935 verschärfte Paragraph 175 des Strafgesetzbuches, der jegliche sexuelle Kontakte (worunter die Gerichte auch bloße Blicke verstanden) zwischen erwachsenen Männern verbot.[15] Anlaß dieser Gesetzesänderung, die erst 1969 wieder rückgängig gemacht wurde, war die Ermordung von Ernst Röhm und anderen höheren SA-Führern während des angeblichen Röhm-Putsches vom 30. Juni 1934, die von Hitler nachträglich mit den homosexuellen Verfehlungen Röhms und seiner Kumpane »legitimiert« worden war.

Die Verschärfung des Paragraphen 175 wurde jedoch auch mit rassenideologischen Argumenten begründet. So erklärte die Zeitschrift der SS »Das schwarze Korps« am 22. Mai 1935, daß es sich bei der Homosexualität um eine »rassevernichtende Entartungserscheinung« handele.[16] Daher müsse man wie bei der »Frage der Mischehen zwischen artfremden Rassen zu der altgermanischen Auffassung« zurückkehren und Homosexuelle rücksichtslos vernichten. Himmler schloß sich dieser Ansicht an. 1937 erklärte er in einer Geheimrede, daß die Homosexuellen den »Geschlechtshaushalt Deutschlands in Unordnung« gebracht hätten, weil sie sich der allgemeinen Zeugungspflicht entzögen.[17] Daher müsse man sich an den Gebräuchen der germanischen Vorfahren orientieren, die Homosexuelle einfach in den Sümpfen und Mooren versenkt hätten. Tatsächlich wurde in der »SS- und Polizeigerichtsbarkeit« festgelegt, daß jeder homosexuelle Angehörige von SS und Polizei mit dem Tode zu »bestrafen« sei.

Obwohl die Verfolgung der Homosexuellen auch rassenideologisch motiviert war und rechtsstaatlichen Kriterien Hohn sprach, stießen die »Männer mit dem rosa Winkel« in den Konzentrationslager weit mehr auf Ablehnung und Haß als auf Mitleid und Solidarität. Maßgebend dafür waren homophobe Vorurteile und nicht etwa das Fehlverhalten einzelner Homosexueller, die sich an jüngeren Häftlingen sexuell vergangen oder als Kapos mit der SS zusammengearbeitet hatten.[18]

Der letztgenannte Vowurf ist von Häftlingen und späteren Historikern auch den mit einem grünen Winkel gekennzeichneten »Berufsverbrechern« und den »Asozialen« gemacht worden, die im KZ einen schwarzen Winkel tragen mußten.[19] Dies war sicherlich nicht immer unbegründet. Dennoch ist eindringlich darauf hinzuweisen, daß »asozial« ein ebenso schwammiger wie dehnbarer Begriff ist, der in unterschiedlichen Gesellschaften unterschiedlich definiert wurde und wird. Im Dritten Reich waren es die Nationalsozialisten, die bestimmten, wer als »asozial« zu gelten hatten.[20] Und sie taten dies nach politischen und rassenideologischen Kriterien.

Nach den damals keineswegs nur im nationalsozialistischen Deutschland verbreiteten Thesen der sogenannten »Kriminalbiologen« galt nämlich »asoziales« und kriminelles Verhalten als vererbbar. Folglich ging man von der Existenz von »geborenen Verbrechern« und »Asozialen« aus.[21] Da diese »geborenen Asozialen und Verbrecher« aufgrund ihres Äußeren oder anhand ihrer familiären Herkunft erkenn- und bestimmbar seien, könnten sie inhaftiert und sonstwie unschädlich gemacht werden, bevor sie überhaupt die Gelegenheit erhielten, ihre kriminellen Neigungen und Triebe zu befriedigen. Dies nannte man »Kriminalprävention«. Und zu »kriminalpräventiven« Zwecken erließen die Nationalsozialisten verschiedene Gesetze und Verordnungen.

Das erste war das »Gesetz gegen gefährliche Gewohnheitsverbrecher« vom 24. November 1933.[22] Dieses Gesetz, das das vom 14. Juli desselben Jahres über die Zwangssterilisation von sogenannten »Erbkranken« ergänzen sollte,[23] sah verschiedene Maßnahmen vor, die von der Sicherungsverwahrung bis zur Zwangskastration von sogenannten »Gewohnheitsverbrechern« reichten. In Ländern wie Bayern wurden ebenfalls schon seit 1933 derartige »Gewohnheitsverbrecher« und »Asoziale« in Konzentrationslager verschleppt, ohne daß sie straffällig geworden und von einem ordentlichen Gericht verurteilt worden waren.

Diese an sich illegale Praxis wurde 1937 von Heinrich Himmler sanktioniert, der am 17. Juni 1936 zum »Chef« der gesamten deutschen Polizei ernannt worden war und seit diesem Zeitpunkt neben der Gestapo auch noch die gesamte Sicherheits- und Kriminalpolizei befehligte. In seiner Eigenschaft als »Reichsführer SS und Chef der Deutschen Polizei im Reichsministerium des Innern« ordnete Himmler bereits am 23. Februar 1937 an, 2.000 »Berufs- und Gewohnheitsverbrecher oder gemeingefährliche Sittlichkeitsverbrecher« in, wie der neue Begriff lautete, »polizeiliche Vorbeugungshaft zu nehmen«.

Die »polizeiliche Vorbeugungshaft« sollte wie die »Schutzhaft« in Konzentrationslagern vollzogen werden.

Die Praxis, »Gewohnheitsverbrecher« und »Asoziale« ohne Gerichtsverfahren in Konzentrationslager einzuweisen, stieß jedoch innerhalb der Justiz auf Kritik, weil die Richter und Staatsanwälte fürchteten, funktions- und arbeitslos zu werden, wenn alle tatsächlichen oder angeblichen »Verbrecher« direkt und ohne Richterspruch von der Kriminalpolizei verhaftet und inhaftiert würden.[24] Daher erließ Himmler am 14. Dezember 1937 den »Grundlegenden Erlaß zur vorbeugenden Verbrechensbekämpfung«.[25] Er sah die Verhaftung aller »Personen« vor, »die durch geringfügige aber sich immer wiederholende Gesetzesübertretungen sich der in einem nationalsozialistischen Staat selbstverständlichen Ordnung nicht fügen wollen.« Dazu wurden neben »Dirnen«, »Trunksüchtigen«, »Bettlern« auch, so wörtlich, »Landstreicher (Zigeuner)« gezählt.

Damit war eine weitere Opfergruppe genannt: die Sinti und Roma, die seit dem ausgehenden 15. Jahrhundert als »Zigeuner«, d.h. »herumziehende Gauner« diffamiert und grausam verfolgt worden waren.[26] Obwohl die Verfolgungen im 19. Jahrhundert aufhörten, waren die deutschen Sinti und Roma zahlreichen Diskriminierungen ausgesetzt, weil sie niemals emanzipiert wurden und immer Staatsbürger zweiter Klasse blieben. Dies war auch noch in der Zeit der Weimarer Republik so, da die entsprechenden »Zigeunergesetze« der Länder nicht aufgehoben wurden, obwohl sie samt und sonders gegen den im Artikel 104 der Weimarer Reichsverfassung niedergelegten Gleichheitsgrundsatz verstießen.[27]

Einen besonders rigiden und zugleich rechtswidrigen Charakter hatte das 1926 erlassene bayerische »Gesetz zur Bekämpfung von Zigeunern, Landfahrern und Arbeitsscheuen«.[28] Es sah unter anderem vor, daß auch nicht straffällig gewordene Sinti und Roma »aus Gründen der öffentlichen Sicherheit bis zur Dauer von 2 Jahren in einer Arbeitsanstalt« untergebracht werden konnten, wo sie Zwangsarbeit verrichten mußten. Dieses Gesetz wurde im Dritten Reich zunächst von einzelnen Ländern und dann auch vom Reichs- und Preußischen Minister des Innern übernommen, der am 6. Juni 1936 eine Verordnung zur »Bekämpfung der Zigeunerplage« erließ, die sich im wesentlichen an den Bestimmungen des bayerischen Gesetzes von 1926 orientierte.[29] Doch zu diesem Zeitpunkt waren die nationalsozialistischen Rassengesetze bereits auf die Sinti und Roma übertragen worden. Dies geschah im Analogieverfahren und ohne daß die Sinti und Roma zum Beispiel in den berüchtigten Nürnberger Gesetzen erwähnt worden waren.[30] Dennoch wurden sie in den Kommentaren zur nationalsozialistischen Rassengesetzgebung neben den Juden sowie »Negern und ihren Bastarden« zu den »Trägern artfremden Blutes« gerechnet.[31]

Diese Gleichstellung der Sinti und Roma mit Juden und Afrikanern war insofern überraschend, weil die Sinti und Roma ursprünglich aus Indien stammen und ihre Sprache – das Romanes – zur indoeuropäischen Sprachfamilie gehört. Nach der ebenso krausen wie brutalen Rassenideologie der Nationalsozialisten waren die Sinti und Roma daher genau wie ihre übrigen deutschen Landsleute »eigentlich« »Arier«. Doch nach der Meinung von »Zigeunerforschern« wie Dr. Dr. Robert Ritter handelte es sich bei den Sinti und Roma (wie bei den ebenfalls »arischen« Slawen) allenfalls um »primitive Arier«.[32] Hinzu käme, daß sich viele Sinti und Roma – Ritter schätzte ihren Anteil auf 90 Prozent der insgesamt ca. 30.000 deutschen Sinti und Roma – mit »asozialen« und »kriminellen« Deutschen und anderen Europäern vermischt hätten, weshalb diese »Zigeunermischlinge« gewissermaßen »doppelt minderwertig« seien. Zu ihrem »zigeunerischem Blut« komme das von »geborenen Asozialen«. Daher sollten (und wurden schließlich auch) sogenannte »Zigeunermischlinge« weitaus härter und rigoroser verfolgt als die sogenannten »jüdischen Mischlinge«.

Diese Forschungshypothesen Ritters und anderer »Zigeunerforscher« machte sich Himmler zueigen, als er am 8. Dezember 1938 die »Regelung der Zigeunerfrage« »aus dem Wesen dieser Rasse heraus« anordnete, wobei die »rassereinen Zigeuner und die Mischlinge gesondert zu behandeln« seien.[33] Diesen Worten waren bereits Taten vorangegangen. Denn zu diesem Zeitpunkt – Dezember 1938 – saßen bereits viele Sinti und Roma in den deutschen Konzentrationslagern. Sie waren zwar aufgrund des erwähnten »Grundlegenden Erlasses zur vorbeugenden Verbrechensbekämpfung« im April und Juli 1938 zusammen mit sogenannten »Asozialen« verhaftet wurden, weshalb sie auch in den Konzentrationslagern in der Regel den schwarzen Winkel der Asozialen tragen mußten. Dennoch waren sie als »Zigeuner« und aus eindeutig rassenideologischen Gründen in die Konzentrationslager verschleppt worden.

Die Solidarität unter den verschiedenen Häftlingsgruppen war nicht sehr ausgeprägt. Dies lag einmal an ihrer unterschiedlichen Zusammensetzung und zum anderen an der teuflisch geschickten divide-et-impera-Politik der SS, der es immer wieder gelang, die einzelnen Häftlingsgruppen gegeneinander auszuspielen. Dabei konnte sie einmal die politischen Gegensätze ausnutzen, die etwa zwischen kommunistischen und sozialdemokratischen Häftlingen sowie einigen Angehörigen beider Kirchen nach wie vor bestanden. Hinzu kamen gewisse Vorurteile gegenüber Juden, Sinti und Roma sowie vor allem den Homosexuellen, die auch in den Reihen der politischen Häftlinge anzutreffen waren. Schließlich setzte die SS die Vergabe der begehrten Funktionshäftlingsstellen wie Blockälteste, Kapos, Schreiber, Küchengehilfen etc. gezielt dazu ein, um Mißgunst und Uneinigkeit zwischen den Häftlingen zu fördern. Selbst wo es wie in Buchenwald den politischen (kommunistischen) Häftlingen gelang, die wichtigsten Funktionen mit ihren Genossen zu besetzen und eine illegale Lagerleitung aufzubauen, wurden und mußten wohl auch teilweise Entscheidungen getroffen werden, die sich zu Lasten einzelner Häftlinge und Häftlingsgruppen auswirkten.[34]

Noch schwieriger gestaltete sich die Situation nach Kriegsbeginn, als immer mehr ausländische Häftlinge eingewiesen wurden, so daß sich die deutschen bald in der Minderheit befanden. In diesem Zusammenhang wuchs auch die Gesamtzahl der KZ-Häftlinge. Waren es 1939 »nur« 25.000 gewesen, vegetierten im März 1942 100.000 Menschen in deutschen Konzentrationslagern. Ein Jahr später waren es 200.000 und 1944 wurde mit 500.000 Insassen der Konzentrationslager (die Vernichtungslager sind hier nicht mitgerechnet) der Höchststand erreicht.[35] Maßgebend für diese Steigerung der Häftlingszahlen waren einmal verschiedene Gesetze und Verordnungen, mit denen die Nationalsozialisten seit Kriegsbeginn die rassenideologisch motivierte »Reinigung des Volkskörpers« vorantrieben, indem neben Juden und Sinti und Roma auch andere »Fremdvölkische« inhaftiert wurden.

Hinzu kamen Maßnahmen, durch die jeglicher Widerstand im Keim erstickt werden sollte.[36] Dies gilt etwa für die »Verordnung über außerordentliche Rundfunkmaßnahmen« vom 1. September 1939, durch die das bloße Hören von sogenannten Feindsendern unter Strafe gestellt wurde, sowie für die »Kriegswirtschafts«- die »Volksschädlings«- und die »Verordnung gegen Gewaltverbrecher«, durch die jegliches abweichendes Verhalten mit der Einweisung in ein KZ geahndet werden konnte. Dies reichte von kleineren Diebstählen bis hin zum »Delikt« der »Arbeitsbummelei«, wobei wiederum bei »Fremdarbeitern« aus sicherheitspolitischen und rassenideologischen Motiven ein besonders strenger Maßstab angelegt wurde. Durch den »Runderlaß über die Grundsätze der inneren Staatssicherheit während des Krieges« vom 3. September 1939 wurde die Gestapo ermächtigt, jeden Versuch, »die Geschlossenheit und den Kampfeswillen des deutschen Volkes zu zersetzen, rücksichtslos zu unterdrükken«. Die Gestapo nahm dies zum Anlaß, um neben Personen, die verdächtigt wurden, Organisationen der illegalen Arbeiterbewegung anzugehören, auch oppositionell eingestellte Angehörige beider Kirchen im verstärkten Maße in Konzentrationslager einzuweisen.

Mit noch größerer Härte und Brutalität gingen die Nationalsozialisten gegen Widerstandsregungen in den besetzten Gebieten vor. Schon Ende 1941 ordnete Hitler an, daß Franzosen, Belgier, Holländer und Luxemburger, die des Widerstandes gegen Maßnahmen der deutschen Besatzungsbehörden auch nur verdächtigt wurden, »bei Nacht und Nebel« zu verhaften und nach Deutschland zu bringen seien. Aufgrund dieses »Nacht-und-Nebel-Erlasses«, der am 7. Dezember 1941 auch vom Oberkommando der Wehrmacht übernommen wurde, das einige der genannten besetzten Gebiete verwaltete, sind etwa 7.000 sogenannter »N.N.-Häftlinge« in verschiedene Konzentrationslager verschleppt worden.[37] Hier wurden sie zu den politischen Häftlingen gezählt, weshalb sie einen roten Winkel tragen mußten, der durch das jeweilige Nationalitätenkennzeichen ergänzt wurde.

Dieses Schicksal teilten sie mit Angehörigen der polnischen Führungsschicht, die zunächst in das im September 1939 bei Danzig errichtete KZ Stutthof eingeliefert wurden.[38] Im Mai 1940 kam das Konzentrationslager Auschwitz hinzu, in das neben Polen ein Jahr später auch sowjetische Kriegsgefangene gebracht wurden, von denen kaum einer überlebte. Das nahegelegende Außenlager des KZ Sachsenhausen im niederschlesischen Groß-Rosen wurde im Mai 1941 in ein eigenständiges Konzentrationslager umgewandelt.[39] Ebenfalls im Mai 1941 wurde südlich von Straßburg im annektierten Elsaß das Konzentrationslager Natzweiler-Struthof errichtet, dessen Insassen zunächst in Steinbrüchen, dann in verschiedenen Rüstungsbetrieben arbeiten mußten.[40] Doch so schrecklich die genannten Konzentrationslager bereits waren, so sehr wurden sie durch die Vernichtungslager in den Schatten gestellt.

Anmerkungen

1 Zur Verfolgung der Zeugen Jehovas bereits: Friedrich Zipfel, Kirchenkampf in Deutschland 1933–1945. Religionsverfolgung und Selbstbehauptung der Kirchen in der nationalsozialistischen Zeit, Berlin 1965. Zipfels sehr positives Urteil über die Zeugen Jehovas wurde infragegestellt durch: Michael H. Kater, Die Ernsten Bibelforscher im Dritten Reich, in: Vierteljahrshefte für Zeitgeschichte 17, 1969, S. 181–218. Eine sehr gehässige Bewertung findet man dagegen in der Arbeit eines Historikers der DDR, wo die Zeugen Jehovas übrigens ebenfalls verboten waren: Manfred Gebhardt, Die Zeugen Jehovas, Schwerte 1971. Positive Beurteilung dagegen in der Regionalstudie zu Schleswig-Holstein von: Elke Imburger, Widerstand »von unten«. Widerstand und Dissens aus den Reihen der Arbeiterbewegung und Zeugen Jehovas in Lübeck und Schleswig-Holstein 1933–1945, Neumünster 1991. Auch die neueste und umfassendste Untersuchung ist mit großer Sympathie für das standhafte Verhalten der Zeugen Jehovas geschrieben: Detlef Garbe, Zwischen Widerstand und Martyrium. Die Zeugen Jehovas im »Dritten Reich«, München 1993.

2 Zitiert bei: Imberger, Widerstand »von unten«, S. 359.

3 Zum Glauben der Zeugen Jehovas: Kurt Hutten, Seher, Grübler, Enthusiasten, Stuttgart 1984.

4 Ich stütze mich im folgenden auf die Akten des Reichkirchenministerium (5101/ 23416) im Bundesarchiv Berlin.

5 Zitiert nach: Garbe, Zwischen Widerstand und Martyrium, S. 93.

6 Foreign Relations of the United States. Diplomatic Papers 1993, Bd. II, Washington 1949, S. 406 ff.

7 Auf einer Besprechung im Geheimen Staatspolizeiamt am 29. 5. 1933, in: BA Berlin Reichskirchenministerium 5102 / 23416.

8 Vgl.: Schreiben des Preußischen Ministers des Innern vom 5. 10. 1933, in: Reichskirchenministerium 5101 /23416.

9 Zitiert bei: Marley Cole, Jehovas Zeugen, Frankfurt/M. 1956, S. 194.

10 Zitiert nach: Imberger, Widerstand »von unten«, S. 270.

11 Ausführlich dazu: Garbe, Zwischen Widerstand und Martyrium.

12 Imberger, Widerstand »von unten«, S. 359.

13 Für Ravensbrück, wo relativ viele Zeuginnen Jehovas inhaftiert waren, bezeugt

dies: Margarete Buber-Neumann, Als Gefangene bei Stalin und Hitler, München 1949, S. 213 f.

14 Zur Verfolgung der Homosexuellen jetzt vor allem: Burkhard Jellonek, Homosexuelle unter dem Hakenkreuz. Verfolgung von Homosexuellen im Dritten Reich, Paderborn 1990.

15 Gesetz zur Änderung des StGB vom 18. 6. 1935, Art 6: Unzucht zwischen Männern, in: Reichsgesetzblatt I 1935, S. 841. Der Paragraph wurde nicht auf lesbische Frauen ausgedehnt. Vgl. dazu: Claudia Schoppmann, Nationalsozialistische Sexualpolitik und weibliche Homosexualität, Pfaffenweiler 1991.

16 »Widernatürliche Unzucht ist todeswürdig!«, in: Das Schwarze Korps 22. 5. 1937.

17 Abgedruckt bei: Bradley F. Smith/Agnes F. Peterson (Hrsg.), Heinrich Himmler, Geheimreden 1933 bis 1945, Berlin-Wien 1974, S. 93–104.

18 Ziemlich drastische Beschreibung eines derartigen Einzelfalls bei: Roman Frister, Die Mütze oder der Preis des Lebens, Berlin 1997.

19 Derartige Vorwürfe und Verdächtigungen findet man in fast allen Erinnerungsberichten politischer und jüdischer Häftlinge. Diese subjektive Sicht ist ziemlich ungeprüft von verschiedenen Historikern übernommen worden.

20 Vgl. dazu und zum folgenden: Klaus Scherer, »Asozial« im Dritten Reich. Die vergessenen Verfolgten, Münster 1990.

21 Der Begriff des »geborenen Verbrechers« wurde von dem italienischen »Kriminalbiologen« Cesare Lombroso (1835–1909) geprägt. Vgl.: Cesare Lombroso, Der Verbrecher in anthropologischer, ärztlicher und juristischer Beziehung, Hamburg 1894.

22 Gesetz gegen gefährliche Gewohnheitsverbrecher und über Maßregeln der Sicherung und Besserung vom 34. 11. 1933, in: Reichsgesetzblatt 1933 I, S. 995–999.

23 Gesetz zur Verhütung erbkranken Nachwuchse vom 14. 7. 1933, in: Reichsgesetzblatt 1933 I, S. 529 ff. Zu diesem Zusammenhang zwischen der Verfolgung der »Erbkranken« und »Asozialen«: Ernst Klee, »Euthanasie« im NS-Staat. Die »Vernichtung lebensunwerten Lebens« Frankfurt/M. 1983; Gisela Bock, Zwangssterilisation im Nationalsozialismus, Opladen 1986.

24 Diese Auseinandersetzungen setzten sich bis zu der Vereinbarung zwischen Himmler und dem Reichsjustizminister Thierack vom 18. 9. 1942 fort, wonach »alle asozialen Elemente aus dem Strafvollzug« auszugliedern und dem »Reichsführer SS zur Vernichtung durch Arbeit« auszuliefern seien. Vgl. dazu: Burleigh/Wippermann, The Racial State, S. 180.

25 Drobisch/Wieland, System der NS-Konzentrationslager, S. 284 ff.

26 Dazu und zum folgenden jetzt: Wolfgang Wippermann, »Wie die Zigeuner«. Antisemitismus und Antiziganismus im Vergleich, Berlin 1997.

27 Zu diesem Ergebnis gelangte bereits die zeitgenössische Dissertation von: Werner K. Höhne, Die Vereinbarkeit der deutschen Zigeunergesetze und -verordnungen mit dem Reichsrecht, insbesondere der Reichsverfassung, Jur. Diss. Heidelberg 1929.

28 Bayerisches Gesetz zur Bekämpfung von Zigeunern, Landfahrern und Arbeits-

scheuen vom 16. 7. 1927; teilweise abgedruckt in: Wolfgang Wippermann, Geschichte der Sinti und Roma in Deutschland. Darstellung und Dokumente, Berlin 1993, S. 75 f.

29 Runderlaß des Reichs- und Preußischen Ministers des Innern vom 6. 6. 1936, abgedruckt bei: Wolfgang Wippermann, Das Leben in Frankfurt zur NS-Zeit II. Die nationalsozialistische Zigeunerverfolgung, Frankfurt/M. 1986, S. 68

30 Die genauen Einzelheiten bei: Wippermann, »Wie die Zigeuner«, S. 151 ff.

31 So etwa bei: Wilhelm Stuckart/Hans Globke, Kommentar zur deutschen Rassengesetzgebung, Bd. 1, München – Berlin 1936, S. 55.

32 Zur Ritter und der »Zigeunerforschung« im Dritten Reich: Wippermann, »Wie die Zigeuner«, S. 136 ff.

33 Runderlaß des Reichsführers SS und Chefs der Deutschen Polizei im Reichsministerium des Innern vom 8. 12. 1938, in: Wippermann, Geschichte der Sinti und Roma, S. 81.

34 Dies wird in der DDR-Literatur und auch noch bei Drobisch/Wieland, System der NS-Konzentrationslager viel zu wenig beachtet. Die Darstellung des angeblich immer »solidarischen« Verhaltens der kommunistischen Häftlinge ist sehr apolegetisch. Vgl. vor allem das Kapitel »Zurückdrängen krimineller Häftlinge«, S. 315 ff. Dazu die aber ebenfalls nicht unproblematische Kommentierung der Verhöre ehemaliger kommunistischer Funktionshäftlinge durch die KPD/SED bei: Niethammer, Die roten Kapos.

35 Zahlenangaben nach Broszat, Konzentrationslager, S. 124 ff.

36 Zum folgenden Broszat, Konzentrationslager, S. 86 ff.

37 Broszat, Konzentrationslager, S. 95.

38 Hermann Kuhn (Hrsg.), Stutthof. Ein Konzentrationslager vor den Toren Danzigs, Bremen 1995.

39 Antony Konieczny, Das Konzentrationslager Groß-Rosen, in: Dachauer Hefte 4, 1989, S. 151–163; Isabell Sprenger, Groß-Rosen. Ein Konzentrationslager in Schlesien, Köln 1996.

40 Jürgen Ziegler, Mitten unter uns, Natzweiler-Struthof: Spuren eines Konzentrationslagers, Hamburg 1986; Wolfgang Kirstein, Das Konzentrationslager als Institution totalen Terrors. Das Beispiel des KL Natzweiler, Pfaffenweiler 1992.

»Todesfabriken«
Konzentrations- und Vernichtungslager 1941 bis 1945

Im Zusammenhang mit der »Endlösung der Judenfrage«[1] kam es seit Ende 1941 zur Errichtung neuer Lager, die sich nicht nur ganz wesentlich von den bisherigen Konzentrationslagern unterschieden, sondern die generell kaum noch als Lager, sondern eher als »Todesfabriken« zu bezeichnen sind.[2] Gemeint sind Chelmno, Belzec, Sobibór und Treblinka, deren Geschichte und grausame Funktion im folgenden beschrieben werden sollen.[3]

Beginnen wir mit dem 70 Kilometer westlich von Lodz gelegenen Chelmno, das die Deutschen Kulmhof nannten und am 7. Dezember 1941 in Betrieb nahmen.[4] Chelmno bzw. Kulmhof unterstand dem Höheren SS- und Polizeiführer des Warthegaus Wilhelm Koppe. Bewacht wurde es von knapp 100 Angehörigen der Sicherheitspolizei (Sipo) und der Schutzpolizei, die zu einem »Sonderkommando Kulmhof« zusammengezogen worden waren, das auch – nach dem ersten Kommandanten von Chelmno Herbert Lange – »Sonderkommando Lange« genannt wurde. Die Angehörigen dieses »Sonderkommandos« waren vorher im Rahmen des sogenannten Euthanasieprogramms eingesetzt gewesen.[5] Tatsächlich erinnern die in Chelmno verübten Massenmorde mehr an die, die vorher und nachher in den Tötungsanstalten der »Euthanasie«-Aktion begangen wurden, als an die Verbrechen in den bisherigen Konzentrationslagern.

Die hier gemachten »Erfahrungen« wandten sie in Chelmno an. Betroffen waren Juden und auch Sinti und Roma aus dem gesamten Warthegau sowie aus dem Ghetto Lodz. Sie wurden mit Lastwagen und der Eisenbahn in den kleinen Ort Chelmno gebracht, wo sich ein Schloß befand, das dann als Mordanstalt diente.[6] Die ankommenden Juden wurden zunächst im Hof des Schlosses versammelt, um dann in Gruppen zu 50 Personen (wobei Männer und Frauen nicht voneinander getrennt wurden) in das Erdgeschoß des Schlosses getrieben zu werden. Hier mußten sie ihre Wertsachen abgeben und sich ausziehen. Danach mußten sie über die Kellerräume zu einer Rampe laufen, wo sich die fahrbaren Gaswagen befanden, in die die Opfer mit Schlägen und Peitschenhieben hineingetrieben wurden. Dann wurden die Motoren der Lastwagen angelassen, wobei die Auspuffgase mittels eines Rohres in das Innere der Wagen geleitet wurden. Nach etwa zehn Minuten waren alle Insassen unter schrecklichen Qualen erstickt. Danach fuhren die Lastwagen in ein nahe gelegenes Waldstück, wo sich das sogenannte Waldlager befand. Hier wurden die Leichen von Funktionshäftlingen in großen Massengräbern verscharrt und seit Sommer 1942 in sogenannten Feldkrematorien verbrannt.

Diese Massenmorde wurden bis März 1943 fortgesetzt, als bis auf einige Insassen des Ghettos Lodz alle Juden des Warthegaus ermordet worden waren. Danach wurden das Schloß und die Verbrennungsofen gesprengt. Das Lagerpersonal wurde nach Jugoslawien verlegt, wo es innerhalb der Waffen-SS Division Prinz Eugen bei der Bekämpfung der Partisanen eingesetzt wurde. Im Frühjahr 1944 wurden diese Spezialisten des Massenmordes wieder nach Chelmno versetzt, wo das sogenannte Waldlager erneut in Betrieb genommen wurde, um die restlichen Insassen des Ghettos Lodz zu vergasen. Die Vergasungen selber wurden wiederum durch fahrbare Gaskammern durchgeführt. Die Leichen wurden in zwei neu errichteten Krematorien verbrannt. Das Morden dauerte bis Mitte 1944.

Nachdem es noch bei der völligen Auflösung des Ghettos Lodz eingesetzt worden war, hat das »Sonderkommando Kulmhof« im September 1944 alle Spuren beseitigt, die an das grausige Geschehen erinnerten. Dies war im Grunde zwecklos, da verschiedene jüdische Funktionshäftlinge, denen die Flucht gelungen war, die polnische Untergrundarmee informiert hatten, die diese Nachrichten wiederum an die polnische Exilregierung in London weitergab. Hier war man spätestens sei Juni 1942 über die Massenmorde in Chelmno informiert, denen insgesamt etwa 320.000 Menschen, wovon die meisten Juden waren, zum Opfer gefallen sind.

In den übrigen Vernichtungslagern wurden ebenso viele, ja teilweise noch mehr Menschen ermordet. In Sobibór,[7] das östlich von Lublin lag, waren es 250.000. In dem südöstlich von Lublin gelegenen Belzec[8] wurden 600.000 und in Treblinka[9], das sich an der Eisenbahnline Warschau-Bialystok befand, wurden sogar 870.000 Menschen ermordet. Dies geschah im Zusammenhang mit der sogenannten »Aktion Reinhard«[10], für die der SS- und Polizeiführer für den Distrikt Lublin, Odilo Globocnik, verantwortlich war. Die Lager selber waren wie die übrigen Konzentrationslager dem Wirtschafts-Verwaltungshauptamt unterstellt.

Von den übrigen Konzentrationslagern unterschieden sich die Lager in Belzec, Sobibór und Treblinka jedoch einmal durch die relativ geringe Größe. Das Lager Belzec war nur 270 mal 270 Meter groß, und die in Sobibór und Treblinka umfaßten eine Fläche von jeweils 400 mal 600 Metern. Mehr benötigte man nicht, weil in allen Lagern nur 20 bis 30 deutsche SS-Männer stationiert waren, die von einem Lagerkommandanten im Range eines Oberleutnants oder Hauptmanns (bzw. Obersturmführers und Hauptsturmführers) kommandiert wurden. Hinzu kamen jeweils um die hundert ehemalige sowjetische Kriegsgefangene meist ukrainischer Nationalität, die nach ihrem Ausbildungsort Trawniki bei Lublin »Trawniki-Männer« genannt wurden. Schließlich gab es noch zwischen 200 und 300 Funktionshäftlinge,[11] die jedoch in regelmäßigen Abständen selber ermordet und durch neue ersetzt wurden. Insgesamt lebten im und außerhalb des Lagers also nicht mehr als 400 Personen, für die nur einige wenige Baracken und Verwaltungsgebäude benötigt wurden.

Diese relativ wenigen Mörder und ihrer Helfershelfer haben vom Frühjahr bis Winter 1942 auf einem nur einige Fußballfelder großen Raum fast zwei Millionen Menschen getötet. Zu diesem Zweck hatte man ein geradezu teuflisches Verfahren erfunden, das in allen drei Lagern folgendermaßen ablief. Jedesmal wenn ein Zug mit Deportierten aus Polen und schließlich auch aus anderen europäischen Ländern ankam, wurde die Hälfte der insgesamt meist 40 bis 60 Güterwagen abgekoppelt und mit einer besonderen Lokomotive ins Lager geschleppt. Dann öffneten Trawniki-Männer und Funktionshäftlinge die Türen und trieben die meist 100 bis 130 Insassen ins Freie, wo zunächst die Männer von den Frauen und Kinder getrennt wurden. Hier mußten sie ihre Wertsachen abgeben und sich ausziehen, wobei den Frauen noch die Haare geschoren wurden. Danach wurden sie wiederum von Trawniki-Männern mit Drohungen und Schlägen durch einen, »Schlauch« genannten, Gang in die Gaskammern getrieben, die im Laufe des Jahres ständig durch neue und größere ersetzt wurden. Ihr Todeskampf dauerte zwischen 20 und 30 Minuten. Dann öffneten Funktionshäftlinge die Türen und verscharrten die Leichen in großen Massengräbern, nachdem ihnen von sogenannten »Zahnärzten« noch die Goldzähne gezogen worden waren.

Unter Aufsicht von Trawniki-Männern hatte eine andere Gruppe von Funktionshäftlingen inzwischen die Kleidung und Wertsachen der ermordeten Juden sortiert und verstaut sowie die Waggons gereinigt, wobei die hier angefundenen Leichen ebenfalls verscharrt wurden. Danach wurden die leeren Eisenbahnwagen aus dem Lager geschleppt, um Platz für den zweiten Teil des Zuges zu schaffen. Dann wiederholt sich der beschriebene Vernichtungsprozeß, der zunächst drei bis vier Stunden und schließlich nur noch 60 bis 90 Minuten dauerte.

Seit dem Herbst 1942[12] – inzwischen waren fast alle Juden des Generalgouvernements ermordet – wurden die Spuren der Mordtaten systematisch beseitigt. Dabei wurden nicht nur die Gebäude vollständig zerstört, auch die Leichen wurden exhumiert, um anschließend auf aufgestapelten Eisenbahnschienen verbrannt zu werden. Die zurückgebliebenen Knochen wurden zermalmt und zusammen mit der Asche auf dem Lagergelände verstreut, das schließlich umgepflügt, mit Grassamen besät und mit Bäumen bepflanzt wurde. Diese Arbeiten, die unter Aufsicht der SS- und Trawniki-Männer wiederum von Funktionshäftlingen ausgeführt wurden, zogen sich bis zum Herbst 1943 hin.[13]

Kurz vor ihrem Abschluß kam es am 2. August 1943 in Treblinka und am 14. Oktober des gleichen Jahres auch in Sobibór zu einem Aufstand der Funktionshäftlinge. An beiden Orten wurden einige Angehörige der SS erschossen, und mehrere hundert der Gefangenen konnten fliehen. Die meisten wurden jedoch wieder eingefangen und sofort erschossen. Nur 50 aus Sobibór und 70 aus Treblinka konnten sich retten.

Chelmno, Belzec, Sobibór und Treblinka waren wirklich reine »Todesfabriken«, weshalb sie sich sowohl von den Konzentrationslagern in Deutschland, West-[14] und Osteuropa[15] wie von Auschwitz und Majdanek unterschieden, die sich zu einem weiteren »Typ« in der

Geschichte der nationalsozialistischen Konzentrations- und Vernichtungslager entwickelten. Dies soll zunächst an der Entwicklung von Auschwitz verdeutlicht werden.

Wie bereits erwähnt, ist Auschwitz schon im Mai 1940 errichtet worden.[16] Erster Kommandant war Rudolf Höß.[17] Ursprünglich war es ein Konzentrationslager für polnische politische Häftlinge, die in ehemaligen Kasernen untergebracht waren und zur Zwangsarbeit eingesetzt wurden. Bei einem Besuch von Auschwitz am 1. März 1941 hat dann Himmler den Ausbau des abgelegenen und zugleich durch Eisenbahnen gut zu erreichenden KZs angeordnet. Zu diesem Zweck wurde im Oktober 1941 3 Kilometer vom bisherigen (dann auch »Auschwitz I« genannten) Stammlager bei dem Ort Brzezinka, das die Deutschen Birkenau nannten, ein riesiges, 40 Quadratkilometer umfassendes, neues Lager errichtet, das 100.000 Häftlinge aufnehmen sollte. Sie wurden in Holzbaracken untergebracht, die als Pferdeställe der Armee gedient hatten.

Zu diesem Zeitpunkt hatte sich jedoch bereits die Funktion des »Stammlagers« Auschwitz I verändert. Seit September 1941 waren nämlich Tausende von russischen Kriegsgefangenen nach Auschwitz I deportiert worden, von denen die meisten schon im Laufe des Jahres 1941 ermordet wurden. Viele wurde erschossen oder durch Giftspritzen ermordet. Einige wurden jedoch vergast. Dies geschah in einer zur Gaskammer umgewandelten Leichenhalle, wobei schon seit September 1941 das Blausäurepräparat Zyklon B eingesetzt wurde. Die erste Vergasung von Juden fand dann am 15. Februar 1942 statt. Die Leichen wurden in einem neu errichteteten Krematorium verbrannt. Schon Auschwitz I war also kein »normales« Konzentrationslager mehr, sondern diente sowohl der Ausbeutung der Arbeitskraft der Häftlinge wie der direkten Vernichtung.

Auschwitz-Birkenau war von Anfang an sowohl Zwangsarbeits- wie Vernichtungslager. Später diente es noch zusätzlich als eine pseudomedizinische Versuchsstation, wobei Menschen die Funktion von Versuchstieren übernehmen mußten. Schon im März 1942 begannen in Auschwitz-Birkenau die Massenvergasungen. Zu diesem Zweck waren zwei Bauernhöfe, die sich außerhalb des Lagers hinter einem Birkenwäldchen befanden, in Gaskammern umgebaut worden. Die Leichen wurden zunächst verscharrt, was jedoch auf die Kritik der

Führung der SS stieß, die eine Gefährdung des Grundwassers befürchtete. Daher wurden im Laufe des Jahres 1942 große Krematorien gebaut, die mit ebenfalls neuen unterirdischen Gaskammern kombiniert waren. Nach der endgültigen Fertigstellung dieser Vernichtungs- und Verbrennungsanlagen im Frühjahr 1943 konnten pro Tag bis zu 10.000 Menschen vergast und anschließend verbrannt werden. Eine weitere »Effektivierung« des Massenmordes wurde durch den Bau einer Eisenbahnstrecke erreicht, die seit Anfang 1944 direkt ins Lager führte.

Die ankommenden Menschen, in der Mehrheit Juden, aus Polen, dem Reich, dem Protektorat, der Slowakei, den Niederlanden, Belgien, Frankreich, Italien, Kroatien, Norwegen, Ungarn und selbst aus dem Tausende von Kilometern entfernten Griechenland wurden nach Verlassen der Eisenbahnzüge auf der sogenannten Rampe »selektiert«. Während die nichtarbeitsfähigen Häftlinge, d.h. Alte, Kranke und Kinder sofort in die Gaskammern gejagt wurden[18], wurden die übrigen in, wie es hieß, »Quarantäne« genommen und in das Lager Birkenau eingewiesen, nachdem ihnen ihre Kleider und sämtlichen Habseligkeiten abgenommen und den Frauen noch zusätzlich die Haare abgeschnitten worden waren. Haare und Eigentum der Häftlinge (auch das der bereits ermordeten) wurden von Funktionshäftlingen in große Lagerhallen gebracht, die im Jargon der Häftlinge »Kanada« genannt wurden.

Für die nach Birkenau eingewiesenen Häftlinge begann nun eine Zeit des Wartens, ob sie zur Zwangsarbeit eingesetzt werden würden oder nicht. Falls dies nicht der Fall war, magerten sie wegen der extrem schlechten Verpflegung zu »Muselmanen« genannten lebenden Leichen ab, die bei den täglichen Appellen dann doch noch selektiert und in die Gaskammern getrieben wurden.

Besonders schrecklich waren die Verhältnisse in dem sogenannten »Zigeunerlager«, das Anfang 1943 in einem besonderen Teil von Auschwitz-Birkenau erichtet wurde. Hier starben vor allem die Kinder der Sinti und Roma, die im Unterschied zu anderen Häftlingsgruppen nicht voneinander getrennt waren, zu Tausenden an Hunger und Seuchen.[19] Andere, darunter auch viele Juden, wurden von Ärzten wie Carl Clauberg und Josef Mengele zu unbeschreiblich grausamen Menschenversuchen mißbraucht.

Nur diejenigen Häftlinge, die für arbeitsfähig gehalten wurden, setzte man in den insgesamt 40 Außenlagern sowie in dem Werk der IG Farben im benachbarten Monowitz ein.[20] Da sich diese Fabrik sieben Kilometer vom Lager Auschwitz-Birkenau befand, entschied man sich schließlich 1942, hier ein neues Lager für noch verwendungsfähige Häftlinge zu errichten. Dies war »Auschwitz III«, auch »Auschwitz – IG Farben« genannt. Häftlinge, die als nicht mehr arbeitsfähig eingestuft worden waren, kamen zurück nach Auschwitz-Birkenau, wo sie dann ebenfalls vergast wurden.

Auschwitz war das bei weitem größte Konzentrationslager. Genauer gesagt handelte es sich um einen riesigen Kompex, der vom Stammlager über Birkenau bis zu den Fabrikanlagen von Monowitz reichte. Bewacht wurden die einzelnen Lager von insgesamt zwölf Wachkompanien der SS, denen zwischen 2.500 und 6.000 Männer angehörten. Die Gesamtzahl der Häftlinge betrug im Januar 1944 bereits über 80.000 Personen. Im August des gleichen Jahres erreichte sie mit insgesamt 155.000 ihren Höchststand. Nach jetzt korrigierten zuverlässigen Angaben sind über eine Million Menschen in Auschwitz ermordet worden.[21]

Dies geschah in einem geradezu fabrikmäßigen Verfahren.[22] Die Vergasungen wurden mittels Zyklon B vorgenommen, das mit Hilfe der in den Krematorien erzeugten Wärme zum Verdampfen gebracht wurde. In den mit den Gaskammern verbundenen Krematorien wurden die Leichen sofort verbrannt, wobei sich die damit befaßte Privatfirma Topf & Söhne aus Erfurt bemühte, immer neue und verbesserte Krematorien zu entwickeln und in Auschwitz zu installieren. Einer dieser Öfen trug den Produktnamen »Auschwitz«.

Schon weil es in Auschwitz erstaunlich viele zivile Arbeiter und sonstige Fachleute gab, konnte nicht geheim gehalten werden, was hier geschah. Auch das Ausland war durch verschiedene Flüchtlinge über die Massenmorde informiert. Dennoch reagierte man nicht. Es kam weder zu Berichten in den Zeitungen noch zu einer Bombardierung der Zufahrtswege nach und der Gaskammern in Auschwitz. Diese Möglichkeit wurde noch nicht einmal geprüft, obwohl Auschwitz spätestens 1944 in Reichweite der westalliierten Bomberverbände lag. Dies ist in den letzten Jahren scharf kritisiert worden.[23] Um so mehr sollte der Mut der Gefangenen gepriesen werden, die am 7. Oktober 1944 einen Aufstand wagten, bei dem es ihnen gelang, eine der Gaskammern zu zerstören.

Einen ähnlichen Charakter wie Auschwitz hatte das im Sommer 1941 auf Befehl Himmlers am Stadtrand von Lublin errichtete Konzentrationslager Majdanek.[24] Das Lagergelände war mit 2,7 Quadratkilometern aber längst nicht so groß wie Auschwitz. Doch die Funktion war die gleiche. Majdanek war einmal ein Zwangsarbeitslager. Häftlinge, die bei ihrer Ankunft für arbeitsfähig gehalten wurden, mußten in den verschiedenen Werkstätten, die sich auf dem Gelände des Lagers befanden, Zwangsarbeit verrichten, bevor sie an Hunger und Erschöpfung starben. Andere wurden entweder sofort oder später »selektiert« und in den eigens zu diesem Zweck errichteten Gaskammern ermordet. Von den insgesamt 500.000 Häftlingen haben 250.000 Majdanek nicht überlebt. 60 Prozent von ihnen starben an Hunger und Seuchen, die restlichen 40 Prozent wurden vergast. Diese nüchternen Zahlenangaben unterstreichen, daß Majdanek sowohl Vernichtungs- wie Zwangsarbeitslager war.

Doch diese Differenzierung wurde immer bedeutungsloser. Ob man nun direkt »von der Rampe« weg ins Gas geschickt wurde oder dem – meist nur wenige Wochen dauernden- Prozeß der »Vernichtung durch Arbeit« überstellt wurde, war für die betroffenen Häftlinge zunächst ziemlich bedeutungslos. Dieser unterschiedliche Zeitfaktor gewann erst ganz am Ende des Krieges an Bedeutung, als sich die alliierten Truppen den Lagern so weit genähert hatten, daß die Häftlinge hoffen konnten, ihre Befreiung noch zu erleben. Die meisten haben diesen Wettlauf mit dem Tod aber verloren.

Dennoch und obwohl es »bis zum Schluß« einen eindeutigen Primat der Vernichtung gab,[25] kam es wegen der immer bedeutsamer werdenden zwangswirtschaftlichen Funktion der Konzentrationslager zu einer wichtigen Veränderung ihrer Gestalt und ihrer Zahl. Wurden doch in der letzten Phase des Krieges in unmittelbarer Nähe größerer und kleinerer Betriebe Außenlager der bisherigen Stammlager errichtet. Über ganz Deutschland und das noch von deutschen Truppen besetzte Europa spannte sich ein dichtes Netz derartiger Lager, die es wirklich in jeder Stadt und fast in jedem Dorf gab.[26] Einige dieser Außenlager wurden bald so groß, daß sie von der zentralen Inspektion zu eigenständigen Konzentrationsklagern erklärt wurden. An ihrer

Funktion und an der Lage der Häftlinge änderte sich dabei jedoch kaum etwas.

Exemplarisch kann dies an dem ursprünglichen Außenlager von Buchenwald Dora-Mittelbau verdeutlicht werden.[27] Ziel dieses Lagers in der Nähe von Nordhausen im Harz war zunächst der Ausbau eines kilometerlangen Tunnelsystems in einem Berg. Nach, bzw. schon während dieser Arbeiten, der bereits Tausende von Häftlingen zum Opfer fielen, wurden in diesen Tunnel Fertifikationsanlagen für die deutschen Raketenwaffen V 1 und V 2 errichtet, die in einem ausgeklügelten Fließbandverfahren hergestellt wurden. So erfolgreich dies war, so mörderisch erwiesen sich die Arbeits- und, sofern dieser Begriff überhaupt Verwendung finden sollte, Lebensbedingungen der Häftlinge, die kaum noch das Tageslicht sahen und sich im wörtlichen Sinne zu Tode schuften mußten.[28]

Verantwortlich dafür waren neben der SS, die die Häftlinge zur Verfügung stellte und bewachte, die staatliche Rüstungsindustrie, vertreten unter anderem durch so bekannte Personen wie Wernher v. Braun. Doch in den privatwirtschaftlichen Betrieben ging es den KZ-Häftlingen in der Regel auch nicht viel besser. Auch hier waren sie völlig rechtlose Arbeitssklaven, die der Willkür sowohl ihrer Bewacher von der SS wie der firmeneigenen Aufseher und Vorarbeiter schutzlos ausgeliefert waren. Die jeweiligen Firmenleitungen waren nur an der Erfüllung der angestrebten Produktionszahlen und der Erreichung der damit verbundenen meist geradezu exorbitanten Profitraten interessiert. Wie hoch die Krankheits- und Todesraten ihrer »Arbeitnehmer« waren, wußten sie entweder nicht oder wollten es gar nicht erst wissen. Schließlich schien es KZ-Häftlinge in so reicher Zahl zu geben, daß jeder vor Entkräftung und Hunger gestorbene Zwangsarbeiter ohne weiteres ersetzbar schien.[29]

Doch dies schien nur so und war mit relativ großem Aufwand verbunden. Auf der Suche nach arbeitsfähigen und möglichst noch spezialisierten Zwangsarbeitern für ihre eigenen und die Betriebe der Privatindustrie durchkämmte die SS ihr gesamtes KZ-Imperium. Die Folge war, daß auf diese Weise selektierte Häftlinge fast ständig von einem ins andere Lager und von einer in die andere Fabrik transportiert wurden. Bei diesen teilweise tagelangen Transporten wurden Häftlinge aus West- zunächst nach Osteuropa verschleppt, um schließlich wieder aus den osteuropäischen Konzentrationslagern in die deutschen Außenlager gebracht zu werden. So ist einmal die eigentlich bemerkenswerte Tatsache zu erklären, daß Überlebende in der Regel nicht nur in einem, sondern in mehreren Konzentrationslagern gewesen sind. Doch sie waren die Ausnahmen.

Viele haben nämlich diese ständigen Transporte nicht überlebt. Sie wurden bei den Appellen »selektiert«, starben in den ungeheizten Waggons, wo es häufig tagelang weder Essen noch Trinken gab, oder wurden einfach von den Wachmannschaften auf den Märschen erschossen, wenn sie nicht mehr weiter konnten. Auf den ersten Blick wirkten diese Massenmorde improvisiert. Schließlich wurden die Häftlinge scheinbar ziel- und planlos von einem Ort zum anderen getrieben. Tatsächlich scheint der Tod möglichst vieler Häftlinge nicht nur einkalkuliert, sondern geradezu intendiert gewesen zu sein.[30] Die »Todesmärsche«[31] waren ganz offensichtlich ein weiteres und letztes Mittel, um die angestrebte »Endlösung der Judenfrage« doch noch zu erreichen.

Wie Daniel Goldhagen jüngst noch einmal betont hat, wurde auch dieser Massenmord von »ganz gewöhnlichen Deutschen« aus allen Schichten der Bevölkerung begangen, die auch dann noch von einem »eliminatorischen Antisemitimus« (und, wie m.E. zu ergänzen ist: Rassismus) beseelt waren, als der Krieg lange verloren und die feindlichen Truppen schon ganz nahe waren.[32]

Tatsächlich stießen gerade die vorrückenden westalliierten Truppen überall auf Leichen, die sich in und in der Nähe der Konzentrations- und zahlreichen Außenlager zu wahren Leichenbergen häuften, weil die jeweiligen Lagerleitungen weder bereit noch in der Lage gewesen waren, diese Spuren ihrer Verbrechen zu beseitigen, obwohl ihnen dies von Himmler persönlich eindringlich eingeschärft worden war. Dies traf insbesondere auf verschiedene Außenlager Buchenwalds sowie auf Bergen-Belsen zu,[33] das am Ende des Krieges die meist völlig entkräfteteten Teilnehmer verschiedener »Todesmärsche« aufzunehmen hatte, die hier dann zu Tausenden unter entsetzlichen Qualen umkamen.

Mit den übrigens völlig unvorbereiteten und geradezu entsetzt reagierenden westalliierten Soldaten kamen die Photographen, die jene Bilder und Filme machten, durch die Existenz und Schrecken der deutschen Konzentrationslager nunmehr weltweit bekannt gemacht wurden.[34]

Diese Bilder und Filme bekamen auch die besiegten Deutschen zu sehen, sofern sie nicht sofort von den Alliierten gezwungen wurden, die befreiten Lager, in denen es immer noch Berge von Leichen gab, zu besuchen. Viele reagierten mehr als betroffen; einige behaupteten jedoch immer noch trotzig, »davon nichts gewußt« zu haben.[35] Gemeint waren wohl die Verhältnisse, die am Ende der NS-Zeit in den Konzentrationslagern herrschten. Ihre Existenz als solche ist damals wohl von niemandem bestritten worden. Dies zu leugnen, blieb einigen völlig Unbelehrbaren vorbehalten. Hier geht die Geschichte in die Gegenwart über.

Anmerkungen

1 Darauf sowie auf die Geschichte des Holocaust ganz allgemein kann hier nicht weiter eingegangen werden. Vgl. vor allem: Raul Hilberg, Die Vernichtung der europäischen Juden. Die Gesamtgeschichte des Holocaust, Bd. 1–3 Frankfurt/M. 1990. In diesen und anderen Arbeiten erscheinen die Konzentrations- und Vernichtungslager als integraler Teil des Holocaust. Diese Zentrierung ist jedoch nicht unproblematisch.

2 Für eine strikte Trennung zwischen den Konzentrations- und den Vernichtungslagern plädiert auch: Kaminski, Konzentrationslager, S. 32 f.

3 Erstaunlicherweise liegen nur relativ wenige Arbeiten zur Geschichte der nationalsozialistischen Vernichtungslager vor. Die wichtigsten sind: Adalbert Rückerl, Nationalsozialistische Vernichtungslager im Spiegel deutscher Strafprozesse. Belzec, Sobibor, Treblinka, Chelmno, München 1977; K. G. Feig, Hitler's Death Camps, New York 1981; Eugen Kogon u.a. (Hrsg.), Nationalsozialistische Massentötungen durch Giftgas, Frankfurt/M. 1983; Yitzhak Arad, Belzec, Sobibor, Treblinka, Bloomington 1987.

4 Zu Chelmno neben Rückerl, Nationalsozialistische Vernichtungslager; und Kogon u.a. (Hrsg.), Nationalsozialistische Massentötungen; den Artikel »Chelmno« in: Israel Gutman (Hrsg.), Enzyklopädie des Holocaust. Die Ver folgung und Ermordung der europäischen Juden, München 1995, S. 281–283.

5 Dazu und zu den Übergängen zwischen dem Kranken- und dem Judenmord vor allem: Ernst Klee, »Euthanasie« im NS-Staat. Die »Vernichtung lebensunwerten Lebens«, Frankfurt/M. 1983; sowie jetzt die große Studie von: Henry Friedlander, Der Weg zum NS-Genozid. Von der Euthanasie zur Endlösung, Berlin 1996.

6 Auch in topographischer Hinsicht ähnelt Chelmno mehr einer Tötungsanstalt der »Euthanasie«-Aktion als einem Konzentrationslager.

7 Zu Sobibor neben Rückerl, Nationalsozialistische Vernichtungslager; und

Arrad, Belzec, Sobibor, Treblinka; noch: Miriam Novitch (Hrsg.), Sobibor – Martyrdom and Revolt, New York 1988; Jules Schelvis, Vernichtungslager Sobibor, Berlin 1998; sowie den Artikel »Sobibor« in: Gutman (Hrsg.), Enzyklopädie des Holocaust, S. 1330–1334.

8 Zu Belzec neben Rückerl, Nationalsozialistische Vernichtungslager; Arad, Belzec, Sobibor, Treblinka den Artikel »Belzec« in: Gutman (Hrsg.), Enzyklopädie des Holocaust, S. 175–180, sowie: Michael Tregenza, Belzec Death Camp, in: Wiener Library Bulletin 30, 1977, S. 8–25.

9 Zur Treblinka neben Rückerl, NS-Vernichtungslager; und Arad, Belzec, Sobibor, Treblinka; noch: A. Donat (Hrsg.), The Death Camp Treblinka, New York 1979; A. Glazar, Die Falle mit dem grünen Zaun. Überleben in Treblinka, Frankfurt/M. 1992; und den Artikel »Treblinka« in: Gutman (Hrsg.), Enzyklopädie des Holocaust, S. 1427–1435.

10 Vermutlich benannt nach Reinhard Heydrich, der einem Attentat der tschechischen Widerstandsbewegung zum Opfer gefallen war, was die SS an den Juden rächen wollte.

11 In Sobibór stieg die Zahl der Funktionshäftlinge jedoch auf temporär über 1.000 an.

12 In Belzec erst seit Dezember 1942.

13 In Belzec waren dies Arbeiten bereits im Frühling 1943 beendet.

14 Hier sind die in den Niederlanden errichteten Konzentrationslager Amersfoort, Herzogenbusch, Vugh und Westerbork zu erwähnen. Vgl.: Coenraad Stuldreher, Deutsche Konzentrationslager in den Niederlanden. Amersfoort, Westerbork, Herzogenbusch, in: Dachauer Hefte 5, 1989, S. 141–173.

15 Einen eher ghettoartigen Charakter hatten die noch 1943 errichteten Konzentrationslager Krakau-Plasczo, Riga-Kaiserswald und Vaivara in Estland. Vgl. zur wenig erforschten Geschichte dieser Lager: Alfred Streim, Konzentrationslager auf dem Gebiet der Sowjetunion, in: Dachauer Hefte 5, 1989, S. 174–187. Knappe Darstellungen bei Schwarz, Die nationalsozialistischen Lager, S. 200 ff, 203 ff u. 221 ff. Nicht der Inspektion der Konzentrationslager bzw. dem SS-Wirtschaftsverwaltungshauptamt unterstellt waren die Konzentrationslager Frauenburg, Libau und Salaspils in Lettland und Hark in Estland. Vgl.: Schwarz, Die nationalsozialistischen Lager, S. 172.

16 Zum folgenden vor allem: Wanda Michalak (Hrsg.), Auschwitz. Geschichte und Wirklichkeit des Vernichtungslagers, Reinbek 1980; Danuta Czech, Kalendarium der Ereignisse im Konzentrationslager Auschwitz-Birkenau 1939–1945, Frankfurt/M. 1989; Deborah Dwork/Robert Jan van Pelt, Auschwitz. 1270 to the present, New York 1996.

17 Vgl. seine in polnischer Haft geschriebene Autobiographie: Rudolf Höß, Kommandant in Auschwitz. Autobiographische Aufzeichnungen, eingel. u. kommentiert von Martin Broszat, Stuttgart 1961.

18 Eine ebenso nüchterne wie beeindruckende Beschreibung der Durchführung des Massenmordes auf der Basis von Dokumenten der Täter und Berichte der Opfer in Auschwitz und in anderen Lagern bei: Sofsky, Die Ordnung des Terrors, S. 276 ff.

19 Dazu jetzt zusammenfassend: Michael Zimmermann, Rassenutopie und Genozid. Die nationalsozialistische »Lösung der Zigeunerfrage«, Hamburg 1996, S. 293 ff.

20 Über die Rolle und Verantwortung der IG Farben für die Errichtung und Leitung von Auschwitz-Monowitz gibt es eine reichhaltige, aber kontroverse Literatur. Eine apologetische Tendenz haben: Peter Hayes, Industry and Ideology-I.G. Farben in the Nazi era, Cambridge 1987; und noch mehr: Gottfried Plumpe, Die I.G. Farbenindustrie AG – Wirtschaft, Technik und Politik 1904–1945, Berlin 1990. Anklagend und die aktive Rolle der IG Farben betonend dagegen: Joseph Borkin, Die unheilige Allianz der I.G. Farben. Ein Interessengemeinschaft im Dritten Reich, Frankfurt/M. 1979; Karl-Heinz Roth, IG Auschwitz. Normalität oder Anormalität eines kapitalistischen Entwicklungssprungs? in: 1999. Zeitschrift für Sozialgeschichte des 20. und 21. Jahrhunderts 4/1989, S. 11–28; Thomas Sandkühler/Hans-Walter Schmuhl, Noch einmal: Die IG Farben und Auschwitz, in: Geschichte und Gesellschaft 19, 1993, S. 259–267; Bernd Wagner, IG Auschwitz. Zwangsarbeit und Vernichtung von Häftlingen des Konzentrationslagers Auschwitz III/Monowitz 1941–1945, Phil. Diss. Bochum 1998.

21 Franciszek Piper, Die Zahl der Opfer von Auschwitz. Aufgrund der Quellen und der Erträge der Forschung 1945 bis 1990, Auschwitz 1993.

22 Detaillierte und auf Akten der Bauleitung von Auschwitz basierende Beschreibung bei: Jean-Claude Pressac, Die Krematorien von Auschwitz. Die Technik des Massenmordes, München 1994.

23 Vgl.: Martin Gilbert, Auschwitz und die Alliierten, München 1982; Heiner Lichtenstein, Warum Auschwitz nicht bombardiert wurde, Köln 1980; David Wyman, Das unerwünschte Volk, München 1986.

24 Józef Marszalek, Majdanek. Konzentrationslager Lublin, Warschau 1984.

25 Dies ist in der Forschung jedoch umstritten. Mit starker Betonung der ökonomischen Funktion: Hermann Kaienburg, »Vernichtung durch Arbeit«. Der Fall Neuengamme. Die Wirtschaftsbestrebungen der SS und ihre Auswirkungen auf die Existenzbedingungen der KZ-Gefangenen, Bonn 1990. Dagegen: Rainer Fröbe, Der Arbeitseinsatz von Häftlingen und die Perspektive der Industrie, 1943–1945, in: Ulrich Herbert (Hrsg.), Europa und der »Reichseinsatz«. Ausländische Zivilarbeiter, Kriegsgefangene und KZ-Häftlinge in Deutschland 1938–1945, Esssen 1991; Hermann Kaienburg (Hrsg.), Konzentrationslager und deutsche Wirtschaft 1939–1945, Opladen 1986. Sklavenarbeit im KZ ist ferner Schwerpunktthema von: Dachauer Hefte 2, 1986.

26 Die Literatur dazu ist kaum übersehbar. Vgl. u.a.: Elmer Luchterhand, Das KZ in der Kleinstadt. Erinnerungen einer Gemeinde an den unsystematischen Völkermord, in: Detlef Peukert/Jürgen Reulecke (Hrsg.), Die Reihen fast geschlossen. Beiträge zur Geschichte des Alltags unterm Nationalsozialismus, Wuppertal 1981, S. 433–454; Rainer Fröbe u.a., Konzentrationslager in Hannover. KZ-Arbeit und Rüstungsindustrie in der Spätphase des Zweiten Weltkrieges, Bd. 1–2 Hildesheim 1985; Annette Schäfer, Das Außenlager des Konzentrationslagers Natzweiler in Geislingen/Steige, in: 1999. Zeitschrift für Sozial-

geschichte des 20. und 21. Jahrhunderts 5, 1990, S. 98–109; Herwart Vorländer (Hrsg.), Nationalsozialistische Konzentrationslager im Dienst der totalen Kriegsführung. Sieben württembergische Außenkommandos des Konzentrationslagers Natzweiler/Elsaß, Stuttgart 1978.

27 Manfred Bornemann/Martin Broszat, Das KL Dora-Mittelbau, in: Arndt u.a. (Hrsg.), Studien zur Geschichte der Konzentrationslager, S. 155–198; Angela Fiedermann u.a., Das Konzentrationslager Mittelbau-Dora. Ein historischer Abriß, Berlin 1993; Torsten Heß/Markus Jaeger, Das Konzentrationslager Mittelbau-Dora. Ein historischer Abriß, Bad Münstereifel 1993.

28 Rainer Eisfeld, Die unmenschliche Fabrik: V2-Produktion und KZ »Mittelbau-Dora«, Erfurt 1993.

29 Weitere Hinweise dazu in dem bereits erwähnten Sammelband von: Herbert (Hrsg.), Europa und der »Reichseinsatz«.

30 Dafür spricht auch die Tatsache, daß das Ziel verschiedener »Todesmärsche« die Ostsee war, wo die Häftlinge auf Schiffe verladen wurden, um dann ver senkt zu werden. Tragischerweise sind einige dieser Schiffe dann von alliierten Flugzeugen bombardiert wurden. Vgl. dazu: Rudi Goguel, Cap Arcona. Report über den Untergang der Häftlingsflotte in der Lübecker Bucht am 3. Mai 1945, 2. Aufl. Frankfurt/M. 1982 (zuerst: 1972).

31 Zu diesen »Todesmärschen«: Shmuel Krakowski, The Death Marshes in the Period of the Evacuation of the Camps, in: Israel Gutman u.a. (Hrsg.), The Nazi Concentration Camps. Structure and Aims. The Image of the Prisoner, Jerusalam 1984, S. 475–489. Artikel »Todesmärsche« in: Gutman (Hrsg.), Enzyklopädie des Holocaust, S. 1413–1416.

32 Vgl. seine Fallanalyse einiger dieser »Todesmärsche«: Goldhagen, Hitlers willige Vollstrecker, S. 385ff.

33 Bergen-Belsen war ursprünglich ein Lager für solche Gefangene, die ausgetauscht werden sollten. Zu den sehr breit dokumentierten schrecklichen Verhältnissen kam es es hier erst unmittelbar vor Kriegsende. Vgl.: Eberhard Kolb, Bergen-Belsen. Vom »Aufenthaltslager« zum Konzentrationslager, 1943–1945, 4. überarbeitete Aufl. Göttingen 1991 (zuerst: 1962).

34 Dazu und zur Reaktion vor allem der amerikanischen Soldaten: Robert H. Abzug, Inside the Vicioius Heart. Americans and the Liberation of Nazi Concentrations Camps, New York 1985.

35 Zum Wissen und zur Reaktion der Deutschen: Werner Johe, Das deutsche Volk und das System der Konzentrationslage, in: Ursual Büttner (Hrsg.), Das Unrechtsregime. Festschrift für Werner Jochmann, Bd. 1, Hamburg 1986, S. 331–346.

»Alles Asoziale«?
»Arbeitserziehungs«-, »Jugendschutz«- und »Zigeunerlager«

Geschichte wird normalerweise von Historikern geschrieben, doch in Deutschland wird dies auch vom Gesetzgeber geregelt. Jedenfalls gilt dies für die nationalsozialistischen Konzentrationslager. Zu ihnen werden nur solche gezählt, die im »Bundesgesetzblatt I Nr. 64« vom 24. September 1977 aufgeführt sind.[1] Dabei handelt es sich keineswegs um eine Marotte unser regelungswütigen Politiker, sondern um eine ganz wichtige Grundsatzentscheidung. Haben doch nur solche Häftlinge Anspruch auf Entschädigung, die in einem Konzentrationslager inhaftiert waren, das im Bundesentschädigungsgesetz ausdrücklich als solches anerkannt ist.

Seltsamerweise ist diese Praxis von den Fachhistorikern stillschweigend hingenommen worden. Mit Ausnahme von Gudrun Schwarz Überblick[2] werden in allen Darstellungen zur Geschichte der Konzentrationslager nur die »offiziellen«, nämlich diejenigen behandelt, die der Inspektion der Konzentrationslager und (seit 1942) dem SS-Wirtschafts- und Verwaltungshauptamt unterstanden. Tatsächlich hat es neben den »offiziellen« Konzentrations- noch andere nationalsozialistische Zwangslager gegeben. Dazu zählten die in Deutschland und von deutschen Truppen besetzten europäischen Ländern errichteten Strafgefangenenlager der Gestapo, Ordnungspolizei und Justiz ebenso wie weitere SS-Sonderlager und die zahlreichen Zwangsarbeitslager für Juden.[3] Ob man dagegen auch alle Kriegsgefangenenlager und alle Lager für ausländische Arbeiter sowie Ghettos und Säuglings- und Kleinkinderlager dazu rechnen soll, erscheint doch etwas problematisch, weil es zu einer Verwischung der zwischen diesen Lagertypen bestehenden Unterschiede führen kann.[4] Ich beschränke mich im folgenden auf drei Lagertypen: die »Arbeitserziehungs«-, »Jugendschutz«- und »Zigeunerlager«.

Die Initiative zur Errichtung der zynisch sogenannten »Arbeitserziehungslager«[5] ist nicht von staatlichen oder parteilichen Institutionen ausgegangen. Es waren die Privatfirma »Hochtief« in Lüdenscheid sowie die staatlichen »Hermann-Göring-Werke« in Salzgitter[6], die zu Beginn des Jahres 1940 »Erziehungslager für Arbeitsuntreue«, bzw. »Arbeitserziehungslager« für »renitente« deutsche und vor allem ausländische Arbeiter errichteten.

Bis zu diesem Zeitpunkt waren deutsche und ausländische Arbeiter, die gegen die »Arbeitsidisziplin« verstoßen hatten, als »Arbeitsvertragsbrüchige« in Konzentrationslager verschleppt worden. Von dort aus kamen sie in der Regel nicht zurück, was nicht im rein ökonomisch und keineswegs menschenfreundlich geprägten Interesse der Firmen war, denen es immer schwerer fiel, andere Arbeitskräfte zu finden. Daher kam man auf die Idee, gewissermaßen firmeneigene KZ zu errichten, wo man die Delinquenten zwar auch drangsalieren, aber nach erfolgter »Umerziehung« als Arbeitskräfte behalten konnte, sofern sie die Torturen in diesen »Arbeitserziehungslagern« überlebt hatten. Himmler fand diese Idee so gut, daß er am 8. März 1940 in seiner Eigenschaft als »Chef der Deutschen Polizei« anordnete, daß »Arbeitskräfte polnischen Volkstums« bei »Ungehorsam und Arbeitsunlust« in ein derartiges »Arbeitserziehungslager« einzuweisen seien, das jedoch nun von Gestapoleuten bewacht werden sollte. Für »hartnäckig Arbeitsunlustige« sei dagegen »zum Beispiel eine Beschäftigung in den Steinbrüchen des Lagers Mauthausen angebracht«.[7]

Dieses Beispiel machte Schule. Auch andere Firmen in anderen Städten errichteten derartige »Arbeitserziehungslager«. In Berlin war es dagegen die Reichsbahnbaudirektion, die Anfang 1940 mit der Stapoleitstelle Berlin einen förmlichen Vertrag abschloß, in dem sich die Gestapo verpflichtete, »Arbeitsscheue und Arbeitsverweigerer, die zur Zeit untätig in Polizeihaft sitzen«, der Reichsbahnbaudirektion zur Verfügung zu stellen, damit »diese Leute durch geeignete Arbeitsmethoden wieder auf den richtigen Weg« gebracht wurden. Auf diese Weise kam es zur Entstehung des »Abeitserziehungslagers Berlin-Wuhlheide«.[8]

Das System der »Arbeitserziehungslager« wurde daraufhin weiter ausgebaut und perfektioniert. Am 28. Mai 1941[9] gab Himmler einen neun Seiten umfassenden, detaillierten Erlaß über die »Errichtung von Arbeitserziehungslagern« heraus, der am 12. Dezember 1941[10] durch einen weiteren ergänzt wurde. Darin wurde festgelegt, daß »ausschließlich die Inspekteure (Befehlshaber) der Sicherheitspolizei und des SD« für die Gründung von Arbeitserziehungslagern zuständig seien, die in jedem Gestapoleitbezirk errichtet werden sollten. Daraus wird deutlich, daß die »Arbeitserziehungslager« der Gestapo und nicht wie die Konzentrationslager der »Inspektion der Konzentrationslager« unterstanden. Anders als in den Konzentrationslagern sollte auch die Haftdauer in den »Arbeitserziehungslagern« auf maximal 56 Tage begrenzt werden.

Letztlich sind diese Unterschiede zwischen Konzentrations- und »Arbeitserziehungslagern« jedoch nicht sehr bedeutend. Beide Institutionen unterstanden schließlich dem gleichen Chef, nämlich Heinrich Himmler. Die Befristung der Haft war ebenfalls theoretischer Natur. »Hartnäckige Arbeitsverweigerer« konnten und wurden nämlich auch nach Abbüßung ihrer Haft in »Arbeitserziehungslagern« den »normalen« Konzentrationslagern überstellt. Außerdem ist eindringlich darauf hinzuweisen, daß sich auch die Haftbedingungen selber kaum unterschieden. In beiden Lagertypen gab es eine »Lagerordnung« mit den entsprechenden unglaublich brutalen Strafen. Schließlich ist noch zu bemerken, daß im weiteren Verlauf der Entwicklung keineswegs nur »arbeitsunlustige Elemente«, sondern auch politische Gegner des Regimes[11] sowie rassische Opfer, darunter vor allem »jüdische Mischlinge«, in die insgesamt weit über 100[12] »Arbeitserziehungslager« eingewiesen wurden, wodurch die Unterschiede zu den Konzentrationslagern vollends verwischt wurden.[13]

Dies trifft auch auf die »Jugendschutzlager« zu. Auch hier handelte es sich um eine verlogene und irreführende Bezeichnung. Dienten diese Lager doch keineswegs dem »Schutz« von Jugendlichen, sondern ihrer brutalen Disziplinierung, rücksichtslosen Ausbeutung und rassenideologischen Selektion.[14] Eingerichtet und verwaltet wurden die »Jugendschutzlager« vom Reichskriminalpolizeiamt. Die Pläne und Vorbereitungen für die Errichtung von »Jugendschutzlagern« standen im engen Zusammenhang mit den Bestrebungen Himmlers, die alleinige Zuständigkeit für die Bekämpfung und Bestrafung von sogenannten »Asozialen« nach »kriminalbiologischen Kriterien« zu gewinnen.

Im Bereich des Jugendstrafrechts war es Himmler schon frühzeitig gelungen, seinen Einfluß auch gegenüber der Justiz geltend zu machen. Sah doch bereits die am 22. Januar 1937 erlassene neue Jugendstrafvollzugsordnung vor, daß jugendliche Straftäter nach »kriminalbiologischen« Kriterien zu untersuchen seien. Dies wurde von »kriminalbiologischen Sammelstellen« durchgeführt, die wiederum dem »Kriminalbiologischen Institut der Sicherheitspolizei« unterstanden, das von Dr. Dr. Robert Ritter geleitet wurde, der gleichzeitig als Leiter der »Rassenhygienischen und Erbbiologischen Forschungsstelle im Reichsgesundheitsamt« die rassenideologische Erfassung und Selektion der Sinti und Roma betrieb.

Vermutlich auf Ritters Vorschlag wurden insgesamt drei »Jugendschutzlager« errichtet: erstens das »Jugendschutzlager Moringen« für männliche Jugendliche, das im August 1940 eröffnet wurde; zweitens das »Jugendschutzlager Uckermark« für weibliche Jugendliche, das am 1. Juni 1942 in unmittelbarer Nachbarschaft des Frauenkonzentrationslagers Ravensbrück eingerichtet wurde. Schließlich wurde, drittens, Ende 1942 in Lodz ein sogenanntes »Polen-Jugendverwahrlager« gebaut, in dem die Haftbedingungen noch schlimmer als in den beiden deutschen »Jugendschutzlagern« waren.[15]

In die Lager in Moringen und Uckermark wurden Jugendliche zwischen 16 und 21 Jahren eingewiesen, die als »asozial« und »kriminell« eingestuft worden waren. Später wurden auch oppositionelle Jugendliche, darunter einige Mitglieder der Hamburger »Swing-Jugend«[16], im »Jugendschutzlager« Moringen inhaftiert. Bei der Ankunft im Lager wurden die Jugendlichen zunächst dem sogenannten »B«-Block (für »Beobachtung«) zugewiesen. Hier wurden sie umfangreichen »kriminalbiologischen« Untersuchungen unterworfen. Von ihnen hing es ab, in welchen Block sie kamen. Die Blöcke waren so aufgeteilt: »U« (»untauglich«), »S« (»Störer«), »D« (»Dauerversager«), »G« (»Gelegenheitsversager«) oder »F« (»fraglich erziehungsfähig«). Nur diejenigen, die in den »G«- und »F«-Block verwiesen wurden – es waren meist nur sechs bis acht Prozent der Insassen – hatten eine reelle Chance, später zum Reichsarbeitsdienst und zur Wehrmacht entlassen zu werden. Die übrigen wurden bei Erreichen der Volljährigkeit in Konzentrationslager deportiert oder im Zuge der »Euthanasie«-Aktion ermordet.

Insgesamt kann man die »Jugendschutzlager« mit den Konzentrationslagern vergleichen.

Dies gilt auch für die »Zigeunerlager«.[17] Sie wurden nicht auf Initiative der zentralen Institutionen, sondern von lokalen Behörden und Organistionen errichtet, was jedoch mit den gleichen rassenideologischen Motiven begründet wurde, die auch die allgemeine Zigeunerpolitik des Regimes kennzeichneten. Gut verdeutlichen läßt sich dies an der Geschichte des »Zigeunerlagers« in Frankfurt am Main.[18] Hier waren es rassistisch geprägte Beschwerden von Anwohnern von privaten »Zigeunerrastplätzen«, die den Oberbürgermeister und den Polizeipräsidenten im März 1936 veranlaßten, sämtliche in Frankfurt auf Stellplätzen lebende Sinti und Roma in einem städtischen »Zigeunerlager« zu konzentrieren, das im Schriftwechsel der Behörden häufig als »Konzentrationslager« bezeichnet wurde. Tatsächlich ähnelten die Verhältnissen in diesem »Zigeunerlager« durchaus denen, die in den damaligen Konzentrationslagern herrschten: Das Lager war eingezäunt und wurde ständig von Polizisten bewacht. Die Insassen durften es nur verlassen, um ihrer Arbeit nachgehen zu können, die mehr und mehr den Charakter der Zwangsarbeit erhielt. Daß es sich hier tatsächlich um ein Zwangslager handelte, wurde von den zuständigen Behörden auch durchaus zugegeben. Hieß es doch in einem Schreiben des städtischen Fürsorgeamtes vom Januar 1938: »Die Tatsache, daß die Zigeuner mit der Lagerunterbringung nicht einverstanden sind, bestätigt die Richtigkeit der von uns getroffenen Maßnahmen.«

Ähnliches gilt für die Einweisung von Sinti und Roma in das »Zigeunerlager« in Berlin-Marzahn im Sommer 1936.[19] Anlaß waren auch hier Beschwerden von Anwohnern gegen die Anwesenheit von Sinti und Roma in »Zigeunerlagern auf privaten Grundstücken«. Um der, wie es hieß, »Zigeunerplage in der Reichshauptstadt Herr zu werden«, erwogen die kommunalen Behörden die »Zusammenziehung der Zigeuner in lagermäßiger Form unter möglichst strenger Aufsicht der Polizei«. Willkommener Anlaß, um dieses Ziel zu verwirklichen, waren die Olympischen Spiele, bzw. das Bestreben des Berliner Magistrats, den Besuchern des »Fests der Völker« ein »sauberes« und von »allen Schandflecken befreites« Berlin vorzuführen.[20] Die privaten »Zigeunerlager« wurden zu diesen »Schandflecken« gerechnet. Daher wurden alle geräumt. Ihre bisherigen Bewohner – insgesamt handelte es sich um über 600 Personen – wurden von der Polizei in ein zu diesem Zweck errichtetes Lager in Marzahn gebracht, das sie auch nach Beendigung der Olympischen Spiele nicht mehr verlassen durften.

Die Zahl der Insassen erhöhte sich bis zum September 1938 auf über 800. Sie waren völlig unzureichend untergebracht. Die »Gesundheitsverhältnisse« waren so schlecht, daß die Behörden die »Gefahr der Übertragung von Krankheiten auf die Bevölkerung von Marzahn« befürchteten. Daher schlug das für das Lager verantwortliche »Hauptwohlfahrtsamt« Ende 1938 eine »bauliche Ausgestaltung« und die Einführung einer »straffen Lagerordnung nach Art der Konzentrationslager« vor. Dazu kam es dann nicht mehr, weil die zentralen Behörden des Dritten Reiches bereits über eine, wie es schon am 8. Dezember 1938 hieß, »endgültige Lösung der Zigeunerfrage aus dem Wesen dieser Rasse heraus« nachdachten. Sie wurde jedoch erst Anfang 1943 vollständig verwirklicht, als die zu diesem Zeitpunkt noch in Deutschland lebenden Sinti und Roma in das »Zigeunerlager« in Auschwitz-Birkenau deportiert wurden. Unter ihnen befanden sich auch fast alle Insassen des »Zigeunerlagers« in Berlin-Marzahn, das insofern als inhaltliche und zeitliche Vorstufe von Auschwitz bezeichnet werden kann.

In noch größerem Maße gilt dies für das »Zigeunerlager«, das im November 1940 im burgenländischen Lackenbach errichtet wurde.[21] Die Initiative zu seiner Errichtung ging einmal vom Gauleiter des Burgenlandes, Dr. Tobias Portschy, aus, der sich schon im August 1938 in einer »Denkschrift zur Zigeunerfrage« als erbitterter Feind des Volkes der Sinti und Roma zu erkennen gegeben und neben der rücksichtslosen Ausweisung die Inhaftierung von »Zigeunern« in »Arbeitslagern« gefordert hatte.[22] Aufgegriffen und verwirklicht wurde Portschys Idee von den zuständigen Landräten und Bürgermeistern des Burgenlandes, die schließlich das »Zigeunerlager« in Lackenbach errichteten.

Anders als in den »Zigeunerlagern« im sogenannten Alt-Reich, d.h. in Deutschland, waren im angeschlossenen Österreich jedoch die Kriminalpolizeileitstelle Wien für die Einweisung und Bewachung der Sinti und Roma verantwortlich. Die Lagerleiter und das Bewachungspersonal rekrutierten sich ebenfalls aus den Reihen der Polizei. Im Lager Lackenbach selber gab es wie in den Konzentrationslagern auch »Lagerälteste«, »Ordner«und »Kapos«, die die Befehle der Lagerleitung auszuführen hatten. Um jeden Widerstand der zur Zwangsarbeit eingesetzten Insassen des Lagers zu brechen, wurden gemäß einer eigenen »Strafordnung« auch Strafmaßnahmen wie Essensentzug, Haarabschneiden, Prügel etc. durchgeführt. Da Unterkunft, Verpflegung und medizinische Versorgung absolut unzureichend waren, kam es wiederholt zum Ausbruch von Seuchen, denen zahlreiche Insassen zum Opfer fielen. Die Überlebenden wurden dann nach Auschwitz und in andere Vernichtungslager im Osten deportiert.

Dennoch wurde das Lager nicht aufgelöst, weil immer neue Sinti und Roma aus der näheren und weiteren Umgebung nach Lackenbach gebracht wurden, von wo aus sie dann ebenfalls in die Konzentrations- und Vernichtungslager verschleppt wurden. Lackenbach hatte also den Charakter eines Konzentrations- und eines Durchgangslagers für insgesamt mehr als 3.000 Sinti und Roma, die hier für kürzere und längere Zeit inhaftiert waren. Der einzige Unterschied zu den anderen Lagern für Oppositionelle sowie für Juden und Angehörige der slawischen Völker bestand darin, daß in Lackenbach die Familien nicht auseinandergerissen wurden. An dieser Praxis haben die Nationalsozialisten dann selbst in Auschwitz noch festgehalten, weshalb das dortige »Zigeunerlager« auch als »Familienlager« bezeichnet wurde, was jedoch nicht dazu verleiten darf, die Verhältnisse in diesem und den anderen »Zigeunerlagern«[23] in irgendeiner Weise zu verharmlosen. »Zigeunerlager« gehörten unzweifelhaft zu den nationalsozialistischen Zwangslagern.

Warum ist dies nach 1945 geleugnet worden? Einmal, weil die traditionellen antiziganistischen Vorurteile keineswegs abgebaut wurden.[24] Zum anderen, weil von Behörden und Gerichten der Tatbestand bestritten wurde, daß die Sinti und Roma in der NS-Zeit überhaupt aus rassenideologischen Motiven verfolgt worden sind.[25] Hinzu kam schließlich drittens der skandalöse Umstand, daß viele der sogenannten »Zigeunerpolizisten« im Amt blieben, obwohl sie es gewesen waren, die die Sinti und Roma verfolgt hatten.[26]

Diese Täter waren naturgemäß an der Aufklärung und gerichtlichen Ahndung ihrer verbrecherischen Taten nicht interessiert. Daher verbreiteten sie die ebenso unwahre wie verleumderische Behauptung, daß die Sinti und Roma wegen ihrer bekannten kriminellen Neigungen und Taten in »Zigeunerlager« gepfercht worden seien. Und diese Lüge wurde ihnen schon deshalb geglaubt, weil die deutschen Historiker keinerlei Interesse an der Aufarbeitung der Geschichte der Verfolgung der Sinti und Roma im allgemeinen, der »Zigeunerlager« im besonderen zeigten. Statt dessen überließen sie dies Laien und voreingenommenen »Zigeunerforschern«, die die Sichtweise der nationalsozialistischen »Zigeunerforscher« und »-polizisten« völlig kritiklos übernahmen. Erst als die Sinti und Roma selber in öffentlichkeitswirksamen Aktionen auf ihr Schicksal hinwiesen und eine sehr rührige Bürgerrechtsarbeit ins Leben riefen,[27] änderte sich dies in den 80er Jahren etwas. Doch zu diesem Zeitpunkt waren viele Überlebende der »Zigeunerlager« bereits verstorben, und die noch Lebenden hatten die Fristen versäumt, um Anträge auf »Wiedergutmachung« stellen zu können.

Dies ist kein Einzelfall. Immer wieder findet man in den Medien und selbst in Teilen der Forschung die Behauptung, daß in den anderen nationalsozialistischen Zwangslagern »nur Asoziale« zu ihrem und unserem »Schutz« inhaftiert und »zur Arbeit erzogen« worden seien. Hier erweist sich die zynische nationalsozialistische Propagandasprache als wirkungskräftiger als alle Forschung und Aufklärung. Doch dies ist nicht der einzige Grund, weshalb die anderen nationalsozialistischen Zwangslager aus unserem kollektiven Gedächtnis verdrängt worden sind. Hinzu kommt die erschreckende Tatsache, daß die Opfer nicht als Opfer anerkannt werden und die Täter nicht als Täter gelten.

Hier wirken sich einmal jahrhundertealte Vorurteile aus, an die die Nationalsozialisten anknüpfen konnten, um ihre nunmehr eindeutig rassistisch motivierte Eliminierung der Sinti, Roma, »Asozialen« und anderer »Volksschädlinge« aus der »Volksgemeinschaft« legitimieren zu können. Es besteht leider kein Zweifel: dieser Aspekt der »Reinigung des deutschen Volkskörpers«[28] ist bei den sonstigen Deutschen auf eine weit verbreitete stillschweigende und sogar offene Zustimmung gestoßen.[29] Selbst die Kirchen und die verschiedenen Gruppen des Widerstandes haben gegen die Verfolgung der Sinti, Roma, »Asozialen« und sonstigen »Volksschädlinge« nicht protestiert.[30] Daher gab es auch nach 1945 kein irgendwie geartetes Schuldbewußtsein.

Als Opfer galten und gelten Juden und Widerstandskämpfer, aber eben nicht Sinti, Roma und »Asoziale«.

Schuld an dieser begrenzten Wahrnehmung waren vor allem die Täter, von denen kaum einer für seine Taten zur Verantwortung gezogen wurde. An erster Stelle müssen hier die Wissenschaftler genannt werden, die sich mit der sogenannten »Asozialen«- und »Zigeunerforschung« beschäftigt haben, die für die Betroffenen zu einer »tödlichen Wissenschaft« wurde.[31] Sie haben es nach 1945 verstanden, ihr verbrecherisches Handeln abzustreiten und zu tarnen, in dem sie es als Wissenschaft ausgaben.[32] Ebenso verwerflich war das Verhalten der Kriminalpolizei, die wesentlich für die Verfolgung der Sinti, Roma und »Asozialen« verantwortlich gewesen ist, dies aber nach 1945 mit der Schutzbehauptung bemäntelte, man habe doch nur »Asoziale« ihrer gerechten Strafe zugeführt.[33] Geradezu symptomatisch ist der Titel der Verteidigungsschrift eines führenden Kriminalisten der NS-Zeit, der seine »Geschichte der deutschen Kriminalpolizei« unter dem bezeichnenden Titel »Dem Täter auf der Spur« veröffentlichte.[34]

Daß die Selbstrechtfertigungen und Lügen der Täter so spät erkannt und entlarvt wurden, obwohl die Opfer schon früh, aber vergeblich, auf ihre Leiden verwiesen haben,[35] hatte eine weitere fast banale Ursache. Und dies war das finanzielle Interesse der Bundesrepublik, die sich lange Zeit – und im Grunde bis heute – geweigert hat, das geschehene Unrecht als Unrecht anzuerkennen und die Überlebenden für dieses Unrecht zu entschädigen, so weit dies überhaupt möglich ist.[36] Unter allen Verfolgtengruppen haben allein die Juden und die anerkannten Widerstandskämpfer eine entsprechende »Wiedergutmachung« erhalten. Über die »Asozialen« spricht man bis heute so gut wie nicht. Von den Sinti und Roma wurden nur diejenigen entschädigt, die ihre deutsche Staatsangehörigkeit nachweisen konnten, was vielen wegen der Obstruktionstätigkeit der deutschen Behörden nicht gelang, obwohl sie bis zu ihrer Einlieferung in ein deutsches KZ unzweifelhaft deutsche Staatsbürger gewesen waren.[37] Ausländische Sinti und Roma haben dagegen bis heute gar nichts erhalten. Bis heute hat es mit den Repräsentanten des Volkes der Sinti und Roma keinerlei Wiedergutmachungsverhandlungen gegeben, die mit den Juden schon 1952 geführt und mit dem Luxemburger Abkommen geendet hatten, in dem sich die Bundesrepublik zu Wiedergutmachungsleistungen an einzelnen Juden sowie an dem jüdischen Volk generell verpflichtet hat.

Ähnliches gilt für die Zwangsarbeiter aus Osteuropa,[38] die auch dann nicht für ihre Leiden entschädigt wurden, wenn sie in ein »Arbeitserziehungslager« eingewiesen worden sind. Die Bundesrepublik hat derartige Entschädigungen immer mit dem Hinweis auf das Londoner Schuldenabkommen von 1953 abgelehnt, in dem die Bundesrepublik alle Antragssteller auf einen zukünftigen Friedensvertrag mit einem vereinten Deutschland vertröstet hat. Dieser ist bekanntlich nie geschlossen worden, weil die Vereinigung Deutschlands aufgrund anderer bi- und multilateraler Verträge erfolgte. Deshalb lehnt die Bundesregierung eine staatliche Entschädigung der noch lebenden ehemaligen Zwangsarbeiter nach wie vor ab.

Im Augenblick sieht es nicht danach aus, als ob die noch lebenden ehemaligen Insassen der anderen nationalsozialistischen Zwangslager jemals für ihre Leiden entschädigt werden würden. Die Lager selber sind – von wenigen Ausnahmen abgesehen – bisher nicht durch Gedenksteine kenntlich gemacht worden.[39] Gedenkstätten am Ort des Geschehens gibt es bis heute kaum. An der allgemeinen Verdrängung der »anderen« nationalsozialistischen Zwangslager hat sich wenig geändert.

Anmerkungen

1 Vgl. dazu: Verzeichnis der Konzentrationslager und ihrer Außenkommandos gemäß Paragraph 42 Abs. 2 BEG Bundesentschädigungsgesez, in: Bundesgesetzblatt I, Nr. 64, 24. 9. 1977, S. 1787–1852. Dieses offizielle Verzeichnis basiert auf: Internationaler Suchdienst (Hrsg.), Vorläufiges Verzeichnis der Konzentrationslager und deren Außenkommandos sowie anderer Haftstätten unter dem Reichsführer SS in Deutschland und deutsch besetzten Gebieten (1933–1945), Arolsen 1969.

2 Gudrun Schwarz, Die nationalsozialistischen Lager, Frankfurt/M. 1990.

3 Ebenda S. 71 ff.

4 Dieses ganz weite Verständnis des Begriffs Zwangslager findet man aber bisher nur bei Schwarz.

5 Zur lange vernachlässigten Geschichte der »Arbeitserziehungslager«: Hellmuth Auerbach, Arbeitserziehungslager 1940–1944 mit besonderer Berücksichtigung der im Befehlsbereich des Inspekteurs der Sicherheitspolizei und des SD Düsseldorf liegenden, speziell des Lagers Hunswinkel bei Lüdenscheid, in: Gutachten des Instituts für Zeitgeschichte, Bd. 2, Stuttgart 1966, S. 196–201; Wolfgang Fritz Werner, Die Arbeitserziehungslager als Mittel

nationalsozialistischer »Sozialpolitik« gegen deutsche Arbeiter, in: Waclaw Dlugoborski (Hrsg.), Zweiter Weltkrieg und sozialer Wandel. Achsenmächte und besetzte Länder, Göttingen 1981, S. 138–150; Stefan Karner, Arbeitsvertragsbrüche als Verletzung der Arbeitspflicht im Dritten Reich Reich, in: Archiv für Sozialgeschichte 21, 1981, S. 269–328; Herbert, Fremdarbeiter, S. 119 ff.

6 Gerd Wysocki, Zwangsarbeit im Stahlkonzern. Salzgitter und die Reichswerke Hermann Göring 1937–1945, Braunschweig 1982, S. 117 ff.

7 Schnellbrief des Reichsführers SS und Chefs der Deutschen Polizei an alle Staatspolizeistellen vom 8. 3. 1940 (sogenannte Polenerlaß), in: Instytut Zachodni (Hrsg.), Documenta Occupationis X, Poznan 1976, Nr. II 4. Wie oben erwähnt, galten die Verhältnisse im KZ Mauthausen als besonders schlimm.

8 Dazu: Wolfgang Wippermann, Zwangslager in Berlin II. Das »Arbeitserziehungslager« Wuhlheide, in: Wolfgang Ribbe (Hrsg.), Berlin-Forschungen II, Berlin 1987, S. 179–188.

9 Abgedruckt in: Documenta Occupationis X, Doc. Nr. II-31.

10 Abgedruckt in: Documenta Occupationis X, Doc. Nr. II-33.

11 Dies war eigentlich aufgrund des Erlasses vom 12. 12. 1941 verboten.

12 In 80 waren nur Männer, in 23 Frauen und in weiteren 21 Männer und Frauen inhaftiert. Nach: Schwarz, Die nationalsozialistischen Lager, S. 100.

13 Dazu trug auch die seit 1941 zu beobachtende Praxis bei, auch innerhalb von Konzentrationslagern Arbeitserziehungslager zu errichten. Vgl. Schwarz, Die nationalsozialistischen Lager, S. 100 f.

14 Zu den »Jugendschutzlagern«: Detlev Peukert, Arbeitslager und Jugend-KZ. Die Behandlung »Gemeinschaftsfremder« im Dritten Reich, in: Detlev Peukert/Jürgen Reulecke (Hrsg.), Die Reihen fast geschlossen. Beiträge zur Geschichte des Alltags unter Nationalsozialismus, Wuppertal 1981, S. 413–434; Martin Guse, »Wir hatten noch gar nicht angefangen zu leben«. Eine Ausstellung zu den Jugend-Konzentrationslagern Moringen und Uckermark, 1940–1945, Düsseldorf 1992.

15 Speziell dazu: Hauptkommission zur Untersuchung der Naziverbrechen in Polen (Hrsg.), Verbrechen an polnischen Kindern 1939–1945. Eine Dokumentation, Warszawa/München 1973.

16 Zur Swing-Jugend und verwandten Gruppen zusammenfassend: Arno Klönne, Jugend im Dritten Reich. Die Hitler-Jugend und ihre Gegner, Düsseldorf 1982.

17 Eine Gesamtdarstellung fehlt. Ganz knappe Hinweise bei: Drobisch/Wieland, System der NS-Konzentrationslager, S. 286. Ferner: Michael Zimmermann, Rassenutopie und Genozid. Die nationalsozialistische »Lösung der Zigeunerfrage«, Hamburg 1996, S. 200 ff.

18 Zu diesem Lager: Wolfgang Wippermann, Das Leben in Frankfurt zur NS-Zeit II. Die nationalsozialistische Zigeunerverfolgung, Frankfurt/M. 1986; Eva Hase-Mihalik/Doris Kreuzkamp, Du kriegst auch einen schönen Wohnwagen. Zwangslager für Sinti und Roma während des Nationalsozialismus in Frankfurt am Main, Frankfurt/M. 1990.

19 Zum folgenden: Ute Brucker-Boroujerdi, Nationalsozialistische Zwangslager in Berlin III. Das »Zigeunerlager« Marzahn, in: Wolfgang Ribbe (Hrsg.), Berlin-Forschungen II, Berlin 1987, S. 189–201.

20 Zu diesem Zusammenhang: Christel Debusmann/Wolfgang Wippermann, Das »Fest der Völker« und der Alltag der Berliner. Einige Untersuchungen über die Wirkungsgeschichte der Berliner Olympischen Spiele von 1936, in: Thomas Alkemeyer u. a. (Hrsg.), Olympia-Berlin. Gewalt und Mythos in den Olympischen Spielen von Berlin 1936, Berlin 1990, S. 229–244.

21 Dazu: Erika Thurner, Nationalsozialismus und Zigeuner in Österreich, Salzburg 1983; dies., Kurzgeschichte des nationalsozialistischen Zigeunerlagers in Lackenbach 1940 bis 1945, Eisenstadt 1984.

22 Teilweise abgedruckt bei: Wolfgang Wippermann, Geschichte der Sinti und Roma in Deutschland. Darstellung und Dokumente, Berlin 1993, S. 83.

23 Zu den »Zigeunerlagern« in Köln und Düsseldorf: Karola Fings/Frank Sparing, Das Zigeunerlager in Köln 1932–1958, in: 1999. Zeitschrift für Sozialgeschichte des 20. und 21. Jahrhunderts 6, 1991, H. 3, S. 11–40; Karola Fings/Frank Sparing, »z. Zt. Zigeunerlager«. Die Verfolgung der Düsseldorfer Sinti und Roma im Nationalsozialismus, Düsseldorf 1992.

24 Vgl. dazu: Wippermann, »Wie die Zigeuner«, S. 195 ff.

25 Ebenda S. 177 ff.

26 An konkreten Beispielen nachgewiesen wird dies durch: Wolfgang Wippermann, Mazurka Rose und der Artikel 16 des Grundgesetzes, in: Perspektiven. Die internationale StudentInnenzeitung Nr. 7/8, 1991, S. 51–53; ders., Christine Lehmann and Mazurka Rose: Two Gypsies in the Grip of German Bureaucracy, in: Michael Burleigh (Hrsg.), Confronting the Nazi Past. New Debates on Modern German History, London 1996, S. 112–124.

27 Romani Rose, Bürgerrechte für Sinti und Roma. Das Buch zum Rassismus in Deutschland, Heidelberg 1987.

28 Zusammenfassend: Burleigh/Wippermann, The Racial State.

29 Beweise und Beispiele für die Zustimmung zur Verfolgung der Sinti und Roma bei: Wippermann, »Wie die Zigeuner«, S. 149 ff. Zur ebenfalls positiv aufgenommenen Verfolgung der »Asozialen«: Klaus Schere, »Asozial« im Dritten Reich. Die vergessenen Verfolgten, Münster 1990. Ferner die verschiedenen Arbeiten von Wolfgang Ayaß zum selben Thema.

30 Dazu: Wolfgang Wippermann, Alibi für Auschwitz? Das Bild des Widerstandes in beiden deutschen Staaten, in: Nes Ammim. Zeichen für die Völker 1/1994, S. 2–11.

31 Aufgedeckt wurde dies vor allem durch: Benno Müller-Hill, Tödliche Wissenschaft. Die Aussonderung von Juden, Zigeunern und Geisteskranken, Reinbek 1984.

32 Mit Beispielen und Hinweisen auf weitere Literatur: Wippermann, »Wie die Zigeuner«, 195 ff.

33 Zur Kritik neben Wippermann, »Wie die Zigeuner«, S. 184 ff.; Scherer, »Asozial« im Dritten Reich; Udo Reifner/Bernd Rüdiger (Hrsg.), Strafjustiz und Polizei im Dritten Reich, Berlin 1984.

34 Bernd Wehner, Dem Täter auf der Spur. Die Geschichte der deutschen Kriminalpolizei, Bergisch Gladbach 1983.

35 Zu den lange vergeblichen Bemühungen der Sinti und Roma: Romani Rose, Bürgerrechte für Sinti und Roma. Das Buch zum Rassismus in Deutschland, Heidelberg 1987.

36 Vgl. dazu: Ludolf Herbst Constantin Goschler (Hrsg.), Wiedergutmachung in der Bundesrepublik Deutschland, München 1989.

37 Dazu und zum folgenden mit weiterführenden Literaturhinweisen: Wolfgang Wipperman, »Wider die Gutmachung«. Die versagte Widergutmachung an den Sinti und Roma, in: Nes Ammim. Zeichen für die Völker 1/1997, S. 3–12.

38 Ulrich Herbert, Nicht entschädigungsfähig? Die Wiedergutmachungsansprüche der Ausländer, in: Herbst/Goschler (Hrsg.), Wiedergutmachung, S. 273–302.

39 Ein – übrigens schon zur DDR-Zeit errichteter – Gedenkstein findet man in der Nähe (auf dem nahegelegenen Friedhof) des »Zigeunerlagers« Marzahn. Ein weiteres Denkmal wurde in den 80er Jahren auf dem Gelände des ehemaligen »Zigeunerlagers« Lackenbach und vor kurzem auch ein weiteres in Bremen errichtet. Auch einzelne – aber längst nicht alle – Arbeitserziehungslager sind durch Gedenksteine u. ä gekennzeichnet.

»Jahrhundertbetrug«? Konzentrations- und Vernichtungslager in der revisionistischen Publizistik

Wie bereits erwähnt, haben die Nationalsozialisten die Existenz der nationalsozialistischen Konzentrationslager nicht geleugnet. Sie haben sich sogar ihrer schändlichen Taten gerühmt. Man denke hier nur an die bekannten Reden Hitlers und Himmlers und an die vielen Berichte der nationalsozialistischen Partei- und Staatsführung, in dem häufig auf die »Erörterungen« über die »scharfen Maßnahmen« gegen die Juden hingewiesen wurde.[1] Selbst auf dem Nürnberger Kriegsverbrecherprozeß sowie in den weiteren Verfahren gegen die nationalsozialistischen Massenmörder haben die Täter die Verbrechen nicht abgestritten, sie zeigten sich nur bemüht, ihre persönliche Beteiligung durch den Hinweis auf einen angeblichen »Befehlsnotstand« zu entschuldigen.[2]

Daß man jemals auf die Idee kommen könnte, die Untaten des Dritten Reiches, für die Auschwitz zum Symbol geworden ist, zu leugnen, schien damals einfach unfaßbar zu sein.[3] Doch schon 1950 erschien unter dem merkwürdigen Titel »Die Lüge des Odysseus« in Paris ein Buch, in dem genau dies geschah.[4] Der Verfasser war weder Deutscher noch Faschist, sondern Franzose, Sozialist, Widerstandskämpfer und ehemaliger Buchenwald-Häftling. Sein Name war Paul Rassinier (1906–1967). Rassinier behauptete in diesen Erinnerungen sowie in einem weiteren Buch über »Die Juden und das Dritte Reich«,[5] daß die Nationalsozialisten keineswegs sechs Millionen Juden umgebracht hätten. Die Zahl sei viel geringer. Wer das Gegenteil behaupte, lüge, und diese Lüge diene den politischen Zielen der Juden, die sie aus diesen Gründen auch in die Welt gesetzt hätten.

Wie kam der damals hoch angesehene Rassinier, der für kurze Zeit Mitglied der französischen Nationalversammlung gewesen war, zu diesen absurden Behauptungen? War er ein Antisemit? Ganz offensichtlich nicht bzw. zunächst noch nicht. Rassinier war Kommunist gewesen, hatte sich aber schon in den 30er Jahren von seiner Partei getrennt, weil sie zu den Verbrechen Stalins schwieg. In seinen antikommunistischen Ressentiments fühlte sich Rassinier dann auch durch seine Erlebnisse als Häftling in Buchenwald bestätigt. Anlaß waren gewisse Handlungsweisen der dortigen Kapos und Funktionshäftlinge, unter denen es bekanntlich sehr viele deutsche Kommunisten gab.[6] Sie wurden von Rassinier auch noch nachträglich heftig kritisiert, was ihn veranlaßte, auch die späteren kommunistischen Darstellungen (aber auch die von Eugen Kogon[7]) der Verhältnisse in deutschen Konzentrationslagern generell in Zweifel zu ziehen. Daraus schloß er, daß auch die Beschreibungen der Situation in Vernichtungslagern wie Auschwitz-Birkenau (wo er selber nie war), wie sie von jüdischen Überlebenden vorgelegt waren, ebenfalls falsch seien. Es habe in Auschwitz gar keine Gaskammern gegeben.[8]

Zu seinen antikommunistischen Ressentiments kamen also antisemitische Vorurteile. Heraus kam eine neue Verschwörungshypothese, eben die Behauptung, der Holocaust sei eine »Geschichtsfälschung« der Juden, die auf diese Weise Geld und Unterstützung von den Deutschen und anderen Nationen erpreßt hätten.[9] All dies erinnert stark an die Legende von der Verschwörung der »Weisen von Zion«, die unter anderen von Hitler geglaubt und verbreitet wurde und zur Legitimation von Auschwitz diente.

Rassiniers neue Verschwörungshypothese wurde von deutschen alten und neuen Nazis begierig aufgegriffen, die ihn im März und April 1960 zu einer Vortragsreise in die Bundesrepublik einluden[10] und später ein weiteres Buch von Rassinier herausgaben, in dem dieser die deutsche Kriegsschuld leugnete.[11] Doch auch in Amerika fand Rassinier Anerkennung. An erster Stelle ist hier der angesehene Harvard-Professor Harry Elmer Barnes zu nennen.[12] Barnes machte nicht nur die Juden im allgemeinen und die jüdischen Politiker in der Rooseveltadministration im besonderen für die Verbreitung der Kriegsschuldthese verantwortlich, er zweifelte schließlich auch den Judenmord an und sprach in diesem Zusammenhang von einem »zionistischen Betrug«.[13] Dabei bekundete er ein schon grotesk zu nennendes Unwissen über die Geschichte der Konzentrations- und Vernichtungslager. Selbst die von ihm genannten Namen stimmen nicht. Außerdem vermochte er nicht zwischen Konzentrations- und Vernichtungslagern zu differenzieren und hatte über das, was sich hier ereignet hat, nicht die geringste Ahnung. So sprach er dauernd von »Gasöfen«, die es im Unterschied zu den Gaskammern und Krematoren nun wirklich nicht gegeben hat.[14] Trotz seiner Wissenslücken galt Barnes als etwas verschrobener und umstrittener, aber sonst ganz achtbarer Historiker. Tatsächlich war er nach Rassinier der zweite Revisionist und Auschwitzlügner.

Der dritte war der Deutsche Thies Christophersen. Der 1918 geborene Christophersen war Mitglied der SS gewesen und fühlte sich wie viele Angehörige dieser Organisation, die vom Nürnberger Kriegsverbrechertribunal als »verbrecherisch« gekennzeichnet wurde, nach 1945 verpflichtet, über sein Dabeisein zu berichten.[15] Anders als sein »Kamerad« Schönhuber, der bekanntlich ebenfalls zu dieser »Ich-war-dabei«-Literatur beigetragen hat,[16] war Christophersen nicht in Italien, sondern in Auschwitz stationiert, wo ihm ein Landwirtschaftsbetrieb unterstand. Daher beanspruchte er, »Zeitzeuge« zu sein, der bestätigen könne, daß in Auschwitz eben doch nicht »alles so schlimm« gewesen sei. Die Häftlinge hätten »einwandfreie«, ja teilweise sogar »elegante« Kleider getragen. Die Frauen unter ihnen hätten »Lippenstift, Puder und Schminke« benutzen können. Die Arbeitskolonnen, die Christophersen als »lustige Haufen« charakterisierte, hätten bei der Arbeit gesungen und getanzt. Er habe in »Auschwitz nicht die geringsten Anzeichen von Massenvergasungen bemerkt«. Die Angabe, daß ein »Geruch von verbranntem Fleisch (...) oft über dem Lager gelegen habe«, sei eine »glatte Lüge«.[17]

Natürlich ist dies alles leicht zu widerlegen,[18] dennoch wurde sein 1973 erschienenes Büchlein über »Die Auschwitz-Lüge« von anderen Auschwitzlügnern im In- und Ausland begeistert aufgenommen.[19] Das Zitierkartell der Auschwitzlügner formierte sich, obwohl das Buch in Deutschland schließlich indiziert wurde. Christophersen entzog sich 1986 der deutschen Strafverfolgung durch die Übersiedlung nach Dänemark.

Schlechter als Christophersen ist es seinem Gesinnungsgenossen Wilhelm Stäglich ergangen. Dieser promovierte Jurist und pensionierte Oberfinanzrichter aus Hamburg publizierte 1979 ein Buch über »Der Auschwitz-Mythos. Legende oder Wirklichkeit? Eine kritische

Bestandsaufnahme«, in dem er zu dem Ergebnis gelangte, daß »der Auschwitz-Mythos im Morast widerspruchsvoller Legendenbildung wurzelt, nicht aber im tatsächlichen Geschehen«. »Urheber und Nutznießer der Judenvernichtungslegende« seien die Juden.[20] Die Widerlegung dieser Legende sei zur »Wiedergewinnung nationaler Selbstachtung« erforderlich.[21] Damit hat Stäglich selber auf die nationalistische Zielsetzung seiner »kritischen Bestandsaufnahme« hingewiesen, die jedoch alles andere als kritisch und ganz im Stil der nationalsozialistischen Terminologie geschrieben ist. Dabei scheute sich Stäglich nicht, so ziemlich alles anzuzweifeln, was von der NS-Forschung bisher herausgefunden worden ist.

Trotz der eklatanten handwerklichen Mängel und seiner extrem nationalistischen Zielsetzung wurde das Buch vor allem in den revisionistischen Kreisen des Auslands sehr geschätzt und breit rezipiert. Doch dann kam es zu einer äußerst harten Reaktion, die eine abschreckende Wirkung auf andere promovierte Auschwitzlügner ausübte. Die Universität Göttingen erkannte Stäglich 1987 die juristische Doktorwürde ab, die er dort 1951 erworben hatte.[22]

Der Nutzen einer derartigen harten Maßnahme ist aber begrenzt, denn inzwischen hatte sich eine »Internationale der Auschwitzlügner« formiert und auch institutionell konstituiert. Zu dieser »Internationale« gehörten neben dem Professor für Elektrotechnik an der angesehenen Northwestern Universität Arthur E. Butz[23] der englische Historiker Richard Verral alias Richard Harwood[24], der nicht nur die Zahl von sechs Millionen Opfern, sondern generell die Existenz des Holocaust bezweifelte.[25] Ferner der amerikanische Anglistik-Professor Austin J. App, der meinte, daß der »Sechs-Millionen-Schwindel« dazu diene, »harte (D-)-Marks« vom deutschen Volk zu erpressen.[26] Und schließlich die amerikanischen Rechtsradikalen Willis A. Carto und William D. McCalden[27], die 1979 das »Institute for Historical Review« gegründet haben.

Hinter diesem »Institut für historische Untersuchungen« steht ein Gruppe von offensichtlich wohlhabenden faschistisch orientierten Personen, die sich zu einer Organisation zusammengeschlossen haben, die den sinnigen Namen »Liberty Lobby« trägt. Dieses Bekenntnis zur »Freiheit« hindert sie jedoch nicht, enge Kontakte zum Ku-Klux-Klan und anderen rassistischen und neofaschistischen Gruppierungen in den USA zu unterhalten. Das »Institute for Historical Review« ist insgesamt so etwas wie das Koordinationszentrum des amerikanischen und internationalen Neofaschismus, der sich mehr und mehr nicht mehr in Parteien, sondern in eher informeller, aber dafür um so einflußreicherer Weise organisiert, was von den meisten unserer Rechtsextremismusforscher nicht klar genug erkannt wird.

Diesem revisionistischen Institut gehören zwei weitere Wortführer der »Internationale der Auschwitzlügner« an. Der eine ist der Engländer David Irving. Der 1939 geborene Irving hat sich als Amateur-Historiker mit Büchern über die Zerstörung Dresdens,[28] Biographien über Rommel[29] und Churchill sowie über »Hitler und seine Feldherrn«[30] in der Öffentlichkeit und in der Fachwelt einen Namen gemacht. Lange Zeit galt er als ausgesprochener Fachmann für die NS-Zeit insgesamt. Dabei hatte er schon 1977 die aberwitzige These aufgestellt, daß die Judenvernichtung (die er damals noch nicht bezweifelte) ohne Wissen Hitlers von Himmler initiiert worden sei.[31] Daraus hat er in jüngeren Publikationen[32] und öffentlichen Äußerungen dann geschlossen, daß die Judenvernichtung gar nicht stattgefunden habe, denn schließlich gäbe es keinen schriftlichen Befehl, in dem Hitler dieses angeordnet hätte. Hier nutzt er den bornierten Positivismus vieler Historiker aus, für die nur das wirklich ist, was auch in den Akten zu finden ist: »quod non est in actis, non est in mundo!«

Nachdem Irving lange Jahre hindurch ein gern gesehener Gast und Experte in verschiedenen Fernsehsendungen war, trat er in den letzten Jahren wiederholt als Gastredner bei der DVU und anderen rechtsextremistischen Parteien auf. Bei einer dieser Reden erklärte er: »Ich begebe mich in die ›Gaskammern‹ von Auschwitz, und Sie und Ihre Freunde dürfen Zyklon B gemäß den altbekannten Prozeduren und Umständen werfen. Ich garantiere Ihnen, Sie werden mit dem Ergebnis nicht zufrieden sein.«[33] Derartige Sprüche verschafften Irving ein enormes Medienecho. Doch im Augenblick ist ihm jeglicher Aufenthalt in Deutschland verboten. Eine ähnliche Maßnahme hat man gegenüber dem zweiten wichtigen Wortführer der Auschwitzlügner noch nicht ergriffen.

Gemeint ist der 1929 geborene Robert Faurisson, der Professor für Literaturwissenschaft an der Universität von Lyon war.[34] 1978 trat Faurisson mit einem Aufsatz über »Das Problem der Gaskammern«

hervor, der in der angesehenen Zeitung »Le Monde« erschien. Seitdem hat Faurisson dieses Thema nicht mehr losgelassen. In zwei Büchern, von denen das eine mit einem Vorwort des angesehenen Linguisten Noam Chomsky, der selber jüdischer Herkunft ist, versehen war,[35] sowie in der von ihm gegründeten Zeitschrift »Annales d'Histoire révisioniste« hat er die These vertreten, daß in Auschwitz und anderen Vernichtungslagern gar keine Menschen vergast worden seien.[36] Dies sei eine Erfindung der alliierten Kriegspropaganda, die dann von den Juden aufgegriffen worden sei, um so ihre finanziellen Ansprüche an Deutschland begründen zu können. Wegen dieser Behauptung verlor er seine Professorenstelle und wurde 1983 von einem französischen Gericht rechtskräftig verurteilt.[37]

Dieses Schicksal drohte auch Ernst Zündel. Der 1939 in Deutschland geborene Zündel lebt in Kanada, wo er rechtsradikale Bücher und Broschüren herausgibt und vertreibt.[38] Er ist inzwischen zu einer Schlüsselfigur des internationalen Faschismus geworden. 1988 wurde Zündel von einem jüdischen Überlebenden von Auschwitz angezeigt. Es kam zum Prozeß. Um die drohende Verurteilung abzuwenden, beauftragten Zündel sowie seine Gesinnungsgenossen Faurisson und Irving einen gewissen Fred R. Leuchter mit der Abfassung eines Gutachtens über die Frage, ob in Auschwitz und anderen Vernichtungslagern wirklich Menschen vergast und anschließend verbrannt worden seien.[39]

Der jetzt knapp 50 Jahre alte Leuchter[40] bezeichnet sich als Ingenieur, obwohl er nachweislich kein einschlägiges Studium absolviert hat. Er hat entweder überhaupt nicht oder Geschichte (!) studiert und mit einem BA (vergleichbar unserem Vordiplom oder Zwischenprüfung) abgeschlossen. Leuchter verdient seinen Lebensunterhalt mit der Herstellung und dem Vertrieb von Tötungsinstrumenten. Damit hat er sich eine boomende Branche ausgesucht. Ist doch in den letzten Jahren in verschiedenen Staaten der USA die Todesstrafe wieder eingeführt worden. In Arizona, Kalifornien, Maryland, Mississippi, North Carolina und Missouri werden (bzw. wurden, denn einige Staaten sind zur Todesspritze übergegangen) die Delinquenten in Gaskammern getötet. Sie bietet Leuchter für 200.000 Dollar das Stück an. (Ein elektrischer Stuhl wird in seinem Verkaufskatalog für bescheidene 35.000 Dollar angeboten.)

Leuchter ist fürwahr ein »Experte«, auch wenn jetzt verschiedene seiner »Kunden«, die einschlägigen amerikanischen Zuchthäuser, leugnen, jemals mit ihm Geschäfte gemacht zu haben. Nichtsdestotrotz sind seine, ganz offensichtlich auf Insider-Wissen basierenden Ausführungen über die Vor- und Nachteile der in Amerika verwandten Tötungsmethoden, die auf einem, so Leuchter, »high-tech-Niveau« durchgeführt werden, Pflichtlektüre für alle diejenigen, die sich auch bei uns für die Todesstrafe aussprechen.

In Februar 1988 fuhr Leuchter im Auftrag und mit reichlichen Geldmitteln von Zündel, Faurisson und Konsorten versehen nach Auschwitz und dann nach Majdanek. Begleitet wurde er von einem Kamerateam, das ausführlich filmte, wie Leuchter Gesteinsproben von den 1945 gesprengten und danach mehrmals restaurierten Trümmern der Gaskammern nahm. Dabei trug Leuchter Handschuhe und eine Atemschutzmarke, was die – gespielte – Dramatik der Situation noch erhöhte. Offen ist, ob dieser makabere Mummenschanz mit oder ohne Wissen der polnischen Gedenkstättenleitungen stattfand. Auf jeden Fall haben sie nicht eingegriffen, was völlig unverständlich und auch unentschuldbar ist.

Nach Amerika zurückgekehrt, verfaßte Leuchter dann mit tatkräftiger Unterstützung Faurissons den sogenannten »Leuchter-Report«, der inzwischen in verschiedene Sprachen übersetzt ist und mit Unterstützung von Neofaschisten in aller Welt vertrieben wird.[41] In Deutschland waren dies neben Zündel, Faurisson, Irving die bekannten Neonazis Günter Deckert (Vorsitzender der NPD), Meinolf Schönborn (Vorsitzender der Nationalistischen Front), Ewald Bela Althans (bekannt durch Film »Beruf: Neonazi«), Oliver Schweigert (bekannter Berliner Neonazi) und viele andere mehr. Leuchter war berühmt und wurde zum »Medienstar«. Im Mai 1990 wurde er von dem amerikanischen Sender ABC in einer eigenen Sendung als »Mr. Death« präsentiert. Auf diese amerikanische Geschmacklosigkeit folgte die deutsche Gemeinheit: Am 28. Oktober 1993 sollte Leuchter bei SAT 1 in der Sendung »Schreinemakers live« auftreten, wurde jedoch kurz zuvor festgenommen und am 30. November 1993 auf Kaution (20.000 DM) entlassen, was er natürlich nutzte, um sofort in die USA zurückzukehren. Bei einem solchen Verhalten der Justiz stellt sich die Frage, was da Auschwitzlügen-Gesetze sollen, wenn die

Justiz die Täter einfach laufen läßt. Frau Schreinemakers ist übrigens überhaupt nichts passiert, sie machte weiterhin »Schreinemakers live«, allerdings beim Konkurrenz-Sender RTL!

Leuchters »publicity« rief Nachahmer und Trittbrettfahrer auf den Plan. 1992 pubizierte ein Doktorand und Mitarbeiter des Max-Planck-Instituts für Festkörperforschung in Stuttgart namens Germar Rudolf ein Buch mit dem allessagenden Titel: »Gutachten über die Bildung und Nachweisbarkeit von Cyanidverbindungen in den ›Gaskammern‹ von Auschwitz«.[42] Dieser vielversprechende Forscher wurde sofort gefeuert, wobei sich jedoch die Frage stellt, ob dies auch dann geschehen wäre, wenn Rudolf wohlbestallter Professor und nicht kleiner Doktorand gewesen wäre. Doch dies sind Spekulationen. Kommen wir statt dessen zum Inhalt des »Leuchter Reports«.

Anders als seine Auftraggeber beschäftigte sich Leuchter nicht mit »ideologiekritischen« Fragen nach den »Nutznießern« von Auschwitz, verzichtete auch völlig auf eine Auseinandersetzung mit den schriftlichen Quellen und stellte schon gar keine Behauptungen auf, wonach Hitler von all dem nichts gewußt habe – nein, Leuchter gerierte sich nicht als Historiker, sondern trat als der vermeintlich nüchterne »Ingenieur« auf, was er, wie gesagt, gar nicht ist. Er behauptete statt dessen, daß in seinen Proben aus Auschwitz keine Spuren von Zyklon B gefunden worden seien. Wie dies nach fast 50 Jahren und angesichts der Umweltbedingungen und Umbauten überhaupt möglich sein könnte, sagte Leuchter »natürlich« nicht.[43] Außerdem »bemängelte« der Tötungs-Experte Leuchter, daß die verwendeten Blausäuredosen zu gering, die Türen der Gaskammern nicht abgedichtet und die Zahl der jeweils vergasten Personen viel zu groß gewesen seien, weil jeder Todeskandidat nach Leuchters Berechnungen 0,8 Quadratmeter Stehfläche benötigt hätte.[44]

Noch absurder ist ein weiteres Argument, das Leuchter anführte, um seine These zu beweisen, daß in Auschwitz gar keine Menschen vergast worden seien. Erklärte er doch, daß der technische Standard nicht auf dem amerikanischen Niveau gewesen sei, weshalb die Gaskammern von Auschwitz niemals funktioniert hätten.[45] Insbesondere sei es den deutschen Tötungsexperten zumindest im Winter nicht möglich gewesen, die zur Verdampfung von Zyklon B nötigen 27 Grad in den Gaskammern zu erreichen. Hier unterschätzte er das Wissen und Können seiner, wie soll man sagen, »Kollegen«. Die deutschen Facharbeiter und Ingenieure (die wirklich Ingenieure waren) kamen nämlich auf die Idee, die Gaskammern räumlich mit den Krematorien zu verbinden, wobei sie die hier erzeugte Wärme für das Verdampfen von Zyklon B benutzen konnten. Außerdem setzten sie verschiedene Pumpen und Ventilatoren ein, um das Zyklon B-Gas möglichst schnell (was aber immer noch 30 qualvolle Minuten dauerte) unter den Opfern zu verbreiten und nach ihrer Ermordung wieder abzusaugen. Das »Problem«, wie man in möglichst kurzer Zeit möglichst viele Leichen beseitigen konnte, »löste« die Firma »Topf & Söhne« aus Erfurt, die ihre Krematorien-Typen laufend »verbesserten«.

Ich erspare mir hier weitere Details. Nachzulesen sind sie in dem Buch »Die Krematorien von Auschwitz«, das von dem französischen Apotheker (!) Claude Pressac geschrieben wurde.[46] Pressac war zunächst ein Gefolgsmann Faurissons gewesen, wurde dann jedoch durch die Lektüre der Bauakten von Auschwitz eines Besseren belehrt. Der größte Teil dieser mehr als bedrückenden Akten lagerte in einem Geheimarchiv in Moskau, das der ernsthaften Forschung unzugänglich und unbekannt war, obwohl dieses Material dringend benötigt wurde, um die unfaßbare Auschwitzlüge ein für allemal zu widerlegen.

Im Augenblick sieht es jedoch nicht so aus, daß dies trotz der Tonnen von Quellen und Tausenden von Büchern, in denen die Existenz von Auschwitz und das Faktum des nationalsozialistischen Massenmordes eindeutig bewiesen wurde, der Fall sein wird. Nach wie vor werden immer wieder »Dokumente« aufgetischt, duch die entweder die Existenz der Vernichtungslager oder die Zahl ihrer Opfer in Zweifel gezogen werden. Meist handelt es sich dabei um plumpe Fälschungen. Ein Beispiel ist das 1987 aufgetauchte sogenannte Lachout-Dokument. Dabei handelt es sich um ein Schreiben (genauer um eine ohne Kopf versehene Abschrift) eines »Leutnants Emil Lachout« vom 1. Oktober 1948, der im »Militärpolizeilichen Dienst« des »Alliierten Kommandos« gewesen sein soll, in dem dieser bestätigte, daß es in Mauthausen und anderen Konzentrationslagern keine Vergasungen gegeben habe. Alle Angaben sind falsch: Es hat weder einen »Militärpolizeilichen Dienst« des »Alliierten Kommandos« noch einen

»Leutnant Lachout« in dieser nicht existierenden Dienststelle gegeben.[47]

Noch einfacher und vielfach noch wirkungsvoller, als Quellen zu fälschen, ist es, die Existenz von nicht-existierenden Dokumenten durch ständiges Zitieren zu suggerieren. Schließlich nutzen die Revisionisten alle Fehler und Schwächen der »Gegenseite« gnadenlos aus. Ein besonderes »Geschenk« für die Revisionisten war die von der Gedenkstättenleitung in Auschwitz vertretene These, daß hier vier Millionen Menschen umgekommen sein sollen. Erst im Juli 1990 sah sich die Gedenkstätte genötigt, diese Zahl auf eine Million zu korrigieren.[48] Die Internationale der Revisionisten jubilierte.[49]

Noch mehr freuen sich die Revisionisten, wenn sie von ausgewiesenen Fachhistorikern positive Stellungnahmen zu ihren wahnwitzigen Thesen erhalten. Dies war bereits 1978 schon einmal der Fall, als der Erlanger Professor Hellmut Diwald, der einige beachtliche Bücher zu Themen aus der frühen Neuzeit geschrieben hatte, eine »Geschichte der Deutschen« publizierte, in der er die These vertrat, daß wichtige Fakten über den Holocaust »trotz aller Literatur in zentralen Fragen noch immer ungeklärt« seien.[50] Gleichzeitig tadelte er, daß durch »bewußte Irreführung, Täuschungen, Übertreibungen« eine »totale Disqualifikation« des deutschen Volkes angestrebt werde.[51] Damit nicht genug, stellte er die Existenz der – allerdings nicht »benutzten« – Gaskammern im Konzentrationslager Dachau mit der folgenden Bemerkung in Frage: »Es wurden jahrelang im KZ Dachau den Besuchern Gaskammern gezeigt, in denen die SS angeblich bis zu fünfundzwanzigtausend Juden täglich umgebracht haben soll, obschon es sich bei diesen Räumen um Attrappen handelte, zu deren Bau das amerikanische Militär nach der Kapitulation inhaftierte SS-Angehörige gezwungen hatte.«[52] Schließlich bezweifelte er die in Auschwitz betriebenen Massenvergasungen, indem er die »ungewöhnlich großen Einrichtungen für die Verbrennung von Toten« mit der »Typhusepidemie« des Jahres 1942 in Verbindung brachte.[53]

Diwalds Buch rief in der Öffentlichkeit einen Entrüstungssturm hervor.[54] Auf Diwald machte dies jedoch keinen Eindruck. Im Gegenteil. Er entwickelte sich nun vollends zum Radikalen im öffentlichen Dienst. Diwald, der in einem Nachruf des Parteiorgans der »Republikaner« als »größter deutscher Historiker in diesem Jahrhundert« gefeiert wurde,[55] war ein Nationalist, dessen Ziel es war, den Nationalismus bei seinen Landsleuten zu fördern und zu stärken. Dabei störte die Vergangenheit. Daher wandte er sich immer wieder erbittert gegen die »Vergangenheitsbewältigung«, die auf dem »Programm der Umerziehung« der vier Siegermächte basierte, was »es der zeitgeschichtlichen Forschung nach 1945 von Anfang an unmöglich« gemacht habe, »dem Anspruch wissenschaftlicher Objektivität gerecht zu werden«.[56] Diwald wurde zum Revisionisten, weil er Nationalist war. Dies entschuldigt seinen Revisionismus zwar nicht, macht ihn aber jedenfalls leicht erkennbar.

Schwieriger ist dies bei Ernst Nolte, der in einigen neueren Arbeiten zu den »Apologeten«, »Revisionisten« und Vertretern der Auschwitzlüge gezählt wird.[57] Dies scheint mir nicht bzw. noch nicht berechtigt zu sein. Nolte ist kein Revisionist, ist aber in Gefahr, einer zu werden. Darauf deutet bereits seine bemerkenswerte Wertschätzung der »radikalen Revisionisten« hin, denen er »häufig ehrenwerte« Motive[58] bescheinigt und ihnen zubilligt, daß sie »sich in der Thematik sehr gut auskennen und Untersuchungen vorgelegt hätten, die nach Beherrschung des Quellenmaterials und zumal in der Quellenkritik diejenigen der etablierten Historiker in Deutschland vermutlich übertreffen«.[59] Dabei schließt er den dubiosen Leuchter, den er als »ganz unpolitischen Ingenieur« bezeichnet, mit ein.

Darüber hinaus hat sich Nolte einigen der »Hauptargumente und der Interpretationstendenzen« der Revisionisten angeschlossen.[60] So hat er allen Ernstes Zweifel an der »Echtheit« des Protokolls der Wannseekonferenz geäußert, weil, so seine nun wirklich kuriose Begründung, der Initiator und Leiter der Wannseekonferenz Heydrich nicht anwesend gewesen sein könne,[61] was natürlich Unsinn ist.[62] Nicht genug damit, zweifelt er an der technischen Möglichkeit der »Massenvergasungen«[63] und meint, daß das »letzte Wort (...) bei den Auseinandersetzungen zwischen den technischen Experten noch längst nicht gesprochen« sei.[64] 1994 erklärte er in einem Interview mit dem »Spiegel«: »Ich kann nicht ausschließen, daß die Untersuchung der Gaskammern auf Blausäurespuren, die der amerikanische Ingenieur Fred Leuchter als erster vorgenommen hat, wichtig ist.« Daran schloß er die folgende wirklich unfaßbare Verdächtigung an: »Es gibt unter den Revisionisten natürlich auch Leute, die von dem Motiv geleitet sind, daß Israel nicht das Recht habe, sich hier so stark einzuschalten.« Auf die Frage des »Spiegels«: »Was heißt denn das?« erwiderte Nolte: »Man hat immer wieder gesagt, es dürfe nicht aufgerechnet werden. Das ist nicht falsch, doch es gibt ein ›Aber‹. Ein Opfer hat das Recht, seine Leiden zu unterstreichen. Es läßt sich gleichwohl nicht bestreiten, daß an manchen Punkten auch politische Interessen hier ins Spiel kommen können.«[65]

Anmerkungen

1 Zitiert aus der parteiinternen Information über die beabsichtigte »Endlösung der Judenfrage« vom 9. 10. 1943, in: Wolfgang Michalka (Hrsg.), Das Dritte Reich. Dokumente zur Innen- und Außenpolitik, Bd. 2 München 1985, S. 250ff. Allgemein zum Wissen der deutschen Bevölkerung über den Mord an den Juden: Hans Mommsen, Was haben die Deutschen vom Völkermord an den Juden gewußt?, in: Walter H. Pehle (Hrsg.), Der Judenpogrom 1938. Von der »Reichskristallnacht« zum Völkermord, Frankfurt/M. 1988, S. 176–200.

2 Willi Dreßen, Befehlsnotstand, in: Benz (Hrg.), Legenden, Lügen, Vorurteile, S. 40 ff.

3 Interessanterweise haben sich die Rechtsradikalen und Revisionisten fast ganz auf die Leugnung der in Auschwitz und anderen Vernichtungslagern begangenen Verbrechen konzentriert. Die anderen Konzentrationslager fanden weit weniger Beachtung. Eine Ausnahme ist das folgende Machwerk über das KZ Flossenbürg: Klaus Huscher, Die Flossenbürg-Legende. Vom Zweifel zum Beweis, Nürnberg 1974. Vgl. dazu: Siegert, Das Konzentrationslager Flossenbürg, in: Broszat u.a. (Hrsg.), Bayern in der NS-Zeit, Bd. 2, S. 431.

4 Paul Rassinier, Le Mensonge d'Ulysses, Paris 1979 (zuerst: 1950); dt.: Die Lüge des Odysseus, Wiesbaden 1959. Ich habe die deutsche Ausgabe benutzt.

5 Pauls Rassinier, Was ist die Wahrheit? Die Juden und das Dritte Reich, Leoni 8. Aufl. 1982. Dazu auch: Der Fall Rassinier. Ein Prozeß um das Buch »Was ist Wahrheit«, Leoni 1971.

6 Vgl. dazu: Lutz Niethammer (Hrsg.), Der »gesäuberte« Antifaschismus. Die SED und die roten Kapos von Buchenwald, Berlin 1994. Rassinier wird hier nicht erwähnt.

7 Rassinier, Die Lüge, S. 199 ff. Eugen Kogon, Der SS-Staat. Das System der deutschen Konzentrationslager, 8. Aufl. München 1991 (zuerst: 1946).

8 Rassinier, Die Lüge, S. 194 f. Richard Stöss, Die extreme Rechte in der Bundesrepublik, Opladen 1989, S. 32, weist auf ein weiteres Buch von Rassinier hin: Paul Rassinier, Zum Fall Eichmann: Was ist Wahrheit? Oder: Die unbelehrbaren Sieger, zuerst: Paris 1962, dann in deutscher Fassung in insgesamt 5 Auflagen.

9 Rassinier, Die Lüge, S. 236 ff.

10 Vgl. dazu Ludwig Elm, Hochschule und Neofaschismus. Zeitgeschichtliche

Studien zur Hochschulpolitik in der BRD, Berlin 1972, S. 59, der hier auf einen Aufsatz von Andrzej Jòzef Kaminski aus dem Jahre 1964 hinweist, in dem dieser »Rassinier als plumpen Lügner« überführt habe. Kaminski hat sich später von diesem Aufsatz distanziert.

11 Paul Rassinier, Die Jahrhundertprovokation. Wie Deutschland in den Zweiten Weltkrieg getrieben wurde. Mit einem Nachwort von David Irving, Tübingen 1989. Original: Les responsables de la seconde Guerre mondiale, Paris 1967. Die deutsche Ausgabe erschien beim rechtsradikalen Grabert-Verlag.

12 Ernst Nolte, Streitpunkte. Heutige und künftige Kontroversen um den Nationalsozialisms, Berlin 1993, S. 318, bezeichnet ihn als »bedeutenden Historiker«. Der Revisionist Georg Franz-Willling, Kriegsschuldfrage der beiden Weltkriege, Rosenheim 1992, S. 180 sieht in Barnes den »Begründer der revisionistischen Geschichtsschreibung in den USA«. Vgl. zum folgenden: Deborah E. Lipstadt, Betrifft: Leugnen des Holocaust, Zürich 1994, S. 91 ff.

13 Harry Elmer Barnes, Zionist Fraud, in: American Mercury, 1968, zitiert nach Lipstadt, Betrifft: Leugnen des Holocaust, S. 294.

14 Vgl. Lipstadt, Betrifft: Leugnen des Holocaust, S. 103.

15 Thies Christophersen, Die Auschwitz-Lüge, Mohrkirchen 1973. Das Buch wurde von dem bekannten Neo-Nazi Manfred Roeder in der Schriftenreihe der Deutschen Bürger-Initiative vertrieben. Vgl. dazu: Stöss, Die extreme Rechte, S. 32 u. 163 ff.

16 Franz Schönhuber, Ich war dabei, München 1981.

17 Christophersen, Die Auschwitz-Lüge, S. 10, 13, 15. Vgl. dazu: Stöss, Die extreme Rechte, S. 32.

18 Das Buch wurde indiziert. Vgl. dazu die Sammlung der Schriftstücke: Manfred Roeder, Der Auschwitz-Betrug. Der Kampf des Rechtsanwaltes Roeder und Zusammenstellung einiger Zuschriften von Lesern der Schrift Die Auschwitz-Lüge von Thies Christophersen, Mohrkirch o. J.

19 Weniger bekannt wurde das schon 1970 in erster Auflage herausgegebene Buch von: Emil Aretz, Hexen-Einmal-Eins einer Lüge, das 1984 vom Verlag Hohe Warte in 5. Auflage herausgegeben wurde. Vgl. dazu: Stöss, Die extreme Rechte, S. 32; und: Lasek, »Revisionistische« Autoren und deren Publikationen, in: Dokumentationsarchiv des österreichischen Widerstandes (Hrsg.), Amoklauf gegen die Wirklichkeit. NS-Verbrechen und »revisionistische« Geschichtsschreibung, Wien 1991, S. 127–131, S. 127.

20 Wilhelm Stäglich, Der Auschwitz-Mythos. Legende oder Wirklichkeit?, Tübingen 1979, S. 7 f.

21 Ebenda S. 5.

22 Dazu meint Nolte, Streitpunkte, S. 308: »Ob allerdings die Entziehung des juristischen Doktorgrades durch die Universität Göttingen eine angemessene Reaktion war, dürfte nicht leicht zu entscheiden sein.«

23 Arthur E. Butz, The Hoax of the Twentieth Century, Richmond-Surrey 1976; dt. Ausgabe hrsg. von Udo Walendy: Der Jahrhundertbetrug, Vlotho 1977.

24 Daß es sich bei »Harwood« um den gelernten Historiker Verrall handelt, wird von Lipstadt, Betrifft: Leugnen des Holocaust, vermutet. Harwood-Verrall ist

Herausgeber der rechtsradikalen Zeitschrift »Spearhead«, die in London erscheint.

25 Richard Harwood, Did Six Million Really Die?, Richmond-Surrey, 1974; 2. Aufl. unter dem Titel: Six Millions Lost and Found, Sountham 1979 (herausgegeben von Ernst Zündel).Die deutsche Fassung gab der deutsche Rechtsextremist Udo Walendy in seiner Reihe »Historische Tatsachen« heraus: Starben wirklich sechs Millionen ? Vlotho 1975.

26 Austin J. App, The Six Million Swindle. Blackmailing the German People for Hard Marks with Fabricated Corpses, Tacoma Park 1973. Ausführlich zu App, der 1902 als Sohn deutscher Einwanderer geboren wurde und lange Zeit eine Organisation der Deutsch-Amerikaner leitete: Lipstadt, Betrifft: Leugnen des Holcoaust, S. 111 ff. App ist dem deutschen Publikum schon 1950 durch ein Buch bekannt geworden, in dem er die damalige Deutschlandpolitik im allge meinen, die Morgenthaus im besonderen kritisierte und auf die Verbrechen der Alliierten hinwies: Austin J. App, Der schrecklichste Friede der Geschichte, Salzburg 1950. Schon damals machte er übrigens »die Juden« für diese »Rachepolitik« verantwortlich (S. 10).

27 Zu McCalden, der aus Belfast stammt und 1975 Mitgründer der neonazistischen »British National Party« war: Anti-Defamation League (Hrsg.), Hitler's Apologists. The Anti-Semitic Propaganda of Holocaust »Revisionism«, New York 1993, S. 16f.

28 David Irving, Der Untergang Dresdens, München 1977.

29 David Irving, Rommel. Eine Biographie, München 1980.

30 David Irving, Hitler und seine Feldherren, Berlin 1975.

31 David Irving, Hitler's War, London 1977. Die vorausgegangene deutsche Fassung »Hitler und seine Feldherren« war bereinigt worden. Ausführliche Kritik: Martin Broszat, Hitler und die Genesis der »Endlösung«. Aus Anlaß der Thesen von David Irving, in: Vierteljahreshefte für Zeitgeschichte 25, 1977, S. 739–775.

32 David Irving, Hitlers Krieg, Bd. 1–2, München 1983–1986; ders., Rudolf Heß ein gescheiterter Friedensbote?, Stuttgart 1987; ders., Führer und Reichskanzler. Adolf Hitler 1933–1945, München 1989.

33 Zitiert nach: Thomas Assheuer/Hans Sarkowicz, Rechtsradikale in Deutschland. Die alte und die neue Recht, München 2. Aufl. 1992, S. 107.

34 Zu ihm: Lothar Baier, Auschwitz und seine Weißwäscher. Robert Faurisson & Genossen, in: ders. Französische Zustände. Berichte und Essays, Frankfurt/M. 1985, S. 92–123.

35 Robert Faurisson, Mémoire en défense. Contre ceux qui m'accusent de falsifier l'histoire. La question des chambres à gaz, préface de Noam Chomsky, Paris 1980; ders., Résponse à Pierre Vidal-Naquet, Paris 1982.

36 Nolte, Streitpunkte, S. 306 f, bescheinigt Faurisson, »kenntnisreiche und argumentierende« Aufsätze geschrieben zu haben.

37 Vgl. dazu mit weiterführenden Literaturhinweisen: Wilhelm Lasek, »Revisionistische« Autoren und deren Publikationen, in: Dokumentationsarchiv (Hrsg.), Amoklauf gege die Wirklichkeit, S. 127–131, S. 128.

38 Zündel gibt unter anderem die erwähnten Bücher von App, Butz und Harwood heraus. Nach neuesten Presseberichten vertreibt er jetzt seine rechtsradikale Propaganda über Internet und beklagt sich bitter darüber, daß deutsche Behörden dies durch Zensurmaßnahmen verhindern wollen.

39 Der sogenannte »Leuchter-Report« liegt in verschiedenen Ausgaben vor: The Leuchter-Report. Die First Forensic Examination of Auschwitz, London 1989; Der Leuchter-Bericht. Die »Gaskammer«-Expertise, Winterthur 1989; Der Leuchter-Bericht – Ein Ingenieursbericht über die angeblichen Gaskammern in Auschwitz, Birkenau und Majdanek, Polen, Übersetzung ins Deutsche von Udo Walendy mit einem Vorwort von Robert Faurisson, Vlotho 1988. Walendy hat dazu noch weitere Beiträge in seinem Magazin »Historische Tatsachen« veröffentlicht. So unter anderem: Udo Walendy, Naturwissenschaft ergänzt Geschichtsforschung, Vlotho 1993. Auf diese politische Pornographie möchte ich hier nicht weiter eingehen.

40 Die folgenden Angaben über Leuchter nach: Georges Wellers, Der »Leuchter-Bericht« über die Gaskammern von Auschwitz: Revisionistische Propaganda und Leugnung der Wahrheit, in: Dachauer Hefte 7, 1991, S. 230–241; Lipstadt, Betriff: Leugnung des Holocausts, S. 215ff; Brigitte Bailer-Galanda, Der Leuchter-Bericht, in: Dokumentationsarchiv des österreichischen Widerstandes (Hrsg.), Amoklauf gegen die Wirklichkeit, S. 41–46.

41 Dazu und zum folgenden auch: Landesamt für Verfassungsschutz Berlin (Hrsg.), Die internationale Revisionismus-Kampagne, S. 32. Zur weiteren Kampagne der Revisionisten, die 1991 einen »Internationalen Revisionistenkongreß« in München veranstalten wollten: Wolfgang Benz, »Revisionismus« in Deutschland, in: Bailer-Galanda u.a. (Hrsg.), Wahrheit und »Auschwitzlüge«, S. 42 ff.

42 Germar Rudolf, Gutachten über die Bildung und Nachweisbarkeit von Cyanidverbindungen in den »Gaskammern« von Auschwitz, Stuttgart 1992. Eine Sammlung weiterer ›Argumente‹ für das Nichtvorhandensein der Gaskammern in: Ernst Gauss (Hrsg.), Grundlagen zur Zeitgeschichte. Ein Handbuch über strittige Fragen des 20. Jahrhunderts, Tübingen 1994. Vgl. dazu: Brigitte Bailer-Galanda, »Revisionismus« – pseudowissenschaftliche Propaganda des Rechtsextremismus, in: dies. u.a. (Hrsg.), Wahrheit und Auschwitzlüge, S. 21 ff.

43 Sie wurden aber am 15. Dezember 1945 vom Krakauer Gerichtsmedizinischen Institut »an den Haaren« gefunden, » die von nach der Vergasung geschorenen Frauenleichen stammen«. Zu diesem schrecklichen Detail: Wellers, Der »Leuchter-Bericht«, S. 238.

44 Vgl. dazu die Bemerkungen von Bastian, Auschwitz und die »Auschwitz-Lüge«, S. 78 f, der betont, daß in den deutschen Gaskammern weniger Gas als in den amerikanischen eingesetzt wurde, die Türen sehr wohl luftdicht verschlossen waren und daß sich die Nazis keine »Gedanken um die Bequemlichkeit der von ihnen zu ermordenden Personen gemacht« hätten.

45 Vgl. dazu die ironische Bemerkung von Wellers, Der »Leuchter-Bericht«, S. 237: »Der brave Mr. Leuchter findet es demnach ›merkwürdig‹, daß Höß

(der Kommandant von Auschwitz) 1941–42, also mitten im Krieg, nicht den Atlantik überquert hat, um von den Amerikanern zweckdienliche Hinweise darüber zu erbitten, wie sich Hunderttausende von Männern, Frauen und Kindern am effektivsten umbringen lassen. (...) Unter seinen Schlußfolgerungen finden sich viele (...), aus denen immer wieder ersichtlich wird, daß diese ›Luxus-Henker‹ seine ›Hilton-Gaskammer‹ mit den elenden Vergasungsschuppen von Auschwitz verwechselt hat.«

46 Jean-Claude Pressac, Die Krematorien von Auschwitz. Die Maschinerie des Massenmordes, München 1994.

47 Dokumentationsarchiv des österreichischen Widerstandes (Hrsg.), Das Lachout-»Dokument«. Anatomie einer Fälschung, Wien 1989. Kurzfassung von Brigitte Bailer-Galanda in: Benz (Hrsg.), Legenden, Lügen, Vorurteile, S. 131–134.

48 Franciszek Piper, Die Zahl der Opfer von Auschwitz. Aufgrund der Quellen und der Erträge der Forschung 1945 bis 1990, Auschwitz 1993. Pressac, Die Krematorien, S. 202 schätzt die Zahl der Menschen, die direkt in Auschwitz umgekommen sind auf »630.000 bis 710.000«.

49 Vgl. etwa: Udo Walendy, Weitergehende Forschung, Vlotho 1992 (= Historische Tatsachen Nr. 52), S. 6.

50 Hellmut Diwald, Geschichte der Deutschen, Berlin 1978, S. 165.

51 Ebenda. Vgl. dazu: Richard Stöss, Die extreme Rechte in der Bundesrepublik. Entwicklung – Ursachen – Gegenmaßnahmen, Opladen 1989, S. 33.

52 Vgl. dazu: Barbara Distel, Diffamierung als Methode. Erfahrungen an der Gedenkstätte des ehemaligen Konzentrationslagers Dachau, in: Benz (Hrsg.), Rechtsextremismus in der Bundesrepublik, S. 189–201, bes. S. 190. Distel stellt die unglaubliche Behauptung Diwalds richtig und verweist darauf, welche Folgen seine falsche Behauptung in der rechtsradikalen Publizistik und bei Besuchern der Gedenkstätte gehabt haben.

53 Dieser Abschnitt muß vollständig zitiert werden: »Birkenau, das zum Komplex von Auschwitz gehörte, diente als Lager für diejenigen Häftlinge, die als nicht arbeitsfähig erklärt worden waren. Deshalb erreichte hier die Sterblichkeitsquote die höchsten Ziffern. Am 26. Juli 1942 brach in Birkenau eine verheerende Typhusepidemie aus. Innerhalb von knapp drei Monaten starben bis an die zwanzigtausend Menschen. Das war der Grund, warum sich in Birkenau ungewöhnlich große Einrichtungen für die Verbrennung von Toten befanden.« (S. 165).

54 Vgl.: Stöss, Die extreme Rechte, S. 33 f.

55 Rolf Josef Eibicht, Zum Tode von Prof. Diwald, in: Der Republikaner 8 /1993, S. 10; zitiert nach: Kellershohn (Hrsg.), Das Plagiat, S. 125.

56 Hellmut Diwald, Geleitwort zu: Chronologie. Deutsche Geschichte im 20. Jahrhundert, hrsg. von Waldemar Schütz, bearbeitet von Nikolaus v. Preradovich, Rosenheim 1990, S. 5 f.

57 Graml, Alte und neue Apologeten, S. 88ff; Stöss, Die extreme Rechte, S. 34; Landesamt für Verfassungsschutz (Hrsg.), Die internationale Revisionismus-Kampagne, S. 56 f.; Israel Gutman, Auschwitzlüge, in: Enzyklopädie des Ho-

locaust, S. 121–127, S. 125 f.

58 Nolte, Bürgerkrieg, S. 592, Anm. 26.

59 Nolte, Streitpunkte, S. 304.

60 Nolte, Streitpunkte, S. 308.

61 Nolte, Bürgerkrieg, S. 513 und die ausführliche Anmerkung auf S. 512 f. Nolte beendet hier seine abenteuerliche Heydrich-Geschichte mit einer Kritik an der »etablierten Literatur«, die das Prinzip »audiatur et altera pars« nicht beachte.

62 Vgl.: Johannes Tuchel, Am Großen Wannsee 56–58. Von der Villa Minoux zum Haus der Wannseekonferenz, Berlin 1992.

63 Nolte, Bürgerkrieg, S. 513. Der betreffende Satz lautete: »Nicht selten wird behauptet, Massenvergasungen dieses Umfangs seien mit den vorhandenen Mitteln technisch nicht möglich gewesen.«

64 Ebenda S. 316. Auch hier der ganze Absatz, in dem Nolte Zweifel äußert, ob die Gaskammern wirklich Gaskammern und nicht vielmehr »Leichenkeller« gewesen sind: »Bei einer peniblen Untersuchung der Bauzeichnungen und der noch vorhandenen Überreste wie der gasdichten Türen gelangt Pressac zu der These, daß mit den Planungen und der ersten Bauphase der Krematorien in Birkenau eine entsprechende Änderung erfolgte. Mit anderen Worten: Die großen Krematorien wurden gebaut, um des grassierenden Typhus Herr zu werden, und die unterirdischen Räume waren in der Tat als Leichenkeller vorgesehen, aber später wurde die Anlage auf Menschenvernichtung umgestellt. Aber den zeitgenössischen Quellen und Überresten kann Pressac indessen nur erurieren, daß der eine oder andere Handwerker in seinen Arbeitsberichten gelegentlich das Wort ›Gaskammer‹ an Stelle von ›Leichenkeller‹ benutzte und daß die gassicheren Türen einen merkwürdigen Unterschied aufwiesen: Einige haben Gitter vor der Innenseite des Guckloches und andere nicht.«

65 Der Spiegel 40/1994.

»Sowjetische Konzentrationslager auf deutschem Boden«?
Die sogenannten Speziallager 1945 bis 1950

Heute sind auf dem Gelände der ehemaligen nationalsozialistischen Konzentrations- und anderen nationalsozialistischen Zwangslager Gedenkstätten oder zumindest Denkmäler errichtet worden. Dies war nicht immer so. Unmittelbar nach Kriegsende sind nämlich fast alle Konzentrationslager in der einen oder anderen Weise weiter »genutzt« worden.[1] Aus heutiger Sicht mag dies erschreckend und pietätlos anmuten. Doch die Zeitgenossen dachten da anders. Viele Flüchtlinge und Vertriebene, die in den Baracken und anderen Unterkünften ehemaliger Konzentrationslager untergebracht wurden, waren froh, überhaupt ein Dach über den Kopf zu haben. Notgedrungen gewöhnten sie sich an diese »neue Heimat«. Deutsche Kriegsgefangene, die ebenfalls statt wie sonst üblich in Zelten oder unter freiem Himmel für kürzere oder längere Zeit in einem zum Kriegsgefangenenlager »umfunktionierten« ehemaligen Konzentrationslager eingesperrt waren, wurden gar nicht erst gefragt, ob sie Bedenken hatten, hier zu leben.

Während diese Weiternutzung der Konzentrationslager in den westlichen Besatzungszonen meist unkommentiert hingenommen wurde,[2] stieß die Praxis der sowjetischen Besatzungsmacht, ehemalige Nationalsozialisten und sonstige Personen, denen man »antisowjetische« Taten und Einstellungen vorwarf, in früheren nationalsozialistischen Konzentrationslagern wie Buchenwald und Sachsenhausen zu inhaftieren, sehr bald auf heftige Kritik. In diesem Zusammenhang wurden ferner die Willkür der Verhaftungen und die Brutalität der Behandlung der Inhaftierten in diesen Lagern angeprangert, die häufig als »sowjetische Konzentrationslager auf deutschem Boden« bezeichnet wurden.[3]

Die politische Funktion und Zielsetzung dieser Vergleiche und Bezeichnungen war mehr als deutlich. Im Zeichen des sich sehr rasch eskalierenden Kalten Krieges wollte man die siegreiche Sowjetunion auf eine Stufe mit dem untergegangenen Dritten Reich stellen, um sie so besser attackieren zu können. Diesem Zweck widmeten sich vor allem Propagandaorganisationen wie das »Ostbüro der SPD«[4], die »Kampfgruppe gegen Unmenschlichkeit«,[5] und der »Untersuchungsausschuß freiheitlicher Juristen«,[6] die bei ihrer oft gemeinsamen antikommunistischen Agitation[7] in politischer und vor allem finanzieller Hinsicht von staatlichen Stellen unterstützt wurden.

Dies kam nicht von ungefähr, denn der Antikommunismus wurde so etwas wie die Staatsideologie der damals noch jungen Bundesrepublik. Eine primär antikommunistische Zielsetzung hatten dabei auch die ständigen Vergleiche zwischen Faschismus und Kommunismus im allgemeinen, den nationalsozialistischen und sowjetischen Zwangslagern im besonderen. Zu diesem Zweck berief man sich auf die vor und vor allem nach 1945 entwickelten Totalitarismustheorien, die eine weitgehende Identität von Faschismus und Kommunismus postulierten.[8]

Doch die ganz im Geist und Stil des Kalten Krieges verfaßten Publikationen über die »sowjetischen Konzentrationslager auf deutschem Boden« gerieten mit dem Abflauen des Kalten Krieges auch im Westen mehr und mehr in Vergessenheit.[9] Nur einige rechtsradikale Verlage brachten noch weitere Schriften und Erinnerungsberichte über die »stalinistischen Todeslager in Deutschland« heraus.[10] In den wissenschaftlichen und populärwissenschaftlichen Werken zur Geschichte der Konzentrationslager und zur sogenannten Gedenkstättenpädagogik, die seit den 70er Jahren in schnell anwachsender Zahl in der Bundesrepublik erschienen, wurden sie dagegen nirgendwo erwähnt, weil man fürchtete, sonst zu einer aufrechnenden Verharmlosung des Dritten Reiches beizutragen.[11] In der DDR wurde die Existenz dieser, wie sie von den Sowjets genannt worden waren, »Spez(ial)lager« sogar völlig totgeschwiegen. In den »Nationalen Mahn- und Gedenkstätten«, die in der DDR nach der Auflösung der »Speziallager« auf dem Gelände der ehemaligen Konzentrationslager errichtet worden waren, wurden alle Hinweise auf die Nutzung dieser Lager nach 1945 sorgfältig getilgt.

Nach dem Untergang der DDR war dies nicht mehr möglich.[12] Seit 1990 erschienen in schneller Folge eine große Zahl von Erinnerungsberichten und Broschüren über die nun wiederentdeckten »Speziallager«.[13] Außerdem fand man in und in der Nähe dieser »Speziallager« Gräberfelder, über die dann in den Medien sehr ausführlich und häufig nicht sehr seriös berichtet wurde.[14] Ehemalige Inhaftierte meldeten sich mit der Forderung zu Wort, an diesen Stätten Denkmäler und selbst Gedenkstätten zu errichten. Einige griffen sogar zur Selbsthilfe und stellten Kreuze und Grabmäler[15] auf, auf denen in bewegten Worten auf die Opfer der »stalinistischen Willkür«[16] hingewiesen wurde, die samt und sonders völlig unschuldig gewesen sein sollen.

Die Diskussion konzentrierte sich vor allem auf Buchenwald und Sachsenhausen,[17] weil die dortigen »Speziallager« in den vorherigen Konzentrationslagern eingerichtet worden waren, woran, wie erwähnt, in den danach von der DDR aufgebauten Gedenkstätten nicht erinnert wurde. Eine Berücksichtigung dieser »Nach-Geschichte« und eine Einbeziehung auch der »Speziallager« in die neuen Gedenkstättenkonzepte erwiesen sich daher als notwendig. Die Frage war nur wie.

Während sich die von der thüringischen Landesregierung eingesetzte Historiker-Kommission für eine strikte Trennung der Dokumentation der Geschichte des Konzentrations- und des späteren »Speziallagers« aussprach,[18] plädierte die brandenburgische Gruppe, die Empfehlungen für die künftige Gestaltung der Gedenkstätte Sachsenhausen ausarbeitete, dafür, beide Lager im Zusammenhang zu sehen und dies dementsprechend auch bei der Umgestaltung der Gedenkstätte Sachsenhausen zu berücksichtigen.[19] Dies rief nun wieder in der Öffentlichkeit Irritationen und vor allem bei den Verbänden der ehemaligen KZ-Häftlinge eine heftige und auch sehr emotional geprägte Kritik hervor.

Die gesamte Diskussion litt unter dem Umstand, daß die Kenntnisse über die Geschichte und Funktion der sowjetischen »Speziallager« sehr gering waren. Dies hat sich inzwischen geändert, weil nun auch sowjetische Quellen ausgewertet werden konnten. Auf der Basis dieser – immer noch sehr vorläufigen und keineswegs abgeschlossenen – neueren Forschungen läßt sich heute folgendes sagen.[20]

Zunächst einmal ist eindringlich darauf hinzuweisen, daß die »Speziallager« keine sowjetische Erfindung und Spezialität waren. Im Kern sind sie nämlich mit den »Internierungslagern« zu vergleichen, die auch in den westlichen Besatzungszonen eingerichtet wurden.[21] Die Initiative zur Errichtung dieser Lager ging von den Amerikanern aus.[22] Sie hatten nämlich bereits Ende 1944 Pläne und Vorschriften für die künftige Inhaftierung von solchen Deutschen entwickelt, die Verbrechen begangen hatten oder künftig ein »Sicherheitsrisiko« darstellten. Der Kreis derjenigen, die in »automatischen Arrest« genommen werden sollten, war zunächst sehr weit. Umfaßte er doch neben tatsächlichen Kriegsverbrechern und höheren NS-Funktionären alle Personen, die einen gewisse Funktion in der Verwaltung und auch Wirtschaft des Dritten Reiches bekleidet hatten.

Von diesen Plänen wurde bereits Ende 1944 der sowjetische Kriegspartner informiert, der sich zu diesem Zeitpunkt noch keine derartigen Gedanken gemacht hatte. Dies hinderte die vorrückenden sowjetischen Truppen jedoch nicht, neben Kriegsgefangenen auch Zivilisten in die Sowjetunion zu verschleppen, wo sie beim Wiederaufbau des von den deutschen Truppen weitgehend zerstörten Landes mitwirken sollten. Derartiges war zwar auch von den Amerikaner erwogen, aber letztlich doch verworfen worden, weil man sich darauf konzentrierte, ebenso »gefährliche« wie belastete Personen zu internieren, um sie auf diese Weise unschädlich machen und »umerziehen« zu können.

Dieser, wie gesagt, amerikanischen Idee schloß sich auch der sowjetische Geheimdienstchef Berija an, der am 18. April 1945 die weitere zwangsweise Aushebung von deutschen Arbeitssklaven untersagte und statt dessen anordnete, Mitglieder der NSDAP und anderer nationalsozialistischer »Terrororgane« sowie sonstige »Spione, Diversanten und Terroristen« in eigens zu diesem Zweck geschaffenen Lagern innerhalb der sowjetischen Besatzungzone zu internieren.[23] Angehörige der SS, einschließlich der Wachmannschaften der Konzentrationslager wurden dagegen zusammen mit gefangenen Soldaten in die Sowjetunion verbracht. Damit gab die Sowjetunion zu erkennen, daß sie keineswegs ausschließlich an einer, wie auch immer gearteten, »Entnazifizierung« interessiert war. Nach wie vor überwog das Bestreben, so viel Reparationsleistungen wie möglich aus Deutschland herauszuholen. Dazu wurden auch die zur Zwangsarbeit eingesetzten deutschen Soldaten und Angehörigen der SS gezählt.[24]

Diese ökonomische Zielsetzung fehlte bei den Amerikanern völlig.

Die Häftlinge in den amerikanischen Internierungslagern wurden allenfalls in der amerikanischen Zone und damit in Deutschland zu Aufbauleistungen herangezogen. Auch das ursprüngliche Sicherungsmotiv nahm an Bedeutung ab, weil die befürchteten und erwarteten Werwolf- und Widerstandsaktionen ausblieben. Es blieb die Absicht, die im Zuge des geschilderten umfassenden Arrestprogramms einmal Inhaftierten daraufhin zu überprüfen, ob sie schwer belastet waren oder gar Kriegsverbrechen begangen hatten. War dies der Fall, wurden die Betroffenen den Gerichten zur Aburteilung übergeben. Die übrigen wurden in den Entnazifizierungsprozeß[25] eingereiht oder völlig frei gesetzt. Diese Sichtung und Siebung der Internierten wurde in der amerikanischen Zone so zügig durchgeführt, daß bereits Mitte 1946 die Hälfte der ein Jahr zuvor Verhafteten wieder entlassen waren.[26]

In der sowjetischen Besatzungszone war dies nicht der Fall. Hier waren zwar zunächst keineswegs mehr, sondern prozentual zur Bevölkerung der gesamten sowjetischen Besatzungszone sogar weniger Personen inhaftiert worden,[27] doch kaum einer von ihnen wurde entlassen. Aus sowjetischer Sicht war dies nicht ungewöhnlich. Die oft jahrelange Inhaftierung von Personen ohne richterliche Nachprüfung gehörte hier gewissermaßen zum Alltag, der ganz im Schatten des Gulag-Systems stand. Hinzu kam, daß es offensichtlich Meinungsverschiedenheiten zwischen der Sowjetischen Militäradministration in Deutschland (SMAD) und den Moskauer Zentralstellen über die Interniertenfrage gab.[28] Während sich die SMAD für eine Entnazifizierungspolitik nach amerikanischem Muster einsetzte, sah Moskau in den Internierten potentielle Zwangsarbeiter, die möglichst bald in die Sowjetunion gebracht werden sollten. Doch schließlich wurden im September von den über 60.000 Internierten ganze 4.579 in die Sowjetunion deportiert, weil die übrigen als nichtarbeitsfähig eingestuft worden waren.[29]

Maßgebend dafür war einmal das relativ hohe Alter der Inhaftierten – drei Viertel waren über 40 Jahre alt[30] – was damit zusammenhing, daß die sowjetischen Behören bei ihren ziemlich willkürlichen Verhaftungsaktionen im Jahr 1945 im wesentlichen nur auf diesen Personenkreis stieß, weil alle jüngeren Männer zur Wehrmacht und SS eingezogen worden waren und inzwischen in Kriegsgefangenenlagern saßen. Noch wichtiger war die Hungerkatastrophe des Winters 1946/47, die letzlich dazu führte, daß über ein Drittel aller Internierten, insgesamt 43.000 Personen, an Hunger und Krankheiten starben.[31] Diese hohe Sterberate vor allem unterscheidet die sowjetischen von den westlichen Internierungslagern. Wie ist es dazu gekommen?

Nach allem, was wir zur Zeit wissen, war das Massensterben in den sowjetischen »Speziallagern« nicht intendiert. Massenhinrichtungen oder andere physische Gewaltanwendungen gegen die Häftlinge hat es hier kaum gegeben. Es begann damit, daß im Sommer 1946 in der Sowjetunion eine Dürre herrschte, die zu einer wesentlichen Verminderung der erwarteten Ernteerträge führte, weshalb die Sowjetunion beim besten Willen keine Lebensmittel in ihre Zone senden konnte. Die Landwirtschaft in der SBZ dagegen war nicht in der Lage, diese Verluste auszugleichen, zumal sie sich gerade zu diesem Zeitpunkt in einem Umstrukturierungsprozeß befand, weil die großen Güter im Zuge der sogenannten »demokratisch antifaschistischen Bodenreform« in Kleinbauernstellen aufgeteilt wurden.[32]

Hinzu kam, daß die Amerikaner sich endgültig weigerten, die sowjetischen Reparationswünsche aus ihrer Zone zu befriedigen, weil dies letzlich den amerikanischen Steuerzahler belastet hätte, der ohnehin schon für die Ernährung der Bewohner der Westzonen mit aufkommen mußte.[33] Das letzte und schließlich auch folgenreichste Moment war der außergewöhnlich strenge Winter des Jahres 1946/47. Die Internierten, deren Brotration auf 300 Gramm täglich gekürzt wurde und die so gut wie kein Fleisch und Gemüse bekamen, hungerten und waren der Kälte und den Ungeziefern schutzlos ausgeliefert. Da auch die medizinische Versorgung gänzlich unzureichend war, starben sie zu Tausenden. Auch nachdem sich die Versorgungslage im Sommer 1947 etwas verbesserte, ging das Massensterben weiter.

Dennoch weigerten sich die sowjetischen Behörden weiterhin, ihre Internierten zu entnazifizieren oder gar zu entlassen. Im Gegenteil muß man sagen, denn inzwischen waren auch solche Personen in die Speziallager gebracht worden, die von den Tribunalen der Sowjetischen Militäradministration aufgrund von Urteilen, die rechtsstaatlichen Verfahren Hohn sprachen, wegen »Spionage«, »Diversifikation« und sonstiger »antisowjetischer« Tätigkeit zu in der Regel äußerst langen Freiheitsstrafen verurteilt worden waren.

Erst Mitte 1948 wurden die ersten Entlassungen vorgenommen. Ironischerweise geschah dies zu einem Zeitpunkt, als die Speziallager formal in das berüchtigte Gulag-System eingegliedert wurden. Bis auf diejenigen Personen, die von sowjetischen und ostdeutschen Sondergerichten[34] in rechtlich äußerst dubiosen Schnellverfahren wegen Kriegsverbrechen verurteilt wurden, wurden alle übrigen bis 1950 freigelassen. Zum gleichen Zeitpunkt wurden auch alle noch bestehenden »Speziallager« aufgelöst. Ihre Spuren wurden verwischt. Sofern sie sich wie Buchenwald und Sachsenhausen auf dem Gelände ehemaliger Konzentrationslager befanden, wurden auch deren Überreste fast vollständig beseitigt. An ihrer Stelle ließ die DDR die »Nationalen Mahn- und Gedenkstätten« errichten, die, wie bereits erwähnt, ausschließlich an die Zeit der nationalsozialistischen Konzentrationslager erinnerten.[35]

War dies legitim? War es berechtigt, die auf und in der unmittelbaren Nähe der Gedenkstätten befindlichen Massengräber völlig unkenntlich zu machen und die Angehörigen der hier verscharrten Menschen daran zu hindern, hier ihre Trauer zum Ausdruck zu bringen? Sicherlich nicht! Ebenso problematisch war und ist jedoch die Forderung der Verbände der »Opfer des Stalinismus«, ihre Toten genauso zu ehren wie diejenigen, die in den nationalsozialistischen Konzentrationslagern ermordet wurden. Schließlich handelte es sich jeweils um unterschiedliche Personengruppen.

Dies leitet zur zentralen Frage über, ob man die nationalsozialistischen Konzentrations- mit den sowjetischen Speziallagern vergleichen kann. Sicherlich kann man dies. Und die Anhänger und Vertreter der heute vorherrschenden Strukturgeschichte beharren darauf, daß man nicht nur die Lager, sondern auch die jeweiligen politischen Systeme miteinander vergleichen kann und sogar soll, um auf diese Weise neben den Gemeinsamkeiten auch die Unterschiede zwischen Faschismus und Kommunismus, dem Dritten Reich und der DDR sowie schließlich den nationalsozialistischen und sowjetischen Lagern herauszuarbeiten.[36]

Dem ist entgegengehalten worden, daß jeder »strukturelle Vergleich (...) unvermeidlich auch zur strukturellen Relativierung« führt.[37] Darf man das? Darf man etwas Singuläres, wie es Auschwitz ohne Zweifel war, mit etwas anderem vergleichen, womit man von vornherein seinen singulären Charakter leugnet? Ich halte dies schon aus wissenschaftstheoretischen und nicht zuletzt auch aus moralischen Gründen für äußerst problematisch.[38] Hinzu kommt die Frage, welchen politischen Nutzen derartige Vergleiche haben und haben sollen. Doch bevor darauf einzugehen ist, sollen die Ergebnisse einer vergleichenden Analyse der nationalsozialistischen Konzentrations- und der sowjetischen Speziallager referiert werden.[39]

Für einen derartigen Vergleich scheint einmal die schon erwähnte Tatsache zu sprechen, daß einige (aber keineswegs alle) der sowjetischen »Speziallager« auf dem Gelände der ehemaligen nationalsozialistischen Konzentrationslager errichtet wurden. Dabei wurden deren bauliche Gestalt und Nutzung kaum verändert. Die sowjetischen Bewacher – es handelte sich um Angehörige des Geheimdienstes NKWD, die aber bis 1948 der Sowjetischen Militäradministration in Deutschland (SMAD) unterstellt waren – zogen in die Kasernen und Villen der Einheiten und Kommandeure der SS-Totenkopfverbände ein.

Die Häftlinge selber wurden in den Baracken untergebracht, in denen vorher die KZ-Häftlinge vegetieren mußten. Der einzige Unterschied war, daß diese Baracken – so jedenfalls in Buchenwald[40] – noch einmal von Zäunen umgeben waren, weil es den Häftlingen in der Regel nicht erlaubt war, sich im gesamten Lagerbereich frei zu bewegen. Dies hing damit zusammen, daß die überwiegende Mehrheit der Internierten nicht wie die KZ-Häftlinge zur Zwangsarbeit eingesetzt wurden.[41] Nur wenige waren innerhalb des Lagers selber im Bereich der Kantinen, Krankenstuben und teilweise auch der Verwaltung beschäftigt. Damit entfielen auch die morgendlichen und abendlichen Appelle, die teilweise stundenlang dauerten und von den KZ-Häftlingen als besonders peinigend empfunden worden waren.

Die Internierten der »Speziallager« haben dagegen dieses erzwungene Nichtstun als besonders quälend in Erinnerung behalten,[42] zumal die einzelnen Lagerleitungen wenigstens temporär die Durchführung von kulturellen Veranstaltungen und andere Aktivitäten untersagt haben, durch die die Monotonie des Lagerlebens aufgelockert worden wäre. Hinzu kam, daß die meisten Häftlinge zunächst von der Außenwelt völlig abgeschnitten waren, weil niemand sie besuchen durfte und sie auch lange Zeit keinerlei Post von draußen erhalten durften.

Aus diesem Grunde wurden die »Speziallager« auch als »Schweigelager«[43] bezeichnet.

Schon weil der Kontakt der Häftlinge untereinander stark eingeschränkt war, gab es anders als in den Konzentrationslagern keine differenzierte und hierarchisierte Häftlingsgesellschaft. Dabei war die Zusammensetzung der Häftlinge relativ homogen. Sieht man von den relativ wenigen Frauen[44] und den Jugendlichen[45] ab, die aufgrund des absurden Werwolfsverdachts[46] eingeliefert worden waren, handelte es sich um Männer mittleren und höheren Alters, die im regionalen und lokalen Partei- und Staatsapparat des Dritten Reiches bestimmte Funktionen ausgeübt hatten. Viele von ihnen stammten zudem aus den gleichen, vornehmlich bürgerlichen Schichten. Doch trotz dieser gemeinsamen politischen und sozialen Orientierung und Herkunft kam es nicht wie in den Konzentrationslagern zur Organisation fester Gruppen oder gar zum Aufbau illegaler Lagerleitungen.

Dies lag keineswegs nur an dem Verzicht der Bewacher, die Häftlinge nach politischen oder anderen Kriterien zu differenzieren und etwa durch bestimmte Symbole und Abzeichen zu kennzeichnen,[47] sondern an der Isolierung und Vereinzelung der Häftlinge, von denen kaum jemand wußte und wissen konnte, warum gerade er und nicht etwas sein Nachbar, Kollege und gleichrangiger Parteigenosse in ein Speziallager verschleppt worden war. Auch die Lagerleitung hielt die Häftlinge darüber im unklaren, warum und wie lange sie eingesperrt wurden und werden sollten. Dies geschah keineswegs mit Absicht. Auch die Lagerleitungen wußten und wollten es offenbar gar nicht so genau wissen, wen, warum und wie lange sie zu bewachen hatten.

Ohnehin war der Kontakt des Bewachungspersonals mit den Häftlingen auf das unbedingt Notwendige beschränkt. Maßgebend dafür waren wiederum keineswegs nur sprachliche Verständigungsschwierigkeiten, sondern ganz offensichtlich eine ebenso erstaunliche wie weit verbreitete Gleichgültigkeit gegenüber den Schicksalen der Häftlinge. Bestrafungen von renitenten oder sonstwie auffällig gewordenen Häftlingen fanden relativ selten statt. Regelrechte Folterungen oder öffentliche Hinrichtungen, die geradezu zum Alltag der Konzentrationslager gehörten, gab es so gut wie gar nicht. Nach den bisher vorliegenden Informationen war eine direkte oder eine indirekte »Vernichtung durch Arbeit« nicht beabsichtigt.[48]

Dennoch starb jeder dritte Insasse, weshalb die »Speziallager« eine ähnlich hohe Todesrate aufwiesen wie die Konzentrationslager im Reichsgebiet. Hauptursache dieses Massensterbens war, wie erwähnt, der Katastrophenwinter von 1946/47 und seine Folgen. Dies ist selbstverständlich keine Entschuldigung, obwohl man seit Sommer 1947 bemüht war, die Ernährungssitutation zu verbessern, was jedoch für viele völlig entkräftete Insassen zu spät kam. Ebenso abstoßend wie im Grunde auch unverständlich ist ferner die Tatsache, daß die meisten Häftlinge weder zur Arbeit herangezogen noch in irgendeiner Weise »umerzogen«, sondern sich einfach selber überlassen wurden. In dieser Beziehung unterschieden sich die »Speziallager« nicht nur von den nationalsozialistischen Konzentrationslagern, sondern auch von den zahlreichen Lagern des Gulags, in denen zwischen 1930 und 1955 15 Millionen Menschen inhaftiert und zur Zwangsarbeit eingesetzt wurden, von denen jeder fünfte umkam.[49]

Die sowjetischen Bewacher, über deren Herkunft und Mentalität wir übrigens nach wie vor kaum etwas wissen, kannten dies und waren das Leben mit und in den Gulag-Lagern gewissermaßen gewöhnt. Doch dies allein reicht nicht aus, um ihr passives und scheinbar völlig gleichgültiges Verhalten zu erklären. Hinzu kamen zweifellos ihre Erfahrungen mit der deutschen Wehrmacht und den deutschen Einsatzgruppen, die ihr Land überfallen, nahezu völlig verwüstet und Millionen von Landsleuten getötet und ermordet hatten.[50] Für diese Verbrechen konnten sie die inhaftierten Deutschen, von denen viele noch dazu Funktionäre der NSDAP gewesen waren, zumindest indirekt verantwortlich machen. Dennoch hat es anders als beim Einmarsch der sowjetischen Truppen in Deutschland in den Lagern selber kaum Exzeßtaten und andere Racheorgien gegeben. Die sowjetischen Bewacher scheinen die Häftlinge der Speziallager längst nicht so gehaßt und verachtet zu haben, wie dies die Angehörigen der SS-Totenkopfverbände getan haben, für die die meisten Häftlinge, vor allem aber die Juden samt und sonders »Untermenschen« waren, obwohl ihnen ihre Opfer nie im Leben etwas angetan hatten.

Zusammenfassend ist daher festzustellen, daß die Unterschiede zwischen den Konzentrations- und den »Speziallagern« weitaus größer waren als die Gemeinsamkeiten, die meist mehr das äußere Erscheinungsbild der Lager selber betrafen. Vergleichbar ist jedoch die

Todesrate, die in den »Speziallagern« in etwa so hoch war wie in den reichsdeutschen Konzentrationslagern. Völlig unterschiedlich waren dagegen sowohl die jeweiligen Bewacher wie Insassen der Lager, wobei noch einmal darauf hinzuweisen ist, daß die weitaus meisten der Internierten nur auf Verdacht und nicht wegen eines Urteilsspruchs eines Gerichts inhaftiert worden waren. Nach rechtsstaatlichen Vorstellungen galten sie daher noch als unschuldig, obwohl nahezu alle in der einen oder anderen Form einen Regime gedient hatten, das den Rechtsstaat mit Füßen getreten und völlig beseitigt hatte.

Der Vergleich Konzentrationslager/»Speziallager« ist also viel diffiziler als es die »schrecklichen Vereinfacher« auf beiden Seiten wahrhaben wollen, für die die Insassen der Speziallager entweder alle »faschistische Täter«[51] oder unschuldige »Opfer des Stalinismus«[52] sind. Wie häufig in der Geschichte ist auch hier nicht alles tief schwarz oder blendend weiß. Gerade deshalb sollte man mit allen Vergleichen oder gar Gleichsetzungen äußerst vorsichtig umgehen. Wer dies nicht tut, muß sich den Vorwurf gefallen lassen, die Konzentrationslager durch aufrechnende Vergleiche verharmlosen zu wollen.[53]

Deutlich wird dies an einigen neueren Veröffentlichungen, die von rechtsradikalen Verlagen herausgegeben[54] oder in ebenfalls rechtsradikalen Zeitschriften erschienen sind.[55] Ihren Verfassern geht es wirklich in erster Linie um eine vergleichende Trivialisierung der nationalsozialistischen Konzentrationslager. Nicht ganz so klar erkennbar ist dies bei den Autoren, die die schrecklichen Verhältnisse in den »Speziallagern« deshalb so herausstellen, um die Verbrechen des Kommunismus anzuprangern.[56] Diese vielleicht noch berechtigte und verständliche Zielsetzung verleitet sie jedoch häufig dazu, einmal Begriffe anzuwenden, die im Zusammenhang mit der Auseinandersetzung mit der nationalsozialistischen Vergangenheit geprägt worden sind.[57] Hinzu kommt ihre Tendenz, die Verhältnisse in den nationalsozialistischen Konzentrationslagern entweder nur am Rande zu erwähnen oder als weniger »schlimm« darzustellen. Die Grenze des noch Tolerierbaren ist m. E. spätestens dann überschritten, wenn sie die nationalsozialistischen Vernichtungslager mit den sowjetischen »Speziallagern« vergleichen und gleichsetzen.[58]

Diese aufrechnenden Vergleiche zwischen nationalsozialistischen Konzentrations- und sowjetischen Speziallagern müssen genauso kritisiert und zurückgewiesen werden wie die plumpen Leugnungen der Existenz und Brutalität der nationalsozialistischen Konzentrations- und Vernichtungslager. Dies darf jedoch wiederum nicht dazu führen, daß die Verhältnisse in den Speziallagern banalisiert oder gar generell verschwiegen werden. Differenzierungen und vor allem weitere intensive Forschungen sind absolut notwendig.

Anmerkungen

1 Hinweise dazu auch bei: Bernd Eichmann, Versteinert – verharmlost – vergessen. KZ-Gedenkstätten in der Bundesrepublik Deutschland, Frankfurt/M. 1985.

2 Noch heute werden übrigens große Teile des Geländes des ehemaligen KZs Neuengamme als Gefängnis genutzt.

3 Hermann Just, Die sowjetischen Konzentrationslager auf deutschem Boden 1945–1950, o.O. 1952. (hrsg. vom Kampfbund gegen Unmenschlichkeit). Kampfbund gegen Unmenschlichkeit (Hrsg.), Sowjetische Konzentrations-Lager auf deutschem Boden, Göttingen o.J. Bemerkenswerterweise hat auch Karl Wilhelm Fricke diesen vorbelasteten Begriff benutzt. Vgl.: Karl Wilhelm Fricke, Sachsenhausen mahnt: ein Konzentrationslager unter zwei Diktaturen, in: SBZ-Archiv 12, 1961, S. 9092.

4 Vgl. dazu: Wolfgang Buschfort, Das Ostbüro der SPD. Von der Gründung bis zur Berlin-Krise, München 1991; Helmut Bärwald, Das Ostbüro der SPD. 1946–1971. Kampf und Niedergang, Krefeld 1991.

5 Vgl. dazu: Kai-Uwe Merz, Kalter Krieg als antikommunistischer Widerstand. Die Kampfgruppe gegen Unmenschlichkeit 1948–1959, München 1987.

6 Frank Hagemann, Der Untersuchungsausschuß Freiheitlicher Juristen 1949–1969, Frankfurt/M. 1994.

7 Bei der Anprangerung der Verhältnisse in den Speziallagern arbeiteten die genannten Organisationen teilweise auch zusammen. Vgl.: Untersuchungsausschuß Freiheitlicher Juristen der Sowjetzone, Berlin Zehlendorf; Bund der Verfolgten des Naziregimes, Düsseldorf; Kampfgruppe gegen Unmenschlichkeit, Berlin-Nikolassee (Hrsg.), Wir dürfen nicht schweigen: Streiflichter aus den politischen Haftanstalten der Sowjetzone, o.O. o.J.

8 Die Totalitarismustheorien hatten (und haben) jedoch neben dieser politischen Funktion auch eine wissenschaftliche Relevanz. Vgl. dazu: Wolfgang Wippermann, Totalitarismustheorien. Die Entwicklung der Diskussion von den Anfängen bis heute, Darmstadt 1997.

9 Günther Birkenfeld, Der NKWD-Staat, in: Der Monat 2, 1950, S. 628–643; Auch das ist Deutschland. Bericht von drüben. Hrsg. von der Kampfgruppe gegen Unmenschlichkeit, Berlin o.J.; Die Straflager und Zuchthäuser in der Sowjetzone. Gesundheitszustand und Lebensbedingungen der politischen Gefangenen, Bonn o.J. (= Sopade-Denkschriften, 55); Gerhard Finn, Die politi-

schen Häftlinge in der Sowjetzone, 1945–1959, Pfaffenhofen 1960. Weitaus nüchterner und wissenschaftlicher dagegen: Karl Wilhelm Fricke, Politik und Justiz in der DDR. Zur Geschichte der politischen Verfolgung 1945–1968. Bericht und Dokumentation, Köln 1990 (zuerst: 1978).

10 Joachim R. Stern, Und der Westen schweigt. Erlebnisse, Berichte, Dokumente über Mitteldeutschland 1945–1975, Pr. Oldendorf 1976; Hans-Hermann Wilhelm, Ohne Stein und ohne Namen. Aufzeichnungen aus stalinistischen Todeslagern in Deutschland, Leoni 1974. Diese und andere Schriften wurden von den rechtsradikalen Verlagen Druffel und K. W. Schütz herausgegeben, die gleichzeitig Werke publizierten, in denen die Existenz der nationalsozialistischen Vernichtungslager geleugnet wurde. Schon deshalb wurden die Berichte über die »Speziallager« meist mit Mißachtung bestraft.

11 Dies gilt sowohl für Arbeiten zur Geschichte der KZs wie zur Gedenkstättenarbeit. Die »Speziallager« waren hier vor 1990 absolut kein Thema.

12 Die ersten offiziellen Informationen über die Speziallager wurden noch von der letzten Regierung der DDR gegeben. Vgl.: Sowjetische Straflager in der ehemaligen Sowjetischen Besatzungszone. Materialien zur Pressekonferenz des stellv. Ministerpräsidenten der DDR und Ministers des Innern, Dr. Michael Diestel, vom 26. 7. 1990.

13 Hier nur eine kleine Auswahl: Arnold Bacmeister, Der lange Weg nach Buchenwald: Autobiographie, Berlin 1992; Kurt Berner, Spezialisten hinter Stacheldraht, Berlin 1990; Rolf Bernstein, Dreizehn Monate Gefangenschaft: meine Odyssee durch britische und sowjetische Lager, Berlin 1996; Helmuth Dommain, Mit einem Bein im Massengrab in sowjetischen Schweigelagern Jamlitz und Buchenwald, Lübben 1994; Wolfgang Eichler, Ein Wort ging um in Buchenwald: Erlebenisse aus den Jahren 1945 bis 1950, Jena 1992; Jan v. Flocken/Michael Klonowsky, Stalins Lager in Deutschland 1945–1950: Dokumentation, Zeugenberichte, München 1993; Hannelore Freisleben, Gemartert – gemaßregelt – gehenkt: ein Leben zwischen Krieg, Gefangenschaft und Internierungslager, Frankfurt/M. 1993; Achim Kilian, Einzuweisen zur völligen Isolierung: NKWD-Speziallager Mühlberg/Elbe 1945–1948, Leipzig 1993; Ernst-E. Klotz, So nah der Heimat: gefangen in Buchenwald 1945–1948, Bonn 1992; Günter Ochs, Meine gestohlene Zeit... 50 Jahre danach! Erlebnisse eines Jugendlichen am Ende des zweiten Weltkrieges: Gefangenschaft – Gefängnis – Straflager II – KZ Buchenwald, Darmstadt 1994; Wir waren Stalins politische Gefangene: Schicksale ehemaliger politischer Häftlinge. Dokumente und Berichte über Besatzungswillkür und SED-Justiz. Hrsg. vom Landesverband der Stalinistisch Verfolgten e. V. Sachsen-Anhalt, Eisleben 1992.

14 Über einige Gräberfunde wurde mehrmals und ohne Angabe, daß es sich um identische handelte, berichtet. Besonders reißerisch aufgemacht waren die folgenden Spiegel-Artikel: Schläge mit Stacheldraht: Massengräber-Funde in der DDR erinnern an ein dunkles Nachkriegskapitel. Horror und Todesopfer in Lagern der sowjetischen Besatzungsmacht, in: Der Spiegel 14/1990, S. 130–131; Vorhöfe zur Hölle: in Ostdeutschland werden Massengräber freigelegt.

Zehntausende von Deutschen fielen Stalins Gulag in der Sowjetischen Besatzungszone zum Opfer, in: Der Spiegel 40/1992, S. 77–81.

15 So in Buchenwald, wo diese willkürlich errichteten Kreuze und Grabsteine immer noch stehen.

16 So die Inschrift auf einem Gedenkstein in Sachsenhausen, der in Gestalt eines Eisernen Kreuzes gehalten ist, das sonst den Gefallenen vorbehalten ist.

17 Zu Buchenwald die gute Studie von: Bodo Ritscher, Spezlager Nr. 2 Buchenwald. Zur Geschichte des Lagers Buchenwald 1945 bis 1950, Weimar 1993. Zu Sachsenhausen die problematische Arbeit von: Gerhard Finn, Sachsenhausen 1936–1950. Geschichte eines Lagers, Bad Münstereifel 1988.

18 Die Empfehlungen sind abgedruckt in: Zur Neuorientierung der Gedenkstätte Buchenwald. Die Empfehlungen der vom Minister für Wissenschaft und Kunst des Landes berufenen Historikerkommission, Weimar-Buchenwald 1992, S. 10–13. Diese Empfehlungen sind inzwischen weitgehend verwirklicht worden. Im April 1995 wurde eine völlig neu konzipierte Ausstellung zur Geschichte des Konzentrationslager eröffnet. Im Mai 1997 folgte eine Ausstellung zum Speziallager, die in einem eigens zu diesem Zweck errichteten sogenannten Dokumentenhaus gezeigt wird. Beide ständigen Ausstellungen sind in inhaltlicher und räumlicher Hinsicht von einander getrennt.

19 Die – ziemlich widersprüchlich formulierten – Empfehlungen der Sachsenhausen-Kommission sind abgedruckt in: Ministerium für Wissenschaft, Forschung und Kultur des Landes Brandenburg (Hrsg.), Brandenburgische Gedenkstätten für die Verfolgten des NS-Regimes. Perspektiven, Kontroversen und internationale Vergleiche, Berlin 1992, S. 215–262.

20 Gute Zusammenfassung des jetzigen Forschungsstandes bei: Renate Knigge-Tesche u.a. (Hrsg.), Internierungspraxis in Ost- und Westdeutschland nach 1945, Erfurt 1993; Lutz Niethammer, Alliierte Internierungslager in Deutschland nach 1945. Vergleich und offene Fragen, in: Christian Jansen/Lutz Niethammer/Bernd Weisbrod (Hrsg.), Von der Aufgabe der Freiheit. Politische Verantwortung und bürgerliche Gesellschaft im 19. und 20. Jahrhundert. Festschrift für Hans Mommsen zum 5. November 1995, Berlin 1995, S. 469–492; Alexander v. Plato, Zur Geschichte des sowjetischen Speziallagersystems in Deutschland. Einführung, in: Sergej Mivonenko/ Lutz Niethammer/Alexander v. Plato (Hrsg.), Sowjetische Speziallager in Deutschland 1945 bis 1950. Bd. I, Berlin 1997, S. 19–75.

21 Zur amerikanischen Zone: Christa Schick, Die Internierungslager, in: Martin Broszat u.a. (Hrsg.), Von Stalingrad zur Währungsreform, München 1988, S. 301–325; Christa Horn, Die Internierungs- und Arbeitslager in Bayern 1945–1952, Frankfurt/M. 1992. Für die britische Zone: Heinz Wember, Umerziehung im Lager. Internierung und Bestrafung von Nationalsozialisten in der britischen Besatzungszone, Essen 1991. Für die französische Zone: Rainer Möhler, Entnazifizierung in Rheinland-Pfalz und im Saarland unter französischer Besatzung, Mainz 1992, S. 357 ff.; Klaus-Dietmar Henke, Politische Säuberung unter französischer Besatzung. Die Entnazifizierung in Württemberg-Hohenzollern, Stuttgart 1981; Reinhard Grohnert, Die Entnazifizierung in

Baden 1945–1949, Stuttgart 1991, S. 162 ff.

22 Dazu und zum folgenden: Niethammer, Alliierte Internierungslager, S. 474 f.

23 Befehl des Volkskommissars für Innere Angelegenheitn der UdSSR vom 18. 4. 1945, in: Günter Agde, Sachsenhausen bei Berlin: Speziallager Nr. 7 1945–1950. Kassiber, Dokumente und Studien, Berlin 1994, S. 49 ff.

24 Zur Lage der deutschen Kriegsgefangenen in der SU: Erich Maschke (Hrsg.), Zur Geschichte der deutschen Kriegsgefangenen des Zweiten Weltkrieges, Bd. 1–22, Bielefeld und München 1962–1974; Albrecht Lehmann, Gefangenschaft und Heimkehr. Deutsche Kriegsgefangene in der Sowjetunion, München 1986; Stefan Karner, Der Archipel GUPVI, Wien 1995.

25 Dazu: Lutz Niethammer, Die Mitläuferfabrik. Die Entnazifizierung am Beispiel Bayerns, Berlin 1982.

26 Zahlenangaben nach: Niethammer, Alliierte Internierungslager, S. 472.

27 In der amerikanischen Zone war es jeder 142. Einwohner; in der SBZ dagegen jeder 144. Weitaus geringer waren die Zahlen in der britischen und französischen Zone, wo nur jeder 283. und 263. Einwohner interniert war. Zahlen nach: Niethammer, Alliierte Internierungslager, S. 474.

28 Nachgewiesen durch: Niethammer, Alliierte Internierungslager, S. 483.

29 Dabei handelte es sich um den sogenannten Pelzmützentransport.

30 Niethammer, Alliierte Internierungslager, S. 478.

31 Zahlen nach: Niethammer, Alliierte Internierungslager, S. 479.

32 Dieses Moment wird wie die Weigerung des Westens, Reparationen an die SU zu liefern, in der Literatur nicht erwähnt.

33 Ob die Sowjets darauf gemäß der Beschlüsse der Potsdamer Konferenz einen Anspruch hatten, war und ist jedoch umstritten. Vgl. dazu: Christoph Kleßmann, Die doppelte Staatsgründung. Deutsche Geschichte 1945–1955, Göttingen 1985, S. 99 ff.

34 Dies gilt vor allem für die berüchtigten Waldheim-Prozesse. Vgl. dazu: Wolfgang Eisert, Die Waldheimer Prozesse. Der stalinistische Terror 1950. Ein dunkles Kapitel der DDR-Justiz, Esslingen 1993.

35 Vgl. dazu: Volkhard Knigge, Der steinerne Sieg. Zu Entstehungsgeschichte und Erinnerungsprogramm der Nationalen Mahn- und Gedenkstätte Buchenwald, in: Kuratorium Schloß Ettersburg e.V. (Hrsg.), Der einäugige Blick. Vom Mißbrauch der Geschichte im Nachkriegesdeutschland, Weimar 1993, S. 39–50; ders., Fritz Cremer. Buchenwald-Denkmal, in: Monika Flacke (Hrsg.), Auftragskunst der DDR 1949–1990, München – Berlin 1995, S. 106–117.

36 Ein erster Versuch ist: Gerhard Armanski, Maschinen des Terrors. Das Lager (KZ und GULAG) in der Moderne, Münster 1993.

37 Dies räumt auch ein vehementer Befürworter derartiger Vergleiche ein, nämlich: Imanuel Geiss, Hysterikerstreit, Bonn 1992, S. 120. Ähnlich auch: Hans Maier, Konzepte des Diktaturvergleichs: »Totalitarismus« und »politische Religionen«; in: ders. (Hrsg.), »Totalitarismus« und »Politische Religionen«. Konzepte des Diktaturvergleichs, Paderborn 1996, S. 232–250.

38 Vgl. dazu: Wippermann, Wessen Schuld?, S. 10 ff; ders., Totalitarismustheorien, S. 111 ff.

39 Zum folgenden die bemerkenswert nüchternen Ausführungen von: Niethammer, Alliierte Internierungslager, S. 485 ff.

40 Dazu die schon erwähnte Studie von Ritscher, Spezlager Nr. 2 Buchenwald.

41 Diese Arbeit wurde ausschließlich im und für die Versorgung des Lagers geleistet. Einen relativ großen Umfang hatte diese Arbeit in dem Spezlager Fünfeichen in Mecklenburg.

42 Vgl. dazu die oben Anm. 13 zitierten Erinnerungsberichte.

43 Beispielhaft ist der Erinnerungsbericht von: Helmuth Dommain, Mit einem Bein im Massengrab in sowjetischen Schweigelagern Jamlitz und Buchenwald, Lübben 1994.

44 Die Todesrate unter den Frauen war weitaus geringer. Andererseits wurden viele von ihnen zu sexuellen Kontakten mit den sowjetischen Bewachern gezwungen.

45 Aus diesem – an sich untypischen – Kreis stammen die meisten der heutigen Überlebenden und Verfasser von Erinnerungsschriften.

46 Dabei handelte es sich um einen Plan von Goebbels, vornehmlich Jugendliche als Partisanen bzw. »Werwölfe« hinter der Front zu Sabotageakten einzusetzen. Obwohl dies kaum verwirklicht wurde, haben die Siegermächte zumindest temporär an die Existenz derartiger Werwölfe geglaubt. Vgl. dazu: Hellmuth Auerbach, Die Organisation des »Werwolf«, in: Gutachten des Instituts für Zeitgeschichte, München 1958, S. 333–355; Arno Rose (Hrsg.), Werwolf. 1944–1945. Eine Dokumentation, Stuttgart 1980.

47 Die Insassen trugen in der Regel ihre Zivilkleidung. War sie zerschlissen, wurde auch auf die noch vorhandenen Kleidungsstücke der früheren Konzentrationslagerhäftlinge zurückgegriffen.

48 Auf diesen Aspekt hat auch der inzwischen verstorbene Robert W. Zeiler, der Häftling sowohl des Konzentrationslagers wie des Speziallagers Buchenwald war, in einem Brief vom 9. 9. 1991 hingewiesen.

49 Zahlen nach: Niethammer, Alliierte Internierungslager, S. 487. Zur Geschichte des Gulags jetzt: Ralf Stettner, »Archipel GULAG«: Stalins Zwangslager – Terrorinstrument und Wirtschaftsgigant. Entstehung, Organisation und Funktion des sowjetischen Lagersystems 1928–1956, Paderborn 1996.

50 Hinzuweisen wäre noch, daß von den insgesamt 5,7 Millionen Sowjetsoldaten, die in deutsche Kriegsgefangenenschaft geraten waren, 2,4 Millionen, also fast 50% in den deutschen Kriegsgefangenenlagern umkamen, wofür vornehmlich rassenideologische Motive maßgebend waren. Vgl. dazu: Christian Streit, Keine Kameraden. Die Wehrmacht und die sowjetischen Kriegsgefangenen 1941–1945, Stuttgart 1978.

51 Besonders massiv und kompromißlos wird diese These von dem ehemaligen (KZ-)Buchenwaldhäftling Emil Carlebach vertreten. Vgl. etwa: Emil Carlebach, Kein zweites Bitburg!, in: Die Weltbühne 85, 1990, S. 625 f.

52 Diese These wird vor allem von dem ehemaligen Speziallager-Häftling Gerhard Finn in verschiedenen Publikationen vertreten, der allenfalls einräumt, daß die »Demokraten und Widerständler gegen die Diktatur der KPD/ SED« gezwungenermaßen auch zusammen »mit kleinen und großen NS-Verbrechern

und -Parteigängern« zusammen inhaftiert gewesen seien. Vgl.: Gerhard Finn, Die politischen Häftlinge in der Sowjetzone 1945–1959, Köln 1989 (1. Aufl. 1958); ders., Buchenwald 1936–1950. Geschichte eines Lagers, Bad Münstereifel 1991 (1. Aufl. 1985); ders., Sachsenhausen; ders., Mauern, Gitter, Stacheldraht. Beispiele politischer Verfolgung in der Sowjetischen Besatzungszone und in der DDR, Bad Münstereifel 1996.

53 Niethammer, Alliierte Internierungslager, S. 472, meint, daß sich diese »Befürchtungen (...) bisher als wenig begründet erwiesen« haben. Dem kann ich nicht ganz zustimmen.

54 Siehe das vom rechtsradikalen Arndt-Verlage herausgegebene Buch: Uwe Greve, Lager des Grauens. Sowjetische KZs in der DDR nach 1945, Kiel 1990; sowie den Erinnerungsbericht der vom ebenfalls rechtsradikalen Grabert-Verlag gedruckt wurde: Gerhart Schirmer, Sachsenhausen-Workuta. Zehn Jahre in den Fängen der Sowjets, Tübingen 1992. Teilweise bringen diese rechtsradikalen Verlage auch Schriften in reprint heraus, die ursprünglich von Organisationen des Kalten Krieges wie der »Kampfgruppe gegen Unmenschlichkeit« und dem »Ostbüro der SPD« gedruckt worden sind.

55 Vgl. etwa: Klaus Rümmler, Neostalinismus in Buchenwald. Verharmlosung roten Terrors, in: Nation & Europa 46, 1996, S. 51–53. »Neostalinismus« und »Verharmlosung roten Terrors« werden hier der neuen Gedenkstättenleitung und ihrem Kuratorium vorgeworfen. Dies muß nicht weiter kommentiert werden.

56 Zu ihnen gehört der Konstanzer Althistoriker Wolfgang Schuller, der mit mehreren Beiträgen zur Geschichte der Speziallager hervorgetreten ist, von denen einer in der sehr rechtslastigen Zeitschrift »Mut« erschien. Vgl.: Wolfgang Schuller, Die Lager, in: Mut. Forum für Kultur, Politik und Geschichte 275, 1990, S. 40–45; ders., Die sowjetische Militärjustiz und ihre Lage als Instrument der kommunistischen Herrschaft in der Sowjetischen Besatzungszone Deutschlands, in: Der 17. Juni 1953 – der Anfang vom Ende des sowjetischen Imperiums, Leipzig 1993, S. 69–73.

57 So werden die Speziallager in verschiedenen neueren Publikationen wieder als »Konzentrationslager« bezeichnet, was vor 1989 einfach undenkbar gewesen wäre. Ebenso unpassend finde ich die Vergleiche mit der Verdrängung der nationalsozialistischen Vergangenheit nach 1945 und der heutigen angeblichen Unwilligkeit, sich mit den kommunistischen Verbrechen auseinanderzusetzen. Vgl. beispielhaft: Gerhard Finn, Wieder einmal nichts gewußt. »Vergangenheitsbewältigung« in Buchenwald, in: Deutschland Archiv 23, 1990, S. 1251–1259.

58 So hat sich der inzwischen verstorbene Bonner Osteuropahistoriker Alexander Fischer zu der Behauptung verstiegen, daß die Speziallager den Zweck gehabt hätten, die »bürgerliche Elite zu isolieren, wenn nicht gar zu dezimieren«. Vgl.: Alexander Fischer, Zur Geschichte der Sonderlager in der sowjetischen Besatzungszone, in: Erinnerung ist das Geheimnis der Versöhnung. 2. Buchenwald-Geschichtsseminar, Weimar 1992, S. 41–50.

»Orte des Schreckens, die wir niemals vergessen dürfen«
Denkmäler und Gedenkstätten

Auf dem Berliner Wittenbergplatz vor dem bekannten Kaufhaus KaDeWe steht eine Gedenktafel, auf der die Namen einiger Konzentrations- und Vernichtungslager zu lesen sind. Auswahl und Anordnung werden jedoch nicht erläutert und wirken etwas verwirrend. Überschrieben ist die willkürliche und keineswegs vollständige Auswahl einiger Konzentationslager mit der Mahnung: »Orte des Schrekkens, die wir niemals vergessen dürfen.«

Text und Tafel sind in mehrfacher Hinsicht interessant und interpretationsbedürtig. Einmal deshalb, weil die Frage provoziert wird, wer denn mit »wir« gemeint ist, die die »Orte des Schreckens« »niemals vergessen dürfen«. Die Opfer und ehemaligen Insassen der Konzentrationslager auf jeden Fall nicht, denn sie können, auch wenn sie es wollten, nicht »vergessen«, was ihnen angetan worden ist. Doch sie scheinen auch gar nicht gemeint zu sein. Dies ist kein Zufall. Spielten die ehemaligen Häftlinge und ihre Verbände im politischen Leben der Bundesrepublik doch eine mehr als untergeordnete Rolle.[1] Dies war in der DDR und noch mehr in Polen völlig anders. Repräsentanten der nationalen und auch internationalen Häftlingsverbände waren zumindest auf den jährlichen Feiern anläßlich der Befreiungstage und anderer großer Ereignisse präsent. Allerdings haben sie damit auch der propagandistischen Selbstdarstellung der kommunistischen Regime gedient, obwohl unter ihnen keineswegs nur Kommunisten waren.

Noch problematischer als die Nichterwähnung der Häftlinge und ihrer noch lebenden Repräsentanten ist jedoch die Mahnung der Tafel selber, denn wer kann und will Auschwitz und die anderen Konzentrations- und Vernichtungslager wirklich »vergessen«? Dennoch war diese Befürchtung Anfang der 70er Jahren, als diese Gedenktafel aufgestellt wurde, nicht unberechtigt. Parallel zur allgemeinen »Bewältigung« der nationalsozialistischen Vergangenheit war die Geschichte der nationalsozialistischen Konzentrationslager zwar nicht »vergessen«, aber weitgehend verdrängt worden.[2] Dies lag jedoch keineswegs nur an der (west-)deutschen »Vergangenheitspolitik«, sondern auch an der Art und Weise, wie die Nachbarländer Polen und die DDR mit dieser Geschichte und ihren Spuren umgegangen sind.[3] Dieser Umgang wurde im Zeichen des Kalten Krieges und aus (west-)deutscher Perspektive als nicht nachahmenswert, ja sogar als abstoßend empfunden. War diese Ablehnung berechtigt?

Beginnen wir mit Polen. In Polen befanden sich nicht nur die meisten und schrecklichsten Konzentrations- und Vernichtungslager, sie wurden auch als erste von der sowjetischen Armee befreit. Die wenigen noch lebenden Häftlinge, die sich noch in den Lagern befanden, äußerten sofort ein starkes Interesse daran, daß die Stätten ihres Leidens bewahrt und zu Denkmälern umgewandelt wurden. In Majdanek, das nicht zerstört und schon im Juli 1944 befreit wurde, benutzten die befreiten Häftlinge einfach ein Denkmal, das sie selber für die SS hatten errichten müssen. Dabei handelte es sich um eine steinere Säule mit drei Adlern, die nach den Willen der SS der »Verschönerung« des Lagers hatte dienen sollen. Die Häftlinge haben dieses makabre Denkmal nicht zerstört, sondern gewissermaßen umfunktioniert, indem sie in den Sockel der Säule eine Schachtel mit Asche der Ermordeten einmauerten. Den Adlern, die bekanntlich die Wappentiere der Deutschen sind, gaben sie eine neue Bedeutung, indem sie behaupteten, es seien Symbole der Freiheit, die den Gefangenen vorenthalten worden war.[4]

Sonst wurde das Lager nicht verändert, sondern schon im November 1944 unter gesetzlichen Schutz gestellt, nachdem es allerdings zwischen Juli und September 1944 als Lager von Soldaten der polnischen Heimatarmee gedient hatte. Alles sollte so bleiben, wie es war, um als Beweis der hier begangenen Verbrechen zu dienen. Aus dem KZ war damit ein Denkmal geworden.[5] Damit hat man sich dann jedoch nicht begnügt, sondern hat seit den 50er Jahren verschiedene Umgestaltungen vorgenommen und zusätzliche Denkmäler errichtet.

Die Entwicklung in Auschwitz verlief ähnlich. Der ursprüngliche Plan, die meisten Bauten und Spuren zu beseitigen und auf dem so gesäuberten Gelände ein riesiges Denkmal zu errichten, wurde nicht verwirklicht.[6] Bis auf Auschwitz-Monowitz, wo die Spuren des Lagers beseitigt und die von der IG. Farben errichtete Fabrik weiter betrieben wurde, blieben sowohl die Kasernen in Auschwitz I wie die Baracken, Tore, Zäune sowie die Ruinen der von der SS gesprengten Gaskammern und Krematorien in Auschwitz-Birkenau erhalten. Das gesamte Areal wurde wie das in Majdanek und Stutthof am 2. Juli 1947 vom polnischen Sejm mit der Auflage unter Schutz gestellt, daß hier nichts verändert werden dürfe.[7] Mit der Überwachung dieses Auftrages und der Pflege der Gedenkstätten wurde das neu geschaffene Staatliche Museum Auschwitz-Birkenau beauftragt, das darüber hinaus auch die historischen Fakten sichern und erforschen sollte.

Erst am 27. Januar 1955 wurde anläßlich des zehnten Jahrestages der Befreiung ein provisorisches Denkmal errichtete. Dabei handelte es sich um eine Urne, die Asche aus verschiedenen Vernichtungslagern enthielt. Sie befand sich am Ende der Bahngleise in Auschwitz-Birkenau. Doch mit diesem kleinen Denkmal wollte sich das Internationale Auschwitz-Komitee nicht zufrieden geben. Am 2. Juli 1956 wurde ein internationaler Wettbewerb zur Gestaltung eines großen Denkmals ausgeschrieben, das am Ende der Rampe zwischen den Krematorien II und III errichtet werden sollte. Ausgewählt wurde der Entwurf des Italieners Pietro Cascella, der ziemlich allgemein gehalten war und die Klage um alle Toten in den Mittelpunkt stellte. Dies scheint die polnischen Auftraggeber nicht befriedigt zu haben. Sie ließen einen zusätzlichen roten und mit einem P (für Pole) versehenen Winkel auf dem Denkmal für die Opfer von Auschwitz anbringen. Damit wurden der kommunistisch polnischen Deutung von Auschwitz als Vernichtungsort von vornehmlich polnischen Kommunisten Rechnung getragen. Nicht genug damit wurde darüber hinaus ein steinernes Abbild des Grunwaldordens, der bei der Einweihungsfeier symbolisch niedergelegt worden war, dem Denkmal zugefügt.

Dieser Orden erinnert an die Schlacht von Tannenberg von 1410, die in der polnischen Überlieferung nach dem Dorf Grunwald benannt wird. Der hier erfochtene Sieg eines polnisch-litauischen Heeres über den Deutschen Orden wurde im 19. Jahrhundert, als Polen geteilt war, zu einem Sieg über das Deutschtum generell umgedeutet.[8] Die Deutschen antworteten, in dem sie die siegreiche Schlacht gegen eine russische Armee im Jahre 1914 als Schlacht von Tannenberg bezeichneten und an dieser Stelle ein monumentales Denkmal errichteten, das erst zu Beginn der NS-Zeit eingeweiht wurde und in dem 1934 der Sarg Hindenburgs beigesetzt wurde.[9] Die Polen reagierten auf diese erneuerte ideologische Instrumentalisierung des deutschen Sieges über die Russen im Jahr 1914, der natürlich mit der ersten Schlacht von Tannenberg nicht das geringste zu tun hatte, indem sie 1943 das erwähnte Grunwaldkreuz stifteten, das der höchste polnische Militärorden war. Dabei wurde keineswegs nur durch den Namen, sondern auch die äußere Gestaltung dieses Ordens auf Grunwald 1410 Bezug genommen. Im Mittelpunkt des kreuzförmigen Ordens befinden sich nämlich zwei Schwerter. Sie erinnern an eine von dem polnischen Chronisten Jan Dlugosz (1415–1480) überlieferte Geschichte, wonach der Hochmeister des Deutschen Ordens den polnischen König Wladyslaw Jagiello durch die höhnische Übersendung zweier Schwerter aufgefordert habe, endlich den Kampf zu beginnen.[10] Wladyslaw Jagiello habe sich jedoch nicht provozieren lassen, sondern als guter polnischer Katholik der Messe bis zum Ende beigewohnt. Dieses fromme Verhalten mußte natürlich von Gott mit dem Sieg über den Deutschen Orden belohnt werden.[11]

Grunwaldkreuz und die zwei Grunwaldschwerter, die übrigens an allen polnischen Gedenkstätten angebracht sind, haben also eine spezifisch polnische und katholischen Konnotation. Zusammen mit dem roten Winkel war damit die polnische kommunistisch-katholische Sinngebung des Auschwitz-Denkmals perfekt. Statt der Ermordeten zu gedenken, von denen die meisten weder kommunistisch noch polnisch und katholisch waren, wurde der Sieg über den deutschen Faschismus gefeiert, der in Polen übrigens vielfach als »zweites Grunwald« bezeichnet wurde.[12] Diese politische Sinngebung von Auschwitz wurde bei der Einweihungsfeier, die am 16. April 1967 stattfand, noch durch gegenwartspolitisch bedingte scharfe Angriffe gegen den »Nazismus in der Bundesrepublik« unterstrichen und gesteigert.

Daß diese Form der Erinnerungskultur in der Bundesrepublik auf keine große Begeisterung stieß, ist verständlich, obwohl sich die Kritik mehr an der politischen Instrumentalisierung von Auschwitz als an dem selektiven und die Juden weitgehend ausschließenden Gedenken orientierte. Außerdem ist darauf hinzuweisen, daß Auschwitz und die anderen polnischen Gedenkstätten einen authentischeren Charakter haben als die deutschen, weil hier weit weniger am uspründlichen Zustand verändert wurde. Genau dies scheint auch die unvergleichbar größere Wirkung auf den Besucher auszuüben. Doch diese Erfahrung haben in den ersten Jahrzehnten nur sehr wenige Bürger der Bundesrepublik gemacht und machen wollen.

Daß man dies ebenso versäumte wie die angemessene Ausgestaltung der auf dem Territorium der Bundesrepublik gelegenen ehemaligen nationalsozialistischen Konzentrationslager, lag jedoch auch an dem als völlig negativ empfundenen Beispiel, das die Gedenkstättenkultur der DDR zu bieten schien. Beispielhaft soll dies an der Geschichte und Vorgeschichte der »Nationalen Mahn- und Gedenkstätte« Buchenwald gezeigt werden.[13]

Auch in Buchenwald ging die Initiative zur Errichtung von Denkmälern in und über das Konzentrationslager von den befreiten Häftlingen aus. Eine erste Gedenkfeier fand hier bereits am 19. April 1945 statt. Dabei wurde ein hölzerner und mit einer symbolischen Flammenschale versehener Obelisk auf dem Appellplatz errichtet. Auf seiner Vorderseite waren die Buchstaben KLB (für Konzentrationslager Buchenwald) und die von einem Kranz umrandete Zahl von 51.000 angebracht, womit auf die damals geschätzten 51.000 Ermordeten angespielt werden sollte. Dieses provisorische und in seiner Aussagekraft zurückhaltende Denkmal wurde jedoch nach der erwähnten Gedenkfeier wieder abgebaut und durch kein anderes Denkmal ersetzt.[14]

Statt dessen wählten die Häftlinge eine andere Methode, um an ihre Leiden zu erinnern. Sie rekonstruierten die Leichenstapel, die sich am 11. April, am Tag der Befreiung, im Hof des Krematoriums befunden hatte.[15] Diese Praxis, mit der man bereits am 15. April begonnen hatte, wurde in den folgenden Wochen mehrfach wiederholt. Außerdem wurden an den entsprechenden Orten die Torturen rekonstruiert, die die Häftlinge zu erdulden hatten. Dazu wurden neben den originalen Gegenständen wie Galgen, Prügelblock, Hängebaum, Peitschen und Keulen aus Stroh und Lumpen angefertigte Puppen benutzt, die in die gestreifte Häftlingskleidung gehüllt waren. Diese Arrangements wurde dann aus- und inländischen Besuchern vorgeführt, von denen die letzteren keineswegs freiwillig kamen, sondern dazu von den amerikanischen Befreiern gezwungen wurden.

Doch schon am 9. Mai 1945 empfahl der amerikanische General Omar Bradley dem Oberkommandierenden der alliierten Streitkräfte in Westeuropa, General Eisenhower, das ehemalige KZ Buchenwald für Besucher zu schließen, weil der Ort inzwischen so von allen »Beweisen der Grausamkeit gesäubert« sei, daß er keinen »erzieherischen Wert« mehr habe.[16] Die Häftlinge scheinen dies ebenso gesehen zu haben. Obwohl sich immer noch einige für den möglichst vollständigen Erhalt des gesamten Areals des KZs einsetzten, verlagerten sich die Denkmalpläne immer weiter vom eigentlichen KZ weg. Dies galt einmal für die Idee, auf dem Weimarer Stadtfriedhof in unmittelbarer Nachbarschaft zur sogenannten Fürstengruft, wo auch die Särge von Goethe und Schiller stehen, ein »Buchenwald-Ehrenmal« zu errichten. Während die Realisierung dieses Plans an dem Einspruch kommunistischer Häftlinge scheiterte, konnte die ebenfalls erwogene Idee, das nationalsozialistische »Gauforum« in Weimar zu einem Buchenwald-Denkmal umzugestalten, deshalb nicht realisiert werden, weil die Sowjetische Militäradministration die Gebäude übernommen hatte. Dies geschah im Frühjahr 1946, als das Lager Buchenwald selber als sowjetisches »Speziallager« genutzt wurde. Dies verhinderte die museale Nutzung des Geländes.

Die Denkmalspläne konzentrierten sich nun auf den über einen Kilometer vom Konzentrationslager entfernten Bismarckturm. In seiner unmittelbaren Umgebung waren 1945 die nach der Befreiung verstorbenen Häftlinge beigesetzt worden. Außerdem wurden hier Urnen mit der Asche, die man im Krematorium gefunden hatte, beigesetzt.[17] Mit der Pflege der Gräber beauftragten die Sowjets 1946 den Kreis Weimar. Anfang 1947 schlug der ehemalige sozialdemokratische Buchenwaldhäftling und damalige Kultusminister von Sachsen-Anhalt Ernst Thape vor, hier ein »Denkmal der unbekannten Opfer des Faschismus« zu errichten. Dabei sollte das Bismarck-Denkmal mit einbezogen werden, dessen nationalistische Aussage damit gewissermaßen umgedeutet wurde.[18] Obwohl Thape ein Jahr später in den Westen floh, stieß seine Idee bei der SED-Führung auf Zustimmung. Dies galt allerdings nicht für die Einbeziehung des Bismarckturms, der 1949 gesprengt wurde. Statt dessen sollte das geplante Denkmal in einem sogenannten »Ehrenhain« errichtet werden.

Doch kurz nach der Bildung eines »Ettersberg-Ausschusses«, der die Denkmalsplanungen vorantrieb, schuf das Politbüro des ZK der SED irrevesible Fakten. Es beschloß am 9. Oktober 1950, das noch vollständig erhaltene Häftlingslager, das nach der Schließung des sowjetischen »Speziallagers« am 16. Januar 1950 frei geworden war, fast vollständig zu zerstören. Nur das Torhaus und zwei Wachttürme sowie das Krematorium, wo Ernst Thälmann am 18. August 1944 erschossen worden war,[19] sollten erhalten bleiben.[20] Trotz heftiger Proteste der ausländischen und auch einiger deutscher Häftlinge wurde das Häftlingslager im Laufe des Jahres 1952 abgerissen. Die Baracken und anderen Baumaterialien wurden jedoch nicht vernichtet, sondern an allen möglichen Orten Thüringens wieder aufgebaut und für Neubauten benutzt.[21] Ein Jahr später, 1953, beschloß die SED-Spitze, in der ehemaligen Kantine des Lagers Buchenwald eine dauernde Ausstellung zu errichten, in dem vor allem der »patriotische Charakter des Widerstandskampfes« herausgehoben werden sollte, wobei wiederum die führende Rolle der Kommunisten zu betonen sei.[22] Damit war die Umdeutung Buchenwalds vollendet. Anstatt an die Leiden aller Häftlingsgruppen zu erinnern, wurde der »heroische« und schließlich siegreiche Widerstand der kommunistischen Häftlinge in das Zentrum des Gedenkens gestellt.

Diesem Ziel diente auch das Ettersberger Denkmal, dessen Vorbild das sowjetische Ehrenmal in Berlin-Treptow war,[23] das 1949 eingeweiht wurde und den Sieg Stalins und (in dieser Reihenfolge) der ruhmreichen sowjetischen Armee über den deutschen Faschismus symbolisiert. Das Buchenwalddenkmal, mit dessen Bau 1954 begonnen wurde und das 1958 eingeweiht wurde,[24] besteht aus folgenden Teilen, die folgendermaßen zu begehen sind:

Nach Durchschreiten des Eingangstors geht der Besucher den Hang des Ettersberges herunter. Dieser Weg führt an sieben Stelen vorbei, auf denen in ziemlich naturalistischer Weise Episoden aus der Leidens- und noch mehr der Widerstandsgeschichte abgebildet sind.[25] Unten (bzw. auf der Mitte des Hanges) angekommen, trifft er auf nicht nur »wuchtige«, sonden geradezu riesige sogenannte »Grabtrichter«, die im »römischen Stil« gehalten sind. Dann passiert er die »Straße der Nationen«, die von 18 Pylonen eingerahmt ist, die einigen ausgewählten Nationen, darunter auch »Deutschland«, gewidmet sind. Danach beginnt der Aufstieg auf der »Treppe der Freiheit« zum

»Turm der Freiheit«,[26] vor dem die überlebensgroße Figurengruppe Fritz Cremers aufgestellt ist, deren Grundmotiv der Widerstand der Häftling ist.

Insgesamt handelt es sich wirklich um einen »säkularisierten politischen Läuterungspfad«,[27] auf den man den »Niedergang des Faschismus und den Aufstieg der von Kommunisten erkämpften Freiheit«[28] erleben soll. Diese politische Sinngebung stellt die eigentliche Geschichte, die ja primär eine Geschichte des Leidens war, geradezu auf den Kopf. Völlig unerträglich ist, daß diese kommunistische Instrumentalisierung mit einem »Rückgriff auf christliche Passions- und Auferstehungsmotive« angestrebt wird.[29]

Daß die, wie sie seit 1961 hieß, »Nationale Mahn- und Gedenkstätte Buchenwald« dazu dienen sollte, nicht das Leid aller Häftlinge zu beklagen, sondern »den Kampf der deutschen Arbeiterklasse und aller demokratischen Kräfte gegen die drohende faschistische Gefahr« zu feiern, ist nicht das einzige Problem. Zu dieser Instrumentalisierung des Antifaschismus, der dabei auf den kommunistischen reduziert wird, kommt die Abtrennung von der Geschichte Buchenwalds und Deutschlands in der NS-Zeit generell. Sie gilt nur als eine Stufe auf dem Wege zur siegreichen DDR. Das Erschrecken über diesen beispiellosen Zivilisationsbruch, die Trauer um die Opfer und die Scham der Täter – all dies, was eine Gedenkstätte in Deutschland eigentlich leisten sollte, wird weggedrängt, gilt als vergangen oder als Problem der anderen.

Doch zu ähnlichen Verdrängungen ist es auch in der Bundesrepublik gekommen.[30] Dies soll am Beispiel der wechselvollen Geschichte der Dachauer Gedenkstätte skizziert werden. Das KZ Dachau wurde im Juli 1945, nachdem alle befreiten Häftlinge abgezogen waren, in ein alliiertes Internierungslager umgewandelt.[31] Hier befanden sich vornehmlich Angehörige der Waffen-SS und der KZ-Wachmannschaften. Vielen von ihnen wurde im November der Prozeß gemacht, der ebenfalls auf dem KZ-Gelände, und zwar in den ehemaligen SS-Gebäuden stattfand. Das Internierungslager Dachau wurde jedoch im Oktober 1947 geschlossen und dem Freistaat Bayern zur weiteren Verwendung zur Verfügung gestellt.[32] Nachdem der Bayerische Landtag ernsthaft darüber diskutiert hatte, ob man das ehemalige KZ nicht als »Arbeitslager für asoziale Elemente« nutzen sollte, wurde das noch vollständig erhaltene Gelände dem Staatssekretariat für das Flüchtlingswesen unterstellt, das es nach geringfügigen Umbauten in ein Flüchtlingslager umwandelte. In den KZ-Baracken wohnten bis 1965 Flüchtlinge und Heimatvertriebene vornehmlich aus dem Sudetenland. Da die Stadt Dachau mit ihnen genauso wenig zu tun haben wollte wie mit dem vorherigen KZ, erwies es sich als notwendig, für diese neuen Bewohner des ehemaligen KZ eine eigene Infrastruktur aufzubauen. Dies galt sowohl für die Ansiedlung von Betrieben wie für die Errichtung von Läden und Gaststätten. Die eine hieß »Gasthaus zum Krematorium«. Diese nun mehr als unpassende Bezeichnung wurde erst 1963 geändert, nachdem es in aller Welt zu Protesten gekommen war. An dem ebenfalls in einem ehemaligen Häftlingsblock eingerichteten »Café Heimatstüberl« hat sich jedoch offensichtlich niemand gestört.[33]

Damit ist die Liste der Peinlichkeiten und Skandale aber noch keineswegs beendet. Die vielleicht schlimmste war, daß auf Initiative des Paters Leonhard Roth schon Ende 1945 von Insassen des Internierungslagers eine »Heilig-Kreuz-Kirche« gebaut und am 28. Dezember 1945 vom Kardinal Faulhaber persönlich eingeweiht wurde.[34] Zweck dieser Kirche war jedoch keineswegs, an das Leid der KZ-Häftlinge zu erinnern, sondern um den inhaftierten SS-Leuten die Gelegenheit zu geben, in die Kirche zu gehen. Diese »SS-Kirche« wurde zwar 1960 wieder abgerissen, nachdem ihr Patron Pater Roth, der übrigens selber KZ-Häftling gewesen war, Selbstmord begangen hatte, doch damit war bereits das erste Zeichen für die religiöse Sinngebung Dachaus gegeben. Ebenfalls noch 1960 wurde auf Betreiben des katholischen Weihbischofs Dr. Johannes Neuhäusler eine »Todesangst-Christi-Kapelle« errichtet.[35]

Daß sich die Katholische Kirche gerade zu diesem Zeitpunkt dem Gedenken an die nationalsozialistischen Verbrechen widmete, geschah nicht zufällig. Wurde doch damals das bisher geradezu verherrlichte Verhalten der Katholischen Kirche im Dritten Reich erstmals in Frage gestellt. Dies geschah einmal durch wissenschaftliche Arbeiten von Ernst-Wolfgang Böckenförde und zweitens durch das sehr publikumswirksame Theaterstück Rolf Hochhuths »Der Stellvertreter«.[36] Dem Vorwurf, die Katholische Kirche habe generell zu wenig Widerstand geleistet und den verfolgten Juden viel zu wenig geholfen, konnte man durch den Hinweis, daß gerade in Dachau viele Katholiken und katholische Priester (darunter Neuhäusler selber) inhaftiert waren, begegnen, obwohl es sich bei diesen katholischen Opfern des Nationalsozialismus um keineswegs repräsentative Einzelfälle gehandelt hat.

So berechtigt auch die Trauer und der Stolz über diese katholischen Märtyrer war, ihre Hervorhebung barg zudem die Gefahr in sich, daß die vielen anderen nicht-katholischen Opfer geradezu marginalisiert wurden.[37] Neuhäusler selber war sich dieses Problems sehr wohl bewußt. Daher gab er vor, daß die katholische Kapelle dem Gedenken von Angehörigen aller Konfessionen dienen könne. Ganz abgesehen davon, daß die vielfach atheistischen kommunistischen Häftling damit von vornherein ausgeschlossen wurden, war diese Erwartung natürlich völlig unrealistisch, weil gläubige Juden in einer katholischen Kapelle nicht beten und gedenken können. Da sich auch die Protestanten nicht mit dieser katholischen Gedenk-Kapelle anfreunden konnten, wurden in unmittelbarer Nachbarschaft sowohl eine jüdische wie eine protestantische Gedenkstätte errichtet, die jedoch nicht nur merklich kleiner als die katholische sind, sondern darüber hinaus die spezifisch christlich konnotierte »Golgatha analoge Konstellation« dieses Gedenkstättenkomplexes unterstreichen.[38]

Doch nicht nur diese Sakralisierung, sondern auch die Musealisierung von Dachau hat dazu geführt, daß die historische Authentizität weitgehend beseitigt wurde und eine »Kluft zwischen Vergangenheit und Gegenwart« entstand.[39] Wie kam es dazu? Nachdem die befreiten Häftlinge schon 1945 im ehemaligen Krematorium eine erste Ausstellung gezeigt hatten, die aber wieder abgebaut wurde, kam es im September 1950 zur Eröffnung eines staatlichen Museums am gleichen Ort,[40] das jedoch nach verschiedenen heftigen Kompetenzkonflikten zwischen dem »Landesentschädigungsamt« und der »Staatlichen Verwaltung der bayerischen Schlösser, Gärten und Seen« und aufgrund einer öffentlichen Kampagne 1953 wieder geschlossen wurde. Die von einigen CSU-Politikern angestrebte Beseitigung weiterer Relikte wie des Krematoriums wurde jedoch durch die im Oktober 1954 unterzeichneten Pariser Verträge verhindert, in denen sich die Bundesregierung auf französischen Druck hin verpflichtete, die KZ-Gedenkstätten in ihrem originalen Zustand zu erhalten.[41]

Die im letzten Augenblick auf der internationalen Ebene gestoppten bayerischen Abrißpläne riefen naturgemäß den Zorn der ehemaligen Häftling hervor, die im November 1955 das Comité International Dachau gründeten, das sofort damit begann, öffentlichen Druck auf die bayerische Landesregierung auszuüben. Außerdem schrieb es bereits im Januar 1959 einen internationalen Wettbewerb zur Neugestaltung der Dachauer Gedenkstätte aus. Sie wurde schließlich nach langem Hin und Her am 8. September 1968 eingeweiht,[42] nachdem jedoch 32 der insgesamt noch bestehenden 34 KZ-Baracken abgerissen worden waren.[43] Während nun kaum etwas an das Häftlingslager erinnerte, blieben die SS-Gebäude erhalten. Sie wurden bis 1972 von der amerikanischen Armee und danach von der bayerischen Bereitschaftspolizei genützt, die diesen noch halbwegs authentischen Teil des ehemaligen KZs hermetisch absperrte.[44]

Obwohl damit die meisten authentischen Relikte systematisch und bewußt beseitigt waren, wurde die neue Gedenkstätte »angenommen«. Die Besucherzahlen stiegen sukzessive an. Doch dies lag weniger an der Musealisierung und »Denkmalisierung« Dachaus, auf die hier nicht weiter eingegangen werden soll, als an dem allgemeinen veränderten Zeitklima in der Bundesrepublik, das zu einem immer größer und intensiver werdenden Interesse an der nationalsozialistischen Vergangenheit führte. Erst jetzt kam es zu dem, was seit den 70er Jahren als Gedenkstättenarbeit bezeichnet wird.

Ganz große Verdienste hat sich dabei die Aktion Sühnezeichen erworben, die Ende der 50er Jahre von dem Widerstandskämpfer Lothar Kreyssig gegründet und lange Jahre auch geleitetet wurde.[45] Diese protestantische Organisation leistete nicht nur Aufarbeiten in ausländischen Städten, die während des Krieges von Deutschen zerstört worden waren, sondern führte bereits in den 60er Jahren Fahrten zu ehemaligen Konzentrationslagern durch, wo man sich an der Konservierung und Wiederherstellung der noch vorhandenen Relikte beteiligte. Diese Arbeit stand unter dem damals durchaus wirksamen Motto, daß »kein Gras über die Sache wachsen dürfe«, was wörtlich und im übertragenen Sinne gemeint war.

Das von der Aktion Sühnezeichen gegebene Beispiel machte Schule. Auch politische Gruppen wie etwa die »Falken« führten seit den 60er Jahren Gedenkstättenfahrten nach Polen durch. In den 70er und noch mehr in den 80er Jahren wurde diese Tätigkeit ausgedehnt. Neben politischen, gewerkschaftlichen und kirchlichen Organisationen veranstalteten auch Schulklassen, studentische und andere private Gruppen derartige Gedenkstättenfahrten nach Polen, in die DDR und selbstverständlich auch zu »Orten des Schreckens« in der Bundesrepublik.[46]

Dazu wurden jetzt keineswegs mehr nur die großen und offiziellen Gedenkstätten in Dachau, Bergen-Belsen und Neuengamme, sondern auch viele weitere Konzentrations- und ihre Außenlager sowie andere nationalsozialistische Zwangslager gezählt, deren bis dahin meist verdrängte und bewußt verschwiegene Geschichte im übertragenen und wörtlichen Sinne ausgegraben wurde. Dies geschah vor allem durch örtliche Geschichtswerkstätten und engagierte Einzelpersonen, darunter auch viele Schüler, die an den entsprechenden Wettbewerben des Bundespräsidenten teilnahmen und bei ihrer Erkundung des nationalsozialistischen Alltags überrascht das »KZ in der Kleinstadt«[47] und in ihrer unmittelbaren Nachbarschaft entdeckten.[48]

Die Ergebnisse dieser »Spurensuche« und die dabei gemachten pädagogischen Erfahrungen wurden in verschiedenen Publikationen über Gedenkstätten und Gedenkstättenarbeit niedergelegt.[49] Obwohl einige von ihnen in einem sowohl die Behörden der Bundesrepublik anklagenden wie um eine »emotionale Betroffenheit« der Leser und Besucher der Gedenkstätten werbenden Ton gehalten waren, der uns heute bereits etwas fremdartig anmutet, können sie durchaus zu dem gerechnet werden, was Adorno »Aufarbeitung der Vergangenheit« genannt hat.[50]

Daß diese, wie sie oft verspöttelt wurden, »Barfußhistoriker« mit ihrem Bestreben, »Lehren aus der Vergangenheit« zu ziehen und eine »emotionale Betroffenheit« zu erzeugen, durchaus einen wunden Punkt in der bisherigen »Vergangenheitspolitik« (Norbert Frei) der Bundesrepublik getroffen hatten, zeigen verschiedene Publikationen, die in schneller Folge in den 90er Jahren erschienen und in denen die These von der nicht oder nicht ausreichend erfolgten »Vergangenheitsbewältigung« als »Legende« abgetan wurde.[51] Noch vehementer äußerten sich rechtsradikale Autoren, die in der gesamten »Vergangenheitsbewältigung« nur eine ebenso tückische wie demütigende »Charakterwäsche« seitens der Amerikaner und deutscher Linker sehen wollten, die in ihrem »antinationalen« Eifer, die gesamte Nation an einem imaginären »Nasenring« wie einen Tanzbären führen wollten.[52]

Hinzu kam die gesamte geschichtswissenschaftliche und geschichtspolitische Diskussion, die vom Historikersteit der 80er Jahre bis zur Goldhagen-Kontroverse über die nationalsozialistische Vergangenheit und deutsche Gegenwart geführt wurde.[53] Dies gilt insbesondere für die Versuche, das Dritte Reich zu »modernisieren« oder seine Schrecken durch Vergleiche mit anderen verbrecherischen Regimen zu relativieren.[54] All dies hat und wird sich auch weiter auf die Gestaltung der Gedenkstätten und die praktische Gedenkstättenarbeit auswirken.

Hinzu kommen jedoch drei spezifische Momente. Dies gilt einmal für die schon erwähnte Tatsache, daß einige ehemalige nationalsozialistische Konzentrationslager nach 1945 zu sowjetischen »Spezial-« und generell zu alliierten Internierungslagern »umfunktioniert« wurden. Hinzu kommt zweitens die in diesem Kapitel bewußt ausführlich referierte Geschichte der Denkmäler und Gedenkstätten selber, die ja zu einer weitgehenden Veränderung des ursprünglichen Zustandes geführt hat, was noch am wenigsten für Polen und am meisten für die (alte) Bundesrepublik und die DDR gilt. Dabei ist schließlich drittens die Tatsache zu berücksichtigen, daß gerade die »Nationalen Mahn- und Gedenkstätten« der DDR auch dazu dienten, dieses Regime zu legetimieren, was sich einmal in der Architektur und Ikonographie der Gedenkstätten und zweitens in der Darstellung und Aufbereitung der Geschichte der nationalsozalistischen Konzentrationslager zeigte. Zu diesen drei Problemkomplexen möchte ich abschließend einige sehr kursorische und, wie ich einräume, auch sehr persönlich gefärbte Gedanken und Vorschläge unterbreiten.

Beginnen wir mit dem dritten und scheinbar einfachsten Punkt. Alle in der Gedenkenstättenarbeit Tätigen müssen sich der Tatsache bewußt sein, daß es sich hier nur sehr bedingt um authentische Orte handelt. Sie sind musealisiert und »denkmalisiert« worden. Und dies muß auch so sein, denn die ohnehin wenigen Relikte bedürfen der Deutung.[55] Dies geschieht durch Denkmäler und Museen. In letzteren muß selbstverständlich die historische Wirklichkeit wiedergegeben werden. Doch was ist die historische Wirklichkeit? Ihre Erforschung ist Aufgabe der Historiker, die sich dabei bemühen sollen, so objektiv wie möglich zu sein. Dieses Ideal zu erreichen oder zumindest anzustreben, fällt schon dem Historiker schwer. Noch schwerer ist die Umsetzung und museale Aufbereitung der Ergebnisse der historischen Forschung. Hier sind Auslassungen unvermeidlich und Setzungen von Schwerpunkten unerläßlich. Werden wir konkret:

Sicherlich kann man eine Häftlingsgruppe nicht vor allen anderen so hervorheben, wie dies in der DDR mit den kommunistischen Häftlingen geschehen ist. Doch dieser Fehler wird nicht dadurch ausgeglichen, indem den Juden und bisher nur den Juden eine eigene Ausstellung gewidmet ist, wie man dies jetzt in der Gedenkstätte Sachsenhausen beobachten kann. In dieser sowie in anderen Ausstellungen wird zudem auch auf die allgemeine Geschichte des Holocaust verwiesen, obwohl sie keineswegs mit der Geschichte der deutschen Konzentrationslager identisch ist. In der (neuen) Buchenwalder Ausstellung wird dagegen nur das gezeigt, was sich in Buchenwald ereignet hat. Historisch ist dies ohne Zweifel richtig. Doch gewinnen unvorbereitete jugendliche Besucher damit nicht ein zu begrenztes Bild, wenn sie auf diese Weise nur sehr unvollkommen über den Holocaust informiert werden, der sich ganz überwiegend außerhalb der damaligen Reichsgrenzen abgespielt hat?

Nun kann man einwenden, daß die Vermittlung von ohnehin nicht vollständigen Informationen nicht der Hauptzweck von Gedenkstätten sein kann. Gedenkstätten dienen dem Gedenken. Doch wessen? Natürlich der Opfer. Und wie ist es mit den Tätern? Wie weit müssen und wie weit können ihre Verbrechen dokumentiert werden? Sicherlich war es problematisch, wenn in den alten Nationalen Mahn- und Gedenkstätten der DDR nur sehr allgemein von »SS-Bestien« und ihren »großkapitalistischen« Hintermännern die Rede war. Man muß schon genauer werden. Doch wie genau? Welchen Informationswert hat die in einer neuen Abteilung der Gedenkstätte Sachsenhausen gezeigte weiße Sommeruniform eines Angehörigen der Totenkopfverbände? Vollends unerträglich wird es, wenn ihr eine Uniform der NVA gegenübergestellt wird.

Ein weiteres Beispiel. Die Konzentrationslager der letzten Phase waren auch Teil der deutschen Rüstungsindustrie, die etwa in Dora-Mittelbau so »modern« wirkende Produkte wie die V2-Raketen mit Hilfe des geradezu atavistisch wirkenden Prinzips der Sklavenarbeit herstellte. Wie weit soll dieser Aspekt verdeutlicht werden? Ist es berechtigt, hier die Geschichte der Raketentechnik zu zeigen und sie bis zur heutigen Raumfahrt auszudehnen, wie dies einige Technikexperten und Gedenkstättenpädagogen gefordert haben und immer noch fordern? Steht derartiges nicht in einem augenscheinlichen Widerspruch zum Gedenkzweck der Gedenkstätten?

Und wie soll man überhaupt gedenken? Wie ist die Tatsache zu berücksichtigen, daß aus den ehemaligen Konzentrationslagern Gedenkstätten geworden sind, die selber wiederum eine Geschichte haben, die die der NS-Zeit im wörtlichen Sinne überlagert? Damit sind wir beim zweiten der oben angesprochenen Punkte. Alle Gedenkstätten befinden sich zwar an authentischen Orten, sind aber selber alles andere als »authentisch«.[56] Sie sind überformt worden, wobei wir es sowohl mit parteipolitischen wie konfessionellen und nationalen Aspekten und – sagen wir es offen – auch Interessen zu tun haben.

Daß Gedenkstätten an und für die nationalsozialistischen Konzentrationslager nicht parteipolitischen Zwecken dienen dürfen, wie dies unzweifelhaft in der DDR der Fall war, dürfte heute unstrittig sein. Dennoch kommt es auch heute immer wieder zu parteipolitisch motivierten Versuchen, die Neu- oder Umgestaltung von Gedenkstätten zu fordern. Dies geschieht auf direkten und indirekten über die Medien lancierten Wegen. Die Gedenkstätten, ihre Leitungen und die sie beratenden und beaufsichtigenden Gremien und Kuratorien dürfen sich diesem Druck nicht beugen und sowohl auf ihre Unabhängigkeit wie ihren Sachverstand pochen. Theoretisch ist dies einfach, praktisch aber äußerst schwierig.

Noch schwieriger ist der Umgang mit konfessionellen Interessen. Wie erwähnt, sind die Gedenkstätten in der (alten) Bundesrepublik durch religiöse Bauten und Symbole geradezu überfrachtet worden, während dies in der DDR nicht bzw. in einer pseudoreligiösen Weise der Fall war. Sowohl die Ent- wie die Sakralisierung sind problematisch. Im ersteren Fall werden die nicht- im zweiten Fall die religiös denkenden und geprägten Opfer brüskiert. Unbedingt zu vermeiden ist jedoch die Bevorzugung einer Konfession, wie dies zum Beispiel in Dachau und neuerdings auch in Ravensbrück der Fall ist.[57]

In polnischen Gedenkstätten wie Auschwitz ist diese Katholisierung auf die äußerst scharfe Kritik verschiedener jüdischer Repräsentanten gestoßen.[58] Sofern wir uns als Deutsche in diese Debatte einmischen wollten, müßte neben der Katholisierung auch die damit untrennbare verbunde Nationalisierung der Gedenkstätten berücksichtigt werden. Schon deshalb spricht vieles dafür, dies nicht zu tun.

Noch am einfachsten lösbar ist die Berücksichtigung der Tatsache, daß Konzentrationslager wie Buchenwald und Sachsenhausen nach 1945 in sowjetische »Speziallager« umgewandelt worden sind. Dies kann nicht verschwiegen werden, zumal sie einen anderen Charakter als die westalliierten Internierungslager hatten, die in Dachau und Neuengamme ebenfalls auf dem Gelände des ehemaligen KZs errichtet worden sind.[59] Das Gedenken an die Geschichte des Konzentrationslagers muß strikt von dem an das »Speziallager« getrennt werden, obwohl sich beide Lager an ein und demselben Ort befanden. In der Gedenkstätte Buchenwald hat man daher ein eigenes Museum zur Geschichte des »Speziallagers« gebaut, das anders gestaltet ist und räumlich völlig von dem ebenfalls neugestalteten Museum zur Geschichte des Konzentrationslagers getrennt ist. Außerdem hat man den Ort kenntlich gemacht, wo verstorbene Insassen des »Speziallagers« einfach verscharrrt worden sind. Hier können Angehörige und Freunde dieser Toten gedenken.

Doch auch hier steckt zwar nicht der Teufel, wohl aber das Probleme im Detail. Wer gedenkt an wen wie? Funktionäre der Verbände der »Opfer des Stalinismus« taten dies und tun dies zum Teil noch heute, indem sie neben christlichen solche Symbole verwenden, die wie das Eiserne Kreuz bisher den »Opfern des Krieges« vorbehalten waren. Mit dem Hinweis, daß es sich hier nicht um Kombattanten gehandelt hat, kann man diesem Mißbrauch kaum begegnen. Spätestens hier rächt sich nämlich eine Unklarheit im gegenwärtigen deutschen Sprachgebrauch, in dem nicht wie im Englischen zwischen wirklichen »Opfern« (victims) und solchen Personen unterschieden wird, die sich für »das Vaterland« (oder, wie es früher hieß, »für Führer, Volk und Vaterland«) geopfert haben, d.h. zu »sacrifices« wurden.

Ich breche hier ab, weil deutlich genug geworden ist, wie schwierig das Gedächtnis an diesen »authentischen Orten« geworden ist. Die wenigen historischen Relikte reden nicht, und die Sprache der Denkmäler bedarf der Interpretation und teilweise auch der Korrektur.

Anmerkungen

1 Dies hatte auch mit dem Kalten Krieg zu tun, der im Westen zu einer Ausgrenzung der Häftlings- und noch mehr der Verfolgtenverbände führte, die von Kommunisten dominiert wurden. Vgl. dazu: Elke Reuter/Detlef Hansel, Das kurze Leben der VVN von 1947 bis 1953, Berlin 1997.

2 Zur »Vergangenheitsbewältigung« einmal die ›klassischen‹ Schriften von: Theodor W. Adorno, Was bedeutet Aufarbeitung der Vergangenheit?, in: ders., Eingriffe. Neue kritische Modelle, Frankfurt/M. 1964, S. 125–146; Karl Jaspers, Die Schuldfrage. Zur politischen Haltung Deutschlands, München 1987 (zuerst: 1946); Alexander und Margarete Mitscherlich, Die Unfähigkeit zu trauern, München 1967. Ferner: Norbert Frei, Vergangenheitspolitik. Die Anfänge der Bundesrepublik und die NS-Vergangenheit, München 1996; Bernd Rauschenbach (Hrsg.), Erinnern, Wiederholen, Durcharbeiten. Zur Psychoanalyse deutscher Wenden, Berlin 1992; Ulrich Brochhagen, Nach Nürnberg. Vergangenheitsbewältigung und Westintegration in der Ära Adenauer, Hamburg 1994. In diesen und weiteren Arbeiten zur allgemeinen »Vergangenheitsbewältigung« wird die Auseinandersetzung um den Umgang mit den ehemaligen Konzentrationslagern meist nur gestreift.

3 Die Geschichte der Denkmäler und Gedenkstätten tritt mehr und mehr in das Zentrum des Interesses, nachdem sie lange Zeit für völlig uninteressant gehalten worden war. Vgl. zum folgenden: Bernd Eichmann, Versteinert, verharmlost, vergessen. KZ-Gedenkstätten in der Bundesrepublik Deutschland, Frankfurt/M. 2. Aufl. 1986; Ulrike Puvogel, Gedenkstätten für die Opfer des Nationalsozialismus, Bonn 1987; Gisela Lehrcke, Gedenkstätten für Opfer des Nationalsozialismus. Historisch-politische Bildung an Orten des Widerstandes, Frankfurt/M. 1988; G. E. Schaft/Gerhard Zeidler, Die KZ-Mahn- und Gedenkstätten in Deutschland, Berlin 1996; James E. Young, Formen des Erinnerns. Gedenkstätten des Holocaust, Wien 1997 (engl. 1993); Reinhard Matz, Die unsichtbaren Lager. Das Verschwinden der Vergangenheit im Gedenken, Reinbek 1993; Peter Reichel, Politik mit Erinnerung. Gedächtnisorte im Streit um die nationalsozialistische Vergangenheit, München 1995; Detlev Hoffmann (Hrsg.), Das Gedächtnis der Dinge. KZ-Relikte und KZ-Denkmäler 1945–1995, Frankfurt/M. 1998

4 Vgl.: Detlev Hoffmann, Das Gedächtnis der Dinge, in: ders. (Hrsg.) Das Ge-Gedächtnis der Dinge, S. 5–35, S. 10 f. Diese Dreiadlersäule ist übigens heute noch zu sehen.Vgl. dazu und generell zur Nachgeschichte von Majdanek auch: Jozef Marszalek, Majdanek. Konzentrationslager Lublin, Warschau 1984, S. 153.

5 Hoffmann, Das Gedächtnis der Dinge, S. 22; Marszalek, Majdanek, S. 190.

6 Vgl. dazu und zum folgenden: Jochen Spielmann, Entwürfe zur Sinngebung des Sinnlosen. Zu einer Theorie des Denkmals als Manifestation des »Kulturellen Gedächtnisses«. Der Wettbewerb für ein Denkmal für Auschwitz, Phil. Diss. FU Berlin 1990 (Masch), S. 30 ff.; und: Hoffmann, Das Gedächtnis der Dinge, S. 10 f.

7 Interessanterweise wurde hier das in Schlesien gelegen KZ Groß Rosen nicht

erwähnt. Dies gilt auch für die Todesfabriken Belzec, Chelmno, Sobibor und Treblinka, die aber bereits von den Nationalsozialisten völlig zerstört worden waren. Hier wurden erst viel später Denkmäler errichtet.

8 Vgl. dazu: Wolfgang Wippermann, Der Ordensstaat als Ideologie. Das Bild des Deutschen Ordens in der deutschen Geschichtsschreibung und Publizistik, Berlin 1979, S. 337 ff.

9 Dazu und zum folgenden: Wolfgang Wippermann, Die Geschichte des »Reichsehrenmals Tannenberg«. Ein historisches Lehrstück, in: Niemandsland. Zeitschrift zwischen den Kulturen, 1, 1987, S. 58–69.

10 Wippermann, Der Ordensstaat, S. 342 ff.

11 Dies ist kein Einzelfall. Der polnische Nationalismus hat eine starke religiöse Färbung. Grund ist die lange Zeit der Teilung Polens, die als Zeit des Leidens dargestellt und mit dem Leiden Jesu verglichen wurde. Daher hat auch die Kreuzsymbolik in Polen eine nationale Konnotation.

12 Darauf deutet auch der Text hin, der dem 1967 niederlegten Grunwaldorden beigelegt war. Es hieß hier: »Den Helden von Auschwitz, die hier den Tod erlitten im Kampf gegen den nazistischen Völkermord, um Freiheit und Menschenwürde, für den Frieden und die Brüderlichkeit zwischen den Völkern (...)«. Zitiert nach: Hoffmann, Das Gedächtnis der Dinge, S. 26.

13 Dazu hat Volkhard Knigge verschiedene Beiträge beigesteuert. Zusammenfassend jetzt: Volkhard Knigge, Buchenwald, in: Hoffmann (Hrsg.), Das Gedächtnis der Dinge, S. 92–173. Vgl. ferner: Manfred Overesch, Buchenwald und die DDR oder Die Suche nach Selbstlegitimation, Göttingen 1995.

14 Knigge, Buchenwald, S. 94.

15 Ebenda S. 97 ff.

16 Zitiert nach ebenda S. 98 f.

17 Ebenda S. 105.

18 Ebenda.

19 Thälmann war kein Buchenwald-Häftling, sondern wurde aus dem Zuchthaus Bautzen nach Buchenwald verschleppt, um hier sofort ermordet zu werden.

20 Ebenda S. 111.

21 Ebenda S. 115.

22 Ebenda S. 120.

23 Ebenda S. 126.

24 Ausführlich zu den verschiedenen Planungen und politisch ideologisch motivierten Veränderungen: Ebenda S. 127–141.

25 Vgl. die ausführliche Beschreibung und Deutung in: Ebenda S. 142 f.

26 Auch Glockenturm genannt. Er ist wie die gesamte Anlage in einem Stil gebaut, die mich an den faschistischen in Italien erinnert.

27 Ebenda S. 146.

28 Ebenda S. 141.

29 Ebenda S. 146. Vgl. auch die folgende zusammenfassende Deutung und Bewertung: »Der heilsgeschichtlich-christliche Grund der Nationalen Mahn- und Gedenkstätte Buchenwald – sie steht für Golgatha, Ostern und Pfingsten der deutschen kommunistischen Arbeiterbewegung zugleich – ist verbrämt durch

das geschichtsphilosophische Konzept, das der Gesamtgestaltung unterliegt und dem durch die heilsgeschichtlichen Rückgriffe auf christliche Erlösungsvorstellungen zusätzlich Geltung verschafft wird.«

30 Das Lager Bergen-Belsen wurde kurz nach der Befreiung von der britischen Armee verbrannt, weil man die Ausbreitung des Typhus fürchtete. Aus dem Gelände wurde eine idyllisch wirkende Heidelandschaft. Eine ähnliche Wirkung übt das ehemalige Konzentrationslager Flossenbürg aus, das von der bayerischen Verwaltung der Schlösser, Gärten und Seen gestaltet wurde. Gedenkstätten wurden hier erst viel später errichtet. Dagegen sind viele Bauten des KZ Neuengamme noch erhalten. Es wurde 1945 nicht zerstört, sondern zunächst als »Russen DP Camp«, dann als Kriegsgefangenen- und Internierungslager und schließlich seit 1950 als Gefängnis genützt. Dies ist auch heute noch der Fall. Eine erste Gedenkstätte wurde 1965 errichtet und 1995 umgebaut. Vgl. dazu: Ute Wrocklage, Neuengamme, in: Hoffmann (Hrsg.), Das Gedächtnis der Dinge, S. 178–205.

31 Dazu und zum folgenden: Detlef Hoffmann, Dachau, in: ders. (Hrsg.), Das Gedächtnis der Dinge, S. 36–91. Hoffmann stützt sich weitgehend auf: Harold Marcuse, Nazi Crimes and Identity in West Germany: Collective Memories of the Dachau Concentration Camp 1945–1990, Ann Arbor 1992. Vgl. auch seine deutschsprachige Zusammenfassung: Harold Marcuse, Das ehemalige Konzentrationslager Dachau. Der mühevolle Weg zur Gedenkstätte 1945–1990, in: Dachauer Hefte 6/1990, S. 182–205.

32 Hoffmann, Dachau, S. 42 ff.

33 Ebenda S. 46.

34 Ebenda S. 43.

35 Ebenda S. 54.

36 Mehr zu dieser Diskussion bei: Wolfgang Wippermann, Umstrittene Vergangenheit. Fakten und Kontroversen zum Nationalsozialismus, Berlin 1998, S. 274.

37 Dazu und zum folgenden: Hoffmann, Dachau, S. 76 ff.

38 Diese Deutung stammt von der Kunsthistorikerin Kathrin Hoffmann-Curtius. Vgl.: Kathrin Hoffmann-Curtius, Denkmäler für das KZ Dachau, in: Die Nacht hat zwölf Stunden, dann kommt schon der Tag, Berlin 1996, S. 280–309, S. 298 f.

39 Young, Formen des Erinnerns, S. 60.

40 Hoffmann, Dachau, S. 58. Dem als kommunistisch angesehenen VVN wurde die Teilnahme an der Eröffnung übrigens faktisch verwehrt.

41 Ebenda S. 62 f. Nach Marcues, War Crimes, S. 221 ff. Dieses ganz wichtige Faktum wird übrigens in den meisten Arbeiten zur westdeutschen »Vergangenheitsbewältigung« nicht erwähnt.

42 Ebenda S. 73.

43 Ebenda S. 49.

44 Ebenda S. 83.

45 Konrad Weiß, Lothar Kreyssig. Prophet der Versöhnung, Gerlingen 1998, S. 329 ff.

46 Ich stütze mich hier auf eigene Erfahrungen, die ich als Student und als Hochschullehrer an der FU in den 80er Jahren gewonnen habe. Aus dieser Arbeit entstanden verschiedene gedruckte und ungedruckte Gedenkstättenführer und universitäre Abschlußarbeiten, die ich hier nicht alle aufzählen kann.

47 Elmer Luchterhand, Das KZ in der Kleinstadt. Erinnerungen einer Gemeinde an den unsystematischen Völkermord, in: Detlev Peukert/Jürgen Reulecke (Hrsg.), Die Reihen fast geschlossen. Beiträge zur Geschichte des Alltags unterm Nationalsozialismus, Wuppertal 1981, S. 435–454.

48 Vgl. etwa: Dieter Galinski u. a. (Hrsg.), Nazis und Nachbarn. Schüler erforschen den Alltag im Nationalsozialismus, Reinbek 1982.

49 Hier nur eine Auswahl der wichtigsten Literatur: Bernd Eichmann, Versteinert – verharmlost – vergessen. KZ-Gedenkstätten in der Bundesrepublik Deutschland, Frankfurt/M. 1985; Ulrike Puvobel, Gedenkstätten für die Opfer des Nationalsozialisms, Bonn 1987; Heide Gerstenberger/Dorothea Schmidt (Hrsg.), Normalität oder Normalisierung? Geschichtswerkstätten und Faschismusanalyse, München 1987; Dieter Bach (Hrsg.), Erinnerung an die Vergangenheit bestimmt die Zukunft. Arbeit der NS-Gedenkstätten in der Bundesrepublik Deutschland, Mülheim 1987; Gisela Lehrke, Gedenkstätten für Opfer des Nationalsozialismus. Historisch-politische Bildung am Ort des Widerstandes, Frankfurt/M. 1988; Wulf E. Brebeck u. a., Zur Arbeit in Gedenkstätten für die Opfer des Nationalsozialismus – ein internationaler Überblick, Berlin 1988; Wolfgang Benz/Barbara Diestel (Hrsg.), Erinnern oder Verweigern – Das schwierige Thema Nationalsozialismus, Dachau 1990 (= Dachauer Hefte 6); Hanno Loewy (Hrsg.), Die Grenzen des Verstehens. Eine Debatte über die Besetzung der Geschichte, Reinbek 1992; Reinhart Matz, Die unsichtbaren Lager. Das Verschwinden der Vergangenheit im Gedenken, Reinbek 1993; Annegret Ehmann u. a. (Hrsg.), Praxis der Gedenkstättenpädagogik. Erfahrungen und Perspektiven, Opladen 1995; Stefanie Endlich/Thomas Lutz, Gedenken und Lernen an historischen Orten. Ein Wegweiser zu Gedenkstätten für die Opfer des Nationalsozialismus in Berlin, Berlin 1995.

50 Theodor Adorno, Was bedeutet Aufarbeitung der Vergangenheit?, in: ders., Eingriffe.Neue kritische Modelle, Frankfurt/M. 1964, S. 125–146.

51 Christa Hofmann, Stunden Null? Vergangenheitsbewältigung in Deutschland 1945 und 1989, Bonn 1989; Manfred Kittel, Die Legende von der »Zweiten Schuld«. Vergangenheitsbewältigung in der Ära Adenauer, Berlin 1993.

52 Caspar v. Schrenck-Notzing, Charakterwäsche. Die Politik der amerikanischen Umerziehung in Westdeutschland, Frankfurt/M. 1993; Armin Mohler, Der Nasenring. Im Dickicht der Vergangenheitsbewältigung, Essen 1989.

53 Vgl. dazu: Wolfgang Wippermann, Wessen Schuld? Vom Historikerstreit zur Goldhagen-Kontroverse, Berlin 2. Aufl. 1997.

54 Zu den neuesten Versuchen siehe: Jens Mecklenburg/Wolfgang Wippermann (Hrsg.), »Roter Holocaust«? Kritik des Schwarzbuchs des Kommunismus, Hamburg 1998.

55 Dies wird in den Arbeiten von Young, Formen des Erinnerns, und Hoffmann (Hrsg.), Das Gedächtnis der Dinge, klar und deutlich nachgewiesen.

56 Hoffmann, Das Gedächtnis der Dinge, S. 10.

57 Ein besonders problematisches Beispiel findet man in der Gedenkstätte Ravensbrück, wo eine Zelle im ehemaligen Zellenbau als »Andachtsraum« dienen soll. In der Mitte ist eine etwa 50 cm. große Madonna aufgestellt, die in ihrem Arm einen Häftling hält, der einen blau-weißen Häftlingsanzug trägt.

58 Im Sommer 1998 entzündete sich dies an der Praxis einiger betont nationalistischer und katholischer Polen, verschiedene Kreuze auf dem Gelände von Auschwitz zu errichten.

59 Dies wird in den westlichen Gedenkstätten jedoch entweder gar nicht oder nur ganz am Rande erwähnt.

Anhang

Kurzbeschreibungen von Konzentrationslagern und Gedenkstätten

Auschwitz

Im Mai 1940 errichteten die Nationalsozialisten in den Gebäuden einer ehemaligen Kaserne der österreichisch-ungarischen Armee das Konzentrationslager Auschwitz. Die ersten Insassen waren Angehörige des polnischen Widerstandes. Sie wurden wie in den übrigen Konzentrationslagern dieser Phase zur Zwangsarbeit eingesetzt. Auf Befehl Himmlers entstand im Oktober 1941 drei Kilometer vom sogenannten Stammlager entfernt auf dem Gelände eines geräumten polnischen Dorfes namens Brzezinka (dt.: Birkenau) ein neues Lager, das Auschwitz-Birkenau oder auch »Auschwitz II« genannt wurde. Es umfaßte ein 40 Quadratkilometer großes Areal. Die Häftlinge – es waren zunächst neben Polen sowjetische Kriegsgefangene – wurden in Holzbaracken untergebracht, die bisher als Pferdeställe der Armee gedient hatten.

Seit September 1941 wurden in Auschwitz I und seit März 1942 auch in Auschwitz II Menschen vergast. Die ersten Opfer waren sowjetische Kriegsgefangene. Dann wurden Tausende von Juden zunächst aus Polen, dann auch aus Deutschland, dem sogenannten Protektorat Böhmen und Mähren sowie schließlich aus den Niederlanden, Belgien, Frankreich, Kroatien, Norwegen, Ungarn und selbst aus dem Tausende von Kilometern entfernten Griechenland in Auschwitz vergast. Die meisten, vor allem Kinder, Frauen und alte Menschen wurden direkt nach ihrer Ankunft in Auschwitz-Birkenau »selektiert« und in die Gaskammern getrieben. Dieses Schicksal ereilte auch diejenigen, die zunächst in das Lager Auschwitz-Birkenau aufgenommen wurden, aber hier so abmagerten oder krank wurden, daß sie bei den regelmäßigen »Selektionen« erfaßt und ebenfalls vergast wurden. Während die Leichen in den Krematorien verbrannt wurden, wurden Kleidung und sonstigen Habseligkeiten sowie selbst die Haare und Goldzähne der Opfer geraubt, sortiert und sorgfältig verwahrt, bevor sie nach Deutschland geschickt wurden.

Diejenigen Häftlinge, die die Selektionen überstanden hatten und als arbeitsfähig eingeschätzt worden waren, wurden zur Zwangsarbeit in den Außenlagern von Auschwitz eingesetzt. Davon gab es über 40. Das größte und bekannteste befand sich in der Nachbarschaft einer Fabrik, die die I.G. Farben im sieben Kilometer von Auschwitz-Birkenau entfernten Monowitz errichtet hatten. Es wurde wahlweise Auschwitz-Monowitz, Auschwitz III, aber auch »Auschwitz I.G. Farben« genannt. Die erkrankten und als nicht mehr arbeitsfähig eingestuften Zwangsarbeiter der I.G.-Farben-Fabrik wurden nach Auschwitz-Birkenau zurückgebracht, wo sie ebenfalls ermordet wurden. Insgesamt sind über eine Million Menschen, vor allem Juden, aber auch Sinti und Roma, Polen und Angehörige anderer Nationen in Auschwitz umgekommen.

Kurz vor Eintreffen der Roten Armee trieb die SS die meisten Insassen nach Westen. Auf diesen »Todesmärschen« kamen wiederum Tausende von Menschen um. Als die Rote Armee am 27. Januar 1945 Auschwitz befreite, befanden sich nur noch wenige Häfltinge im Lager, das bis auf die Gaskammern und Krematorien, die noch von der SS gesprengt worden waren, vollständig erhalten war. Nach einer kurzen Nutzung des Lagergeländes durch die polnische Armee wurden sowohl das Stammlager wie Auschwitz-Birkenau 1947 unter Denkmalsschutz gestellt. Alles sollte so bleiben, wie es war, und an die schreckliche Vergangenheit erinnern. 1956 beschloß man jedoch, ein zusätzliches großes Denkmal zu errichten, das 1967 eingeweiht wurde. Es erinnerte an die polnischen und kommunistischen Häftlinge. Später wurden zwar noch weitere Denkmäler für die ermordeten Juden und Sinti und Roma errichtet, dennoch werden die Leiden der polnischen und katholischen Opfer in der Gedenkstätte Auschwitz auch heute noch besonders hervorgehoben und gewürdigt. Dies ist von jüdischen Repräsentanten kritisiert worden. Es kam zu Konflikten, die bis heute nicht beigelegt werden konnten.

Bergen-Belsen

Das in der Nähe von Celle gelegene Konzentrationslager Bergen-Belsen wurde erst im April 1943 auf dem Gelände eines sowjetischen Kriegsgefangenenlagers errichtet. Inhaftiert waren zunächst Juden mit ausländischer Staatsangehörigkeit, die gegen deutsche Kriegsgefangene in England und Amerika ausgetauscht werden sollten. Daher wurde es formal »Aufenthaltslager Bergen-Belsen« genannt.

Da, von ganz wenigen Ausnahmen abgesehen, der geplante Austausch nicht zustande kam, wuchs die Zahl der Inhaftierten bis zum Juli 1944 auf über 4.000 an. Das »Aufenthaltslager« Bergen-Belsen wurde daher in ein Konzentrationslager umgewandelt und in folgende Abteilungen unterteilt: Im »Sternlager« waren die »Austauschjuden«, im »Neutralenlager« Juden mit spanischer, portugiesischer, türkischer und argentinischer Staatsbürgerschaft, im »Sonderlager« polnische Juden und im »Ungarnlager« ungarische Juden untergebracht. Im Unterschied zu diesen Juden wurden die Inassen des 1943 errichteten »Häftlingslagers« zur Zwangsarbeit eingesetzt. Seit März 1944 wurden schließlich noch kranke und arbeitsunfähige Häftlinge aus anderen Konzentrationslagern nach Bergen-Belsen verschleppt, von denen viele durch Giftspritzen ermordet wurden. Dennoch bezeichnete die SS Bergen-Belsen zynisch als »Erholungslager«.

Nach der Niederschlagung des Warschauer Aufstandes von 1944 wurden über 4.000 polnische Frauen und Kinder aus Warschau für kürzere Zeit in Bergen-Belsen inhaftiert, bevor sie zur Sklavenarbeit in anderen reichsdeutschen Konzentrations- und Außenlagern eingesetzt wurden. Seit Ende 1944 wurden schließlich noch kranke und nicht arbeitsfähige Häftlinge aus den Lagern im Osten sowie diejenigen Häftlinge, die auf den »Todesmärschen« nach Westen getrieben wurden, in Bergen-Belsen in Zelten und unter freiem Himmel untergebracht. Dadurch stieg die Zahl der Häftlinge von 15.000 Ende November 1944 auf 60.000 Mitte April 1945 an.

Die ohnehin geschwächten und völlig unzureichend ernährten Häftlinge starben zu Tausenden. Im Januar 1945 waren es 1.000, im Februar 6.000 und im März über 18.000. Die Leichen konnten weder verbrannt werden noch wurden sie vergraben. Sie lagen überall auf dem Lagergelände herum, als britische Truppen Bergen-Belsen am 15. April 1945 befreiten. Einen noch schrecklicheren Anblick boten die vielen kranken und halbtoten Häftlinge, die neben und zwischen ihren ermordeten Kameraden hockten und lagen. Die Schreckensbilder, die Armeereporter von diesem Inferno machten, gingen um die Welt und sind aus dem kollektiven Gedächtnis nicht mehr wegzudenken.

Obwohl die britischen Sanitätseinheiten alles unternahmen, um den insgesamt 60.000 befreiten Häftlingen zu helfen, sind noch über 13.000 von ihnen gestorben. Mit der Rückführung der überlebenden Häftlinge in ihre Heimat wurde im April begonnen. Die letzten Häftlinge verließen Bergen-Belsen im Mai 1945. Danach wurde das Häftlingslager verbrannt, weil man die Ausbreitung von Seuchen fürchtete. Nur das SS-Lager blieb erhalten und wurde bis 1952 als Flüchtlingslager genützt. Auf Befehl der britischen Militärregierung wurden bereits 1946 die ersten Denkmäler errichtet. Eine Gedenkstätte wurde aber erst 1952 eröffnet. Bis zu diesem Zeitpunkt waren einige SS-Leute von britischen Gerichten zu Freiheitsstrafen und zum Tode verurteilt. Die ersten Todesurteile wurden schon im Dezember 1945 in Hameln vollstreckt. In den 50er Jahren wurde es still um Bergen-Belsen. Über das Lagergelände wuchs Heide, die dem Ort einen fast schon idyllischen Charakter verleiht. Gestört wurde die Ruhe allerdings durch Panzer erst der britischen Armee, dann auch der Bundeswehr, die in unmittelbarer Nachbarschaft ihre Übungen veranstalteten. Erst 1965 wurde ein relativ kleines Dokumentenhaus eröffnet, das 1990 neu gestaltet und erweitert wurde. An dem Zustand des mit Heide überwachsenen Lagergeländes selber wurde jedoch nichts verändert. 1995 fand in Beisein des Bundespräsidenten und des Vorsitzenden des Zentralrats der Juden in Deutschland eine Gedenkveranstaltung anläßlich des 50. Jahrestages der Befreiung statt.

Gedenkstätte Bergen-Belsen, 29303 Lohheide, Tel. 050 51/60 11

Breitenau

In dem früheren Arbeitshaus Breitenau bei Guxhagen in der Nähe von Kassel wurde 1933 ein Konzentrationslager errichtet. Es bestand bis zum März 1934. Danach dienten die Gebäude als Arbeitserziehungslager. Auf Initiative einer Gruppe von der benachbarten Universität Kassel wurde hier in den 80er Jahren eine kleine Gedenkstätte errichtet. Sie gehört zu den ganz wenigen, die an ein Konzentrationslager der ersten Phase erinnert, und ist zugleich die einzige auf dem Gelände eines ehemaligen »Arbeitserziehungslagers«.

Gedenkstätte Breitenau, Brückenstr. 12, 34302 Guxhagen
Tel. 056 65/35 33

Buchenwald

Dieses Konzentrationslager wurde im Sommer 1937 auf dem Ettersberg bei Weimar errichtet. Es erhielt den Namen Buchenwald. Nach allerdings nicht einwandfrei nachgewiesenen Gerüchten wurde die eigentlich naheliegende Bezeichnung »Konzentrationslager Ettersberg« deshalb nicht gewählt, weil der Ettersberg ein beliebter Ausflugsort Goethes gewesen sein soll. Und Verbindungslinien zwischen Goethe und einem KZ wollten selbst die Nationalsozialisten nicht sehen und ziehen.

Die Häftlinge des KZ Buchenenwald, deren Zahl von 2.500 im Jahr 1937 auf 18.000 1938 stieg, wurden zunächst in einem Steinbruch und einigen kleineren Betrieben der SS zur Zwangsarbeit eingesetzt. Nach Kriegsausbruch mußten sie für die deutsche Rüstungsindustrie schuften. Zu diesem Zweck wurde in Buchenwald ein riesiger Rüstungsbetrieb gebaut. Da in ihm nicht alle Häftlinge beschäftigt werden konnten, deren Zahl bis 1944 auf über 80.000 angestiegen war, wurden in der näheren und weiteren Umgebung Buchenwalds 129 Außenlager errichtet. Sie befanden sich in der Nähe von kleinen und großen Betrieben. Verschiedene von ihnen waren unter Tage verlegt worden, um die Zerstörung durch Bomben zu verhindern. Hier waren die Arbeits- und Lebensbedingungen besonders schlecht. Dies wurde von den Nationalsozialisten bewußt in Kauf genommen. Ihr Ziel war nicht nur die Ausbeutung der Arbeitskraft der Häftlinge, sondern auch ihre Vernichtung durch Arbeit. Von den insgesamt etwa 250.000 Häftlingen Buchenwalds und seiner Außenlager sind über 50.000 umgekommen.

Anders als in den meisten anderen Konzentrationslagern ist es den politischen, vornehmlich kommunistischen Häftlingen in Buchenwald gelungen, alle wichtigen Funktionshäftlingsstellen zu besetzen. Sie nützten diese Position aus, um eine illegale Lagerleitung aufzubauen, der es schließlich an 11. April 1945 gelang, wenige Stunden vor dem Eintreffen der amerikanischen Truppen das Lager in ihre Gewalt zu bringen. Dieses Ereignis ist später als Selbstbefreiung gedeutet worden.

Schon deshalb hatte Buchenwald für das politische und ideologische Selbstverständnis der DDR eine besondere Bedeutung. Doch dies galt nicht von Anfang an. Von 1945 bis 1950 wurde Buchenwald als sowjetisches Speziallager genützt. Nach seiner Auflösung wurden nahezu alle noch vollständig erhaltenen baulichen Überreste des früheren Konzentrationslagers zerstört. Das Gedenken konzentrierte sich auch gar nicht so sehr auf das Lagergelände, sondern auf einen Denkmalskomplex, der 1958 fast zwei Kilometer von Lager entfernt eingeweiht wurde. Zentrale Bestandteile sind ein mit Stelen und riesigen Pylonen ausgestatteter »Ehrenhain« und der sogenannte Glokkenturm, vor dem eine überlebensgroße Figurengruppe steht, die den heroischen Widerstand der – offensichtlich kommunistischen – Häftlinge verdeutlichen soll. Die, wie sie seit 1961 hieß, »Nationale Mahn- und Gedenkstätte Buchenwald« hatte den Charakter eines Nationaldenkmals der DDR.

1991 wurde von der thüringischen Landesregierung eine, später Kuratorium genannte, Kommission berufen, die Empfehlungen für die Umgestaltung Buchenwalds erarbeitete. Neben einigen baulichen Veränderungen und Verbesserungen auf dem Lagergelände wurde die alte Ausstellung, die sich in der früheren Effektenkammer befand, beseitigt und durch eine völlig neu gestaltete ersetzt, die 1995 anläßlich der Feierlichkeiten zum 50. Jahrestages der Befreiung Buchenwalds eröffnet wurde. 1997 folgte eine weitere Ausstellung in einem Neubau, die die Geschichte des Speziallagers dokumentiert. Sie ist räumlich und sachlich von der über das Konzentrationslager getrennt. In ihrer Nähe wurden die Gräber der zwischen 1945 und 1955 außerhalb des Lagergeländes verscharrten Häftlinge des Speziallagers kenntlich gemacht. Hier befinden sich auch einige Grabkreuze, die unmittelbar nach dem Untergang der DDR von Angehörigen errichtet worden waren.

1999 wird in der Nähe des Glockenturms eine weitere Ausstellung eröffnet werden, die die Geschichte der Nationalen Mahn- und Gedenkstätte dokumentieren wird. Geplant ist ferner, das sogenannte Kleine Lager zugänglich zu machen und mit einem Denkmal zu versehen. Es soll an das Leid derjenigen meist jüdischen Häftlinge erinnern, die am Ende des Krieges aus den Lagern im Osten hierher gebracht wurden, wo Tausende an Krankheit und Schwäche starben.

Gedenkstätte Buchenwald, Straße der Nationen
99427 Buchenwald, Tel. 036 43/43 01 28

Dachau

Das Konzentrationslager Dachau wurde schon im März 1933 errichtet und gehörte damit zu den ersten nationalsozialistischen Konzentrationslagern. Bewacht wurde es seit April 1933 von der SS. Erster Kommandant war Theodor Eicke, der in Dachau eine Lagerordnung einführte, die dann von den übrigen Konzentrationslagern übernommen wurde.

Im Unterschied zu den meisten anderen Lagern der ersten Phase ist Dachau Ende 1933 nicht geschlossen, sondern ständig vergrößert und weiter ausgebaut worden. Inhaftiert waren neben politischen Häftlingen Zeugen Jehovas und seit den sogenannten »Asozialen«-Aktionen von 1938 auch »Vorbeugungshäftlinge«. Unter ihnen befanden sich viele Sinti und Roma, die aus rassischen Gründen als »asozial« galten. Nach den Novemberpogromen des Jahres wurden Tausende von Juden in Dachau inhaftiert. Sie wurden aber, sofern sie die Torturen überlebt hatten, nach einigen Wochen und Monaten wieder entlassen, wenn sie nachweisen konnten, daß sie zur Emigration bereit und in der Lage waren.

Nach Kriegsausbruch wurden politische Gegner des Nationalsozialismus aus verschiedenen europäischen Ländern nach Dachau verschleppt. Dies führte dazu, daß die Häftlingszahl zwischen 1939 und 1942 von 4.000 auf 8.000 anwuchs. Zu einer weiteren Steigerung kam es am Ende des Krieges, da Dachau viele Häftlinge aus den Lagern im Osten aufnehmen mußte, die auf den »Todesmärschen« nach Westen getrieben worden waren. Insgesamt sind in Dachau und seinen fast 200 Außenlagern 200.000 Menschen inhaftiert worden.

Dachau wurde am 29. April 1945 von amerikanischen Truppen befreit. Sie nutzten die völlig erhaltenen Baracken als Internierungslager für Angehörige der NSDAP und sonstige als gefährlich geltende Personen. Während die amerikanische Armee die SS-Kasernen behielt, wurde das ehemalige Häftlingslager 1948 den deutschen Behörden übergeben, die hier Flüchtlinge aus dem Osten unterbrachten. Mit der Erinnerung an das KZ taten sich die Dachauer und bayerischen Politiker jedoch schwer. Eine kleine Ausstellung, die im ehemaligen Krematorium untergebracht war, wurde 1953 geschlossen. Die ebenfalls gewünschte und bereits beschlossene Zerstörung des Krematoriums und weiterer authentischer Gebäude konnte jedoch 1955 in letzter Minute verhindert werden. Auf Druck der Häftlinge hatte sich nämlich die Bundesregierung in einem Vertrag mit Frankreich verpflichten müssen, die KZ-Gedenkstätten zu erhalten. Dachau war damals alles andere als eine Gedenkstätte. Ihre Errichtung wurde jedoch von den ehemaligen Häftlingen energisch gefordert. Zur Förderung dieses Projekts wurde 1959 ein Kuratorium gebildet. Seine Arbeit war zunächst nicht von Erfolg gekrönt. Dafür handelte die Katholische Kirche, die damals zum ersten Mal wegen ihrer mangelnden Unterstützung der verfolgten Juden kritisiert wurde. Sie ließ 1960 auf dem KZ-Gelände eine »Todesangst Christi-Kapelle« errichten, die zwar an alle Opfer erinnern sollte, tatsächlich aber nur an die Katholiken unter ihnen erinnern konnte. 1963 wurde in der unmittelbaren Nachbarschaft des KZ-Geländes der Grundstein für das Karmel-Kloster »Heilig Blut« gelegt. In den folgenden Jahren wurden zwar noch einige Denkmäler und Kapellen errichtet, die an die protestantischen und jüdischen Opfer erinnern, dennoch war und ist diese religiöse Sinnstiftung Dachaus mindestens genauso problematisch wie die politische Instrumentalisierung Buchenwalds.

Noch problematischer und im Grunde unentschuldbar war, daß nahezu alle noch erhaltenen Bauten des Häftlingslagers zerstört wurden, nachdem es 1965 endlich gelungen war, die auf dem Gelände angesiedelten Flüchtlinge anderweitig unterzubringen. Immerhin konnte im gleichen Jahr – 1965 – eine ständige Ausstellung eröffnet werden, die in der Folgezeit mehrfach erweitert wurde. Gegen den weiterhin unvermindert heftigen Widerstand des Dachauer Stadtrates wurde Dachau zu einer Gedenk- und internationalen Begegnungsstätte. Die Besucherzahlen stiegen sukzessive an. Allerdings sind auch heute noch nur geringe Teile des ehemaligen Konzentrationslagers zu besichtigen. Die ehemaligen SS-Bauten wurden zwar 1972 von der amerikanischen Armee an die bayerischen Behörden übergeben, die hier jedoch Einheiten der Bereitschaftspolizei unterbrachte. Sie führte hier ihre militärähnlichen Übungen durch und verweigerte allen Interessenten den Zutritt zu diesem Teil des ehemaligen KZs. An diesem unbefriedigenden Zustand hat sich bis heute nichts geändert.

KZ-Gedenkstätte Dachau, Alte Römerstraße 75, 85221 Dachau
Tel. 081 31/17 41

Dora-Mittelbau

Das 1943 errichtete Lager Dora-Mittelbau (häufig auch Mittelbau-Dora genannt) bei Nordhausen im Harz war ursprünglich ein Außenlager von Buchenwald. Erst im Oktober 1944 wurde es als selbständiges KZ direkt der Inspektion der Konzentrationslager bzw. dem SS-Wirtschafts-Verwaltungshauptamt unterstellt. Die Häftlinge, die aus fast allen von deutschen Truppen besetzten Ländern Europas stammten, mußten für die deutsche Rüstungsindustrie Zwangsarbeit leisten. Zu diesem Zweck wurde ein riesiges Stollensystem in einen Berg getrieben, der an das eigentliche Lager grenzte, das erst später errichtet wurde. Zuvor waren die Häftlinge unter völlig unerträglichen Bedingungen im Stollen untergebracht. In dieser unterirdischen Fabrik wurden im Fließbandverfahren Raketen, die sogenanten »Vergeltungswaffen« V1 und V2 hergestellt. Die Arbeits- und Lebensbedingungen waren so schlecht, daß viele Häftlinge schon nach wenigen Wochen starben. Dora-Mittelbau gewann dadurch fast den Charakter eines Vernichtungslagers, und zwar der »Vernichtung durch Arbeit«.

Nachdem die Amerikaner und schließlich auch die Sowjets 1945 alle noch vorhandenen Raketen und Fabrikationsanlagen mit sich genommen hatten, sollte das Stollensystem gesprengt werden. Doch dies gelang nur teilweise. Die erhalten gebliebenen Stollen wurden in der DDR-Zeit als Lagerräume (unter anderem für Bananen) genützt. Der Stollen insgesamt war für Besucher der Gedenkstätte, die 1966 auf dem Lagergelände eröffnet wurde, nicht zugänglich.

1992 empfahl die von der thüringischen Landesregierung eingesetzte Historikerkommission, die im ehemaligen Krematorium gezeigte Ausstellung zu schließen und durch eine neue zu ersetzen. Sie wurde 1995 in einer restaurierten ehemaligen Barracke eröffnet. Im gleichen Jahr wurde auch auf Empfehlung der genannten Kommission ein Teil des Stollensystem für Besucher zugänglich gemacht. Der Eindruck, der sich ihnen bietet, ist bedrückend. Geplant und teilweise bereits realisiert ist die Beseitigung von Bäumen und Büschen, die auf dem Lagergelände gewachsen sind. Es ist nun begehbar geworden und wird durch Hinweistafeln erläutert.

Gedenkstätte »Mittelbau-Dora«, 99734 Nordhausen
Tel. 036 31/36 36

Emslandlager

Bei den Emslandlagern handelte es sich um insgesamt 15 Lager unterschiedlichen Charakters, die in der NS-Zeit in der Region zwischen Papenburg im Norden und Lingen im Süden errichtet wurden. Die ersten Lager waren Börgermoor, Esterwegen und Neusustrum. Sie wurden im Sommer 1933 als Konzentrationslager gegründet und von Einheiten der SS bewacht. Bei den Häftlingen handelte es sich fast ausschließliche um politische. Darunter befanden sich mehrere bekannte Politiker der KPD und auch der SPD. Der prominenteste war Carl v. Ossietzky, der Anfang 1934 in der KZ Esterwegen eingeliefert wurde.

Die Häftlinge wurden zur Moorkultivierung eingesetzt. Dabei erhielten sie so gut wie keine technischen Hilfsmittel. Hinzu kamen die schlechten klimatischen Bedingungen und das rücksichtslose Verhalten des Wachpersonals. Die Emslandlager wurden zur »Hölle im Moor«. Dennoch ist es den politischen Häftlingen sehr bald gelungen, eine konspirative Lagerleitung zu gründen. Unter den Augen der Bewacher führten sie ferner verschiedene offizielle kulturelle und politische Aktivitäten durch. In diesem Zusammenhang entstand das von Wolfgang Langhoff und Rudi Goguel verfaßte und vertonte »Moorsoldatenlied«.

Im April 1934 wurden die Konzentrationslager Börgermoor und Neusustrum von der Justizverwaltung übernommen und in normale Strafgefangenenlager umgewandelt. Esterwegen bestand dagegen noch bis Ende September 1936. Dann wurde auch dieses Konzentrationslager aufgelöst. Die Häftlinge, unter denen sich jetzt auch Zeugen Jehovas und angebliche Kriminelle befanden, überführte man nach Sachsenhausen, wo sie zum Aufbau des Lagers eingesetzt wurden.

Nach Kriegsbeginn wurden die bisherigen drei und weitere zehn neu gegründete Lager zur Unterbringung von Militär- und Kriegsgefangenen sowie Angehörigen der westeuropäischen Widerstandsbewegungen genützt. Zwei weitere Lager, nämlich Versen und Dalum waren Außenlager des KZ Neuengamme. Insgesamt waren fast 50.000 Menschen in den Emslandlagern inhaftiert, von denen etwa 2.000 umkamen. Dabei sind die sowjetischen Kriegsgefangenen nicht mit berücksicht weil ihre genaue Zahl bis heute nicht bekannt ist.

Obwohl die Emslandlager Börgermoor, Esterwegen und Neusustrum in der antifaschistischen Publizistik häufig erwähnt und beschrieben worden sind, weshalb sie fast weltweit bekannt waren, ist die Erinnerung an sie nach 1945 geradezu systematisch verdrängt worden. Zunächst sind einige der Lager als Unterkünfte für Flüchtlinge genützt worden. Danach wurden die Baracken und die übrigen noch vorhandenen Gebäude zerstört. Die Gelände selber wurden zu Ackerland umgewandelt oder mit Siedlungshäusern überbaut. Das ehemalige KZ Esterwegen, das nicht zuletzt wegen Carl v. Ossietzky in aller Welt bekannt war, diente dagegen zunächst als britisches Internierungslager, dann als deutsches Gefängnis und schließlich seit 1962 als Bekleidungsdepot der Bundeswehr. Daran hat sich bis heute nichts geändert.

Der Standort der übrigen Emslandlager ist erst seit 1995 durch Gedenktafeln gekennzeichnet. Auf dem Friedhof von Esterwegen/Bockhorst wurde in den 60er Jahren eine provisorische Gedenkstätte errichtet, die 1985 in eine ständige Dauerausstellung umgewandelt wurde. Und dies geschah erst auf Druck der ehemaligen Häftlinge und von verschiedenen linken Gruppen, die seit den 60er Jahren Treffen und sogenannte Workcamps auf dem Gelände einiger der ehemaligen Emslandlager durchgeführt haben.

DIZ Emslandlager, Wiek rechts 22, 26871 Papenburg
Tel. 049 61/49 71

Flossenbürg

Das im Frühjahr 1938 errichtete Konzentrationslager Flossenbürg im Oberpfälzer Wald hatte von Anfang den Charakter eines Sklavenarbeitslagers. Dies war von der SS gewollt, die diesen Standort vor allem deshalb gewählt hatte, weil es hier einen Granitsteinbruch gab, der der SS-eigenen »Deutschen Erd- und Steinwerke GmbH« gehörte. Granitsteine wurden damals für den von Albert Speer geleiteten Umbau Berlins zur Hauptstadt des »Großdeutschen Reiches«, die »Germania« genannt werden sollte, gebraucht. Nach Kriegsausbruch wurden diese Umbaupläne jedoch zunächst verlangsamt und dann ganz eingestellt. Dies hatte zur Folge, daß die SS ihre Arbeitssklaven jetzt auch für andere Zwecke verwandte. Häftlinge aus Flossenbürg und seinen schließlich über 100 Außenlagern wurden an verschiedene Privatbetriebe »ausgeliehen«. Im Mittelpunkt stand die Messerschmitt-Jägerproduktion. Flossenbürg wurde damit zu einem bedeutenden Standort der deutschen Rüstungsindustrie.

Doch dies ist natürlich nur ein Aspekt. In Flossenbürg sind von den insgesamt 100.000 Häftlingen fast ein Drittel umgekommen. Schon diese nüchterne Zahl unterstreicht den besonderen Charakter des KZ Flossenbürg, das zwar nicht wie Auschwitz-Birkenau und die übrigen »Todesfabriken« als Vernichtungslager anzusehen ist, das aber im weiteren Verlauf des Krieges zunehmend als Vernichtungsstätte diente. Betroffen waren einmal sowjetische Kriegsgefangene, die zu Tausenden in Flossenbürg erschossen wurden. Die Massenerschießungen wurden erst eingestellt, nachdem sich die umwohnenden Bauern darüber beschwert hatten, daß sich die Bäche der Umgebung durch das Blut der erschossenen Menschen rot gefärbt hatten. Danach wurden die Massenmorde mit Giftspritzen durchgeführt. In Flossenbürg wurden ferner Tausende von Todesurteilen vollstreckt, die deutsche Gerichte gegen Ausländer und Angehörige der deutschen Widerstandsbewegung verhängt hatten.

Flossenbürg unterscheidet sich von anderen Konzentrationslagern aber auch durch die Zusammensetzung der Häftlingsgesellschaf, in der zunächst die mit einem grünen und schwarzen Winkel gekennzeichneten »Kriminellen« und »Asozialen« die überwältigende Mehrheit stellten. Auch nachdem neben Sinti und Roma auch politische Häftlinge eingeliefert worden waren, blieben die so wichtigen Kapo- und Funktionshäftlingsstellen in der Hand der Männer mit dem schwarzen und grünen Winkel. Dies hat gerade in Flossenbürg zu sehr heftigen internen Konflikten geführt, über die wiederum überlebende politische Häftlinge sehr engagiert und vielleicht auch etwas voreingenommen berichtet haben.

Doch diese besondere Geschichte war nicht der einzige Grund, weshalb auch die Nachgeschichte Flossenbürgs einen besonderen Charakter hatte. Nachdem Flossenbürg 1945 noch als Lager für sogenannte Displaced Persons (DPs), darunter viele Überlebende des Holocausts, gedient hatte, wurde es in den 50er und 60er Jahren geradezu systematisch zerstört und für andere Zwecke verwandt. Auf dem Gelände wurden kleinere Industriebetriebe errichtet. Die erhalten gebliebenen Gebäude der SS wurden zu Sozialwohnungen umgewandelt. Aus dem Casino der SS machte man eine Gastwirtschaft, die es heute noch gibt. Das schließlich der »Bayerischen Schlösser-, Gärten- und Seen-Verwaltung« unterstellte ehemalige KZ-Gelände erhielt im Laufe der Zeit einen parkartigen Charakter mit schönen Blumen und Bäumen.

Das Gedenken kam – und kommt bis heute – dabei etwas zu kurz, um es gelinde auszudrücken. Zwar wurden bereits 1946 eine Ehrenfriedhof und 1947 eine katholische Kapelle errichtet, die den zumindest für Nichtkatholiken merkwürdigen Namen »Jesus im Kerker« erhielt, doch dann geschah lange Zeit nichts. Einige authentische Bauten wurden sogar noch in den 60er Jahren abgerissen. Erst in den 80er und 90er Jahren wurden einige Gedenksteine errichtet. Darunter zwei für die jüdischen Opfer. Der eine befindet sich hinter dem ehemaligen Krematorium, der andere auf der Treppe zur »Jesus im Kerker«-Kapelle. Beides ist genauso befremdlich wie die Tatsache, daß ein sogenannter Dokumentenraum in einer Baracke untergebracht ist, in der sich das Häftlingsbordell befand.

1995 hat der Bayrische Landtag zwar beschlossen, die Gedenkstättenarbeit in Flossenbürg zu intensivieren, doch bis heute gibt es in Flossenbürg kein hauptamtliches Personal, womit sich die Gedenkstätten Flossenbürg von allen anderen auf dem Gebiet der Bundesrepublik Deutschland unterscheidet.

Informationsbüro KZ-Grab- und Gedenkstätte bei der Gemeinde Flossenbürg, Rathaus, Hohenstaufenstr. 24, 92696 Flossenbürg
Tel. 096 03/10 81

Majdanek

Das Konzentrations- und Vernichtungslager Majdanek wurde im Sommer 1941 errichtet. Es befand sich auf einem 2,7 Quadratkilometer großen Gelände am Stadtrand von Lublin. Die Häftlinge mußten Zwangsarbeit in Betrieben und Werkstätten leisten, die sich sowohl auf dem Lagergelände wie in und um Lublin befanden. Kranke und arbeitsunfähig gewordene Häftlinge wurden in den Gaskammern von Majdanek ermordet. Dieses Schicksal traf auch Neuankömmlinge, die ähnlich wie in Auschwitz »selektiert« und vergast wurden. Die Hälfte der insgesamt 500.000 Häftlinge Majdaneks sind ermordet worden. Majdanek wurde von den sowjetischen Truppen bereits im Juli 1944 befreit. Es war völlig unzerstört. Die polnischen Behörden stellten es 1947 unter Denkmalsschutz. Größere Denkmäler wurden erst viel später errichtet. Das eindrucksvollste befindet sich in Nachbarschaft des ehemaligen Krematoriums. Es erinnert an alle Opfer. Daher ist es anders als in Auschwitz nicht zu Auseinandersetzungen zwischen polnischen und jüdischen Repräsentanten gekommen. Die Gedenkstättenleitung hat die zahlreichen erhaltenen originalen Relikte sehr zurückhaltend präsentiert und erläutert. Die Wirkung ist gerade deshalb besonders groß.

Mauthausen

Das Konzentrationslager Mauthausen wurden am 8. August 1938 eröffnet. Die Häftlinge mußten zunächst in einem naheliegenden Steinbruch arbeiten. Die Verhältnisse waren so schlimm, daß Mauthausen von Himmler in die höchste Kategorie III eingeteilt wurde. Dies hieß einerseits, daß in Mauthausen nahezu von Anfang an »Vernichtung durch Arbeit« praktiziert wurde, weshalb andererseits vor allem solche Häftlinge nach Mauthausen verschleppt wurden, die aus der Sicht der Nazis als besonders gefährlich oder »minderwertig« angesehen wurden.

Der Charakter Mauthausens als Vernichtungsstätte wurde noch durch die Tatsache unterstrichen, daß die Mordanstalt Schloß Hartheim offiziell als Außenkommando des KZ Mauthausen fungierte.

Nach der Befreiung wurde das vollständig erhaltene Lager von der Roten Armee als Kaserne genutzt. Doch schon 1947 wurde Mauthausen den österreichischen Behörden mit der Bitte übergeben, das ehemalige KZ zur Gedenkstätte umzuwandeln. Dies geschah: 1949 stellte die Republik Österreich Mauthausen unter Denkmalschutz. Ein erstes Denkmal wurde noch im gleichen Jahr errichtet. Weitere folgten. Ein Museum zur Geschichte des Konzentrationslagers wurde jedoch erst 1970 eröffnet. Das Lagergelände selber wurde weit weniger verändert als dies in den Gedenkstätten der früheren DDR und der alten Bundesrepublik der Fall gewesen ist. Daher sind in Mauthausen noch zahlreiche authentische Bauten und andere Überreste erhalten.

Moringen

In der bei Göttingen gelegenen Kleinstadt Moringen sind in der NS-Zeit drei unterschiedliche Zwangslager errichtet worden. Im März 1933 gründeten die Nationalsozialisten in den Gebäuden eines früheren, »Provinzialwerkhaus« genannten, Gefängnisses ein Konzentrationslager für politische Häftlinge aus der gesamten (preußischen) Provinz Hannover. Waren es zunächst nur Männer, wurden seit Juni 1933 auch Frauen eingewiesen. Im Oktober 1933 ordnete der preußiche Innenminister an, alle weiblichen Schutzhäftlinge aus Preußen und dem gesamten Reich nach Moringen zu verlegen. Moringen wurde zum ersten Frauenkonzentrationslager. Inhaftiert waren neben politischen Schutzhäftlingen Zeuginnen Jehovas, sogenannte Asoziale, Jüdinnen, die aus der Emigration nach Deutschland zurückgekehrt waren, sowie Frauen, denen sexuelle Kontakte mit Juden vorgeworfen wurden. Die Zahl der inhaftieren Frauen, die Zwangsarbeit für das Winterhilfswerk leisten mußten, stieg bis 1937 auf über 500 an. Da in Moringen für ihre Unterbringung nicht genügend Raum zur Verfügung stand, wurden Häftlinge seit 1937 auf die Lichtenburg bei Wittenberg verbracht, wo das zweite Frauenkonzentrationslager errichtet wurde. Nach der Überführung der letzten Häftlinge wurde das Frauenkonzentrationslager Moringen im März 1938 geschlossen.

An seine Stelle trat im März 1940 das »Jugendschutzlager« Moringen für männliche Jugendliche, die alle Zwangsarbeit in Betrieben der SS, der Wehrmacht und der Privatwirtschaft verrichten mußten. Unter den Jugendlichen befanden sich solche, die vom Reichskriminalpolizeiamt als »asozial« eingestuft worden waren, Angehörige der Glaubensgemeinschaft der Zeugen Jehovas, verschiedene Juden und Sinti und Roma sowie Mitglieder der oppositionellen »Swingjugend«. Auf Veranlassung von Dr. Dr. Robert Ritter vom Kriminalbiologischen Institut des Reichssicherheitshauptamtes wurden sie nach kriminalbiologischen Kriterien in verschiedene »Blöcke« eingeteilt. Davon hing sowohl ihre Behandlung im Lager wie die Frage ab, ob sie mit Erreichen der Volljährigkeit zur Wehrmacht eingezogen oder in eine Konzentrationslager eingewiesen wurden. Mindestens 55 Jugendliche haben die Haft im »Jugendschutzlager« Moringen nicht überlebt. Ihre Leichen wurden auf einem speziellen Feld des Moringer Friedhofes beerdigt.

Nach 1945 ist die Geschichte des Konzentrationslagers für Männer und Frauen sowie des »Jugendschutzlagers« geradezu systematisch verschwiegen worden. Die vollständig erhaltenen Gebäude des Lagers und ehemaligen Provinzialwerkhause wurden als Landeskrankenhaus für forensische Psychiatrie genützt. Hier wurden und sind heute immer noch straffällig gewordene Personen eingesperrt, die gemäß des Paragraphen 51 des Strafgesetzbuches als unzurechnungsfähig eingestuft worden sind.

Die Zeit der Verdrängung und Leugnung dauerte bis in die 80er Jahre. Der erste, der das allgemeine Schweigen brach, war der Moringer Pfarrer Hickmann, der im Jahr 1982 in einer Predigt zum Volkstrauertag auf das Schicksal der ermordeten Insassen des »Jugendschutzlagers« hinwies. Er wurde in Moringen selber als »Nestbeschmutzer« beschimpft, fand aber bei ehemaligen Häftlingen und anderen auch Zustimmung. 1986 wurde eine Gedenktafel und ein kleiner Dokumentenraum im Gebäude des nunmehrigen Landeskrankenhauses eingerichtet. Dieses Ausstellung wurde 1993 erweitert. Sie wird von ehrenamtlichen Kräften geleitet und ist an einem Nachmittag der Woche (mittwochs) und nach Voranmeldung zu besichtigen.

Gedenkstätte Moringen, Lange Str. 58, 37186 Moringen
Tel. 055 54/25 29

Neuengamme

Dieses am Stadtrand von Hamburg befindliche Konzentrationslager wurde im Dezember 1938 errichtet. Es war zunächst ein Außenlager des KZ Sachsenhausen und wurde im Juni 1940 selbständig. Eingerichtet wurde es auf dem Gelände einer ehemaligen Ziegelei, die von der SS-eigenen »Deutschen Erd- und Steinwerke (DEST)« erworben worden war. Die Häftlinge, deren Zahl bis zum Frühjahr 1940 bereits auf 2.000 angestiegen war, wurden zunächst vor allem zur Herstellung von Ziegelsteinen eingesetzt. Seit 1941/42 mußten sie darüber hinaus auch Zwangsarbeit für die deutsche Rüstungsindustrie verrichten. Zu diesem Zeitpunkt befanden sich bereits über 4.000 Häftlinge in Neuengamme sowie in verschiedenen Außenlagern. Die meisten von ihnen stammten aus Polen, der Tschechei, Belgien, den Niederlanden sowie schließlich auch aus Dänemark und Norwegen. Außerdem befanden sich sowjetische Kriegsgefangene im Lager, die von den übrigen strikt separiert waren. Viele von ihnen sind ermordet worden, und zwar seit September 1942 durch das Gas Zyklon B.

Insgesamt waren in Neuengamme und seinen 70 Außenlagern mehr als 40.000 männliche und über 10.000 weibliche Häftlinge eingesperrt. Ein großer Teil von ihnen ist zur Zwangsarbeit in externen Arbeitskommandos abkommandiert worden. Darunter befand sich eine SS-Baubrigade, die die Häftlinge in Bremen und Osnabrück zur Trümmerbeseitigung und Blindgängerentschärfung einsetzte. Große Außenlager waren das KZ Drütte auf dem Gelände der »Reichswerke Hermann Gröing« in Salzgitter-Watenstedt, wo über 3.000 Häftlinge zur Zwangsarbeit eingesetzt waren, sowie das Lager Ladelund bei Niebüll in Schleswig-Holstein.

Als sich die alliierten Truppen im April 1945 Neuengamme näherten, wurde das Lager geräumt. 4.000 Häftlinge wurden nach Lübeck verbracht, wo sie in zwei Schiffe eingesperrt wurden, die in der Lübecker Bucht vor Anker lagen. Dabei handelte es sich um den Passagierdampfer »Cap Arcona« und das Frachtschiff »Thielbeck«. Am 3. Mai 1945 wurden beide Schiffe, in denen inzwischen mehr als 10.000 Häftlinge eingesperrt worden waren, von englischen Flugzeugen zerstört. Nur knapp 400 Häftlinge haben den Angriff überlebt. Die übrigen ertranken oder verbrannten bei lebendigem Leibe.

1945 wurde das vollstäng erhaltene Konzentrationslager Neuengamme von der britischen Militärregierung in ein Internierungslager umgewandelt. Sie machte 1948 14 führenden SS-Offizieren und Ärzten, die auch in Neuengamme grausame Versuche an inhaftierten Menschen durchgeführt hatten, den Prozeß. Elf von ihnen wurden wegen Verbrechen gegen die Menschlichkeit zum Tode verurteilt und hingerichtet.

Zur Vorbereitung dieses Prozesses im Hamburger Curio-Haus hatten die englischen Strafverfolger zahlreiche aussagekräftige Materialien gesammelt. Sie hätten den Grundstock für ein Museum am Ort des Geschehens sein können. Die Stadt Hamburg entschied jedoch anders. Nach der Auflösung des Internierungslagers im Jahr 1948 wurden die meisten Gebäude des früheren Konzentrationslagers zerstört, um Platz für den Bau eines neuen Gefängnisses zu schaffen. Erst auf Drängen der ehemaligen KZ-Häftlinge, die sich 1958 zur

»Amicale Internationale de Neuengamme« zusammenschlossen, wurde 1953 eine sehr kleine und 1958 eine etwas größere Gedenkstätte errichtet. 1979 beschloß die Hamburger Bürgerschaft endlich, ein sogenanntes Dokumentenhaus zu bauen, das 1981 eingeweiht wurde. Der überwiegende Teil des Lagergeländes wurde aber weiterhin von einem Gefängnis – inzwischen eine Jugendstrafanstalt – und einer Werft genutzt. Beides wurde von den ehemaligen Häftlingen und großen Teilen der Weltöffentlichkeit kritisiert. Diesem Drängen gab der Hamburger Senat 1989 durch den Beschluß nach, die Jugendstrafanstalt zu verlegen. Dieser Beschluß ist aber bis heute aus, wie es heißt, finanziellen Gründen nicht realisiert worden. Immerhin konnte 1995 eine neue Dauererstellung eröffnet werden. Sie befindet sich in unmittelbarer Nachbarschaft des Gefängnisses. Beide – Gefängnis wie Gedenkstätte – teilen sich gewissermaßen das ehemalige Konzentrationslager.

In den 80er er Jahren sind auf dem Gelände von einigen Außenlagern von Neuengamme einige kleinere Gedenkstätten errichtet worden. Zu erwähnen sind die Gedenkstätten »Drütte« in Salzgitter, Beendorf bei Helmstedt, Ladelund bei Niebüll sowie die Außenlager »Sasel« und »Bullenhuser Damm« in Hamburg.

KZ-Gedenkstätte Neuengamme, Jean-Dolidier-Weg
21030 Hamburg, Tel. 040/72 37 45 25

Ravensbrück

Das Konzentrationslager Ravensbrück am Rande der mecklenburgischen (jetzt brandenburgischen) Kleinstadt Fürstenberg wurde im Winter 1938/39 von Häftlingen aus Sachsenhausen errichtet. Konzipiert war es für zunächst 2.000 weibliche Häftlinge, die im Mai 1939 aus dem KZ Lichtenburg nach Ravensbrück verlegt wurden. Darunter befanden sich neben politischen Häftlingen Sintizas und sogenannte »asoziale« Frauen. Nach Kriegsausbruch kamen dann Frauen aus fast ganz Europa hinzu. Die meisten von ihnen waren Mitglieder von politischen Widerstandsgruppen oder deren Angehörige. Hinzu kamen viele Jüdinnen und Sintizas.

Im April 1941 wurde auf dem Lagergelände noch ein »kleines Männerlager« und im Juni 1942 in unmittelbarer Nähe des KZs das

»Jugendschutzlager Uckermark« für weibliche Jugendliche errichtet. Die Häftlinge dieser drei Lager wurden zur Zwangsarbeit eingesetzt. Zunächst in SS-eigenen Betrieben in der unmittelbaren Nachbarschaft des Lagers, dann in weiteren Betrieben in der näheren und weiteren Umgebung. Schließlich errichteten verschiedene Industriebetriebe, darunter vor allem Siemens im Lager selber neue große Fabrikationsanlagen.

Insgesamt waren im Lagerkomplex Ravensbrück und seinen 45 Außenkommandos weit über 100.000 Menschen inhaftiert. Nach allerdings umstrittenen Schätzungen sollen 90.000 von ihnen ermordet worden seien. Auch wenn diese Zahl zu hoch gegriffen sein sollte, war die Todesrate in Ravensbrück unverhältnismäßig hoch. Dies hatte mehrere Gründe.

Einmal lag dies an dem brutalen Verhalten der Angehörigen der SS-Wachmannschaften, die überwiegend aus Frauen bestanden. Einige von ihnen zeichneten sich durch besondere Grausamkeit aus. Unterstützt wurden sie dabei von verschiedenen skrupellosen Funktionshäftlingen, die sich selbst dazu bereit fanden, die verhängten Lagerstrafen zu exekutieren. Diese Torturen führten bei den völlig geschwächten Frauen häufig zum Tode. Viele Frauen starben auch an den Folgen der Bißverletzungen, die ihnen die Hunde der Aufseherinnen beigebracht hatten. Schließlich ist darauf hinzuweisen, daß gerade Ravensbrück zu einem Zentrum der unmenschlichen medizinischen Versuche wurde, die von SS-Ärzten durchgeführt wurden.

Dabei standen Experimente im Mittelpunkt, wie man mit Hilfe von Röntgenstrahlen möglichst viele Frauen in möglichst kurzer Zeit sterilisieren, bzw. kastrieren könne. Hintergrund dieser entsetzlichen Experimente, die zur Verstümmelung und nicht selten zum qualvollen Tod der betroffenen Frauen führten, waren Überlegungen, ganze Völker zu vernichten, indem man alle gebärfähigen Frauen sterilisierte. Dieses Verfahren wollte man vor allem auf die slawischen Völker anwenden, die man im Unterschied zu den Juden und Sinti und Roma nicht sofort ermorden wollte, weil man meinte, ihre Sklavenarbeitskraft noch für eine gewisse Zeit zu benötigen.

Diese geschlechtsspezifischen Faktoren haben dem größten Frauenkonzentrationslager Ravensbrück einen besonderen, und zwar besonders grausamen Charakter verliehen. Schon deshalb hätte es nach

1945 nahe gelegen, Ravensbrück zu einem besonderen Gedenkort auszugestalten. Doch dies ist nur ansatzweise geschehen. Zwar wurde 1959 eine »Nationale Mahn- und Gedenkstätte« eingeweiht. Doch sie befand sich auf einem ganz kleinen Teil des gesamten Lagerareals, das ansonsten völlig unzugänglich war, weil es von den sowjetischen Streitkräften genützt wurde. Zu sehen waren in der DDR-Zeit nur das Krematorium, das Sondergefängnis und die ehemalige Kommandantur. In diesen Gebäuden, die sich alle außerhalb des Häftlingslagers befanden, wurden in den 80er Jahren zwei Ausstellungen errichtet, von denen sich nur eine auf ziemlich knappen Raum mit der Geschichte von Ravensbrück selber beschäftigte. Die größere thematisierte die allgemeine Geschichte des »antifaschistischen Widerstandskampfes«.

1990/91 wurde noch auf dem KZ-Gelände selber in unmittelbarer Nachbarschaft der erhalten gebliebenen Villen der KZ-Kommandeure und Unterkünfte der Aufseherinnen eine Supermarkt errichtet, was zwar nicht in Fürstenberg selber, wohl aber im Ausland auf so heftige Proteste stieß, daß der schon fertiggestellte Supermarkt dann doch nicht eröffnet wurde. Er wird jetzt als Lagerraum für Materialien des Katastrophenschutzes genützt.

Bis Ende 1998 sind zwar einige Veränderungen in den schon in der DDR-Zeit errichteten Ausstellungen unternommen worden, doch eine neue umfassende Ausstellung über Ravensbrück und das »Jugendschutzlager Uckermark« steht noch aus. Auch das gesamte Gelände des KZs, das, wie gesagt, von sowjetischen Truppen genützt worden war, kann heute nur in ganz geringen Teilen betreten werden. Es soll jedoch in Zukunft freigelegt und museal gestaltet werden.

Andererseits, und dies muß auch erwähnt werden, hat es bereits in der DDR-Zeit mehrere große und eindrucksvolle Treffen von überlebenden Frauen gegeben, die jedes Jahr aus verschiedenen europäischen Ländern nach Ravensbrück gekommen sind. So war es auch 1995 anläßlich des 50. Jahrestages der Befreiung von Ravensbrück.

Mahn- und Gedenkstätte Ravensbrück, Straße der Nationen 2
16798 Fürstenberg, Tel. 03 30 93/392 41

Sachsenhausen

Das Konzentrationslager Sachsenhausen wurde im Sommer 1936 – im nahen Berlin fand zur gleichen Zeit die Olympiade statt – am Stadtrand von Oranienburg errichtet. Maßgebend für die Standortwahl war einmal die räumliche Nähe zu Berlin, das schon damals von Oranienburg aus mit der S-Bahn zu erreichen war. Doch diese günstige Verkehrsverbindung war nicht der einzige Grund. Vermuteten die Nationalsozialisten doch im nahegelegenen Berlin das Zentrum des Widerstandes. 1933 war dies nicht unbegründet gewesen. Tausende von Angehörigen der politischen, vornehmlich kommunistischen Opposition waren in den ersten Monaten des Jahres 1933 in Berliner Gefängnisse und die eigens zu diesem Zweck errichteten sogenannten wilden Konzentrationslager verschleppt worden. Die größten und bekanntesten waren in ehemaligen Kasernen in der General-Pape-Straße und am Columbiadamm untergebracht. Weitere Konzentrationslager befanden sich in der näheren und weiteren Umgebung von Berlin. Dazu gehörte auch das bereits im März 1933 in einer Brauerei eröffnete Konzentrationslager Oranienburg. Mit Ausnahme des Konzentrationslagers Columbiadamm, das im Sommer 1936 noch bestand, waren alle Konzentrationslager dieser Phase im Verlauf des Jahres 1933 und 1934 wieder geschlossen worden. Das neue Konzentrationslager Sachsenhausen sollte diese frühen Lager gewissermaßen ersetzen.

Sachsenhausen war das erste Konzentrationslager der zweiten Phase und hatte schon deshalb eine gewisse Modellfunktion. Darauf deutet bereits die von einem Architekten entworfene Anlage hin. Das Häftlingslager hatte die Form eines gleichschenkligen Dreiecks. Die Baracken waren in Halbkreisen angelegt, die von der Spitze des Dreiecks aus immer größer wurden, um schließlich den zentralen Appellplatz auf der Bodenseite des Dreiecks zu umrahmen. Dieser Appellplatz und das gesamte hinter ihm liegende Lager wurde von einem Eingangsturm beherrscht, dessen Tor mit dem zynischen Spruch »Arbeit macht frei« geziert war. Beherrscht ist wörtlich gemeint, denn auf dem Balkon des Torturms war ein schweres Maschinengewehr postiert, in dessem Schußfeld das gesamte Lager lag. Die strikt geometrische Gestalt dieses »Musterlagers« hatte also auch eine praktische Funktion.

Das Häftlingslager war auf allen drei Seiten von Industriebetrieben und den Kasernen und Häusern für die Wachmannschaften der SS umgeben. Diese Dreigliederung kennzeichnete auch alle anderen später errichteten Konzentrationslager. In Sachsenhausen war der SS-Komplex jedoch besonders groß, weil hier in einem 1938 errichteten Gebäude die zentrale »Inspektion der Konzentrationslager« residierte.

Die Zahl der Häftlinge stieg von 2.500 Ende 1937 auf über 10.000 zu Beginn des Krieges an, um schließlich Ende 1944 mit fast 50.000 den Höchststand zu erreichen. Sie wurden in Sachsenhausen und seinen über 70 Außenlagern zur Zwangsarbeit eingesetzt. Das erste dieser Außenlager war das sogenannte Klinkerwerk, das etwa einen Kilometer vom Stammlager entfernt an einem Kanal lag. Die Häftlinge mußten hier Ziegelsteine herstellen, die für den Umbau Berlins gebraucht wurden. Im weiteren Verlauf des Krieges wurden die Häftlinge jedoch fast ausschließlich innerhalb der Rüstungsindustrie eingesetzt.

In Sachsenhausen befanden sich neben politischen deutschen und ausländischen Häftlingen, sogenannten »Asozialen«, Homosexuellen, Zeugen Jehovas, Sinti und Roma und – seit 1938 – Juden auch viele sowjetische Soldaten. Tausende von ihnen sind seit Ende 1941 in Sachsenhausen ermordet worden. Zu diesem Zweck hat die SS eine Art Todesfabrik errichtet, die aus einem Erschießungsgraben, einer Genickschußanlage und einem Krematorium bestand. Diese Mordanstalt wurde zynisch nach dem letzten Buchstaben im Alphabet »Station Z« genannt.

Ende April 1945 wurden die noch insgesamt 33.000 Häftlinge von Sachsenhausen aus in Richtung Ostsee getrieben. Sie sollten auf Schiffe verladen und anschließend versenkt werden. Schon während dieses angeblichen »Evakuierungs«-Marsches wurden Tausende von Häftlingen ermordet, wenn sie nicht mehr weiter konnten. Diese Todesmärsche endeten erst, als die sowjetische Armee diese Kolonnen erreichten und die Häftlinge befreiten.

Das befreite KZ Sachsenhausen wandelten die Sowjets in ein »Speziallager« um, das bis 1950 bestand. Danach wurden die weitaus meisten Baracken und Gebäude des Häftlingslagers zerstört. An ihrer Stelle entstand eine »Nationale Mahn- und Gedenkstätte«, die 1961 eingeweiht wurde. Die umliegenden Industriegebäude sowie die Kasernen und Häuser der SS wurden dagegen von der Nationalen Volksarmee sowie von Privatpersonen genützt und waren genauso wie das »Klinkerwerk« der Öffentlichkeit nicht zugänglich.

In der Ausstellung zur Geschichte des Konzentrationslagers wurde das Schicksal der kommunistischen Häftlinge besonders hervorgehoben. Die anderen Häftlingsgruppen wurden, obwohl sie die weit überwiegende Mehrheit stellten, nur am Rande erwähnt. Diese Einseitigkeit der Betrachtung, die sich auch in der Architektur und Ikonographie der Denkmäler fortsetzte, wurde 1988 durch die Eröffnung einer Ausstellung über das Schicksal der jüdischen Häftlinge etwas korrigiert.

Auf diese Ausstellung, die in einer rekonstruierten Baracke untergebracht war, haben Rechtsextremisten im Jahr 1992 einen Brandanschlag verübt, der weltweit große Empörung hervorrief. Die bei diesem Anschlag fast völlig zerstörte Baracke ist inzwischen wieder aufgebaut worden. Hier befindet sich jetzt eine vergrößerte Ausstellung, in der die Geschichte der jüdischen Häftlinge Sachsenhausens und der nationalsozialistischen Judenverfolgung insgesamt dokumentiert wird.

Wie in Buchenwald sind alle in der DDR-Zeit errichteten Bauten und Denkmäler noch vorhanden. Selbst die erwähnte Ausstellung kann man noch besichtigen. Sie ist jedoch durch eine zur Geschichte des »Speziallagers« ergänzt worden, die aber viele sachliche Fehler enthält. Für Besucher zugänglich gemacht wurde (bzw. wird in Kürze) neben dem Gräberfeld für die Opfer des »Speziallagers« auch das »Klinkerwerk«. Geplant ist einmal, weitere spezielle Ausstellungen zur Geschichte der einzelnen Häftlingsgruppen zu errichten. Ferner möchte man einige der noch erhaltenen und jetzt leer stehenden Häuser und Kasernen der SS (in denen für kurze Zeit auch eine Einheit der Bundeswehr untergebracht war), in eine Internationale Begegnungsstätte umwandeln. Die Verwirklichung dieser Pläne ist jedoch gefährdet, weil die Finanzierung nicht gesichert ist.

Gedenkstätte und Museum Sachsenhausen, Straße der Nationen
16515 Oranienburg, Tel. 033 01/81 00 18

Kommentierte Literaturhinweise

Zur Geschichte der Konzentrations- und anderen nationalsozialitischen Zwangslager

Arad, Yitzhak: Belzec, Sobibór, Treblinka, Bloomington 1987
Dieses leider nicht ins Deutsche übersetzte Buch des israelischen Historikers ist das bei weitem beste über die »Todesfabriken«.

Arndt, Ino u.a.: Studien zur Geschichte der Konzentrationslager, Stuttgart 1970
In diesem Sammelband werden die Lager Fuhlsbüttel, Neuengamme, Mauthausen, Ravensbrück, Bergen-Belsen und Dora-Mittelbau von fachkompetenter Seite behandelt. Insgesamt ist der Band noch keineswegs überholt.

Broszat, Martin: Nationalsozialistische Konzentrationslager 1933–1945, in: Hans Buchheim u.a., Anatomie des SS-Staates, Bd. 2 München 1967, S. 11–160
Obwohl in einigen Punkten überholt, ist diese knappe Gesamtdarstellung immer noch die bei weitem beste.

Drobisch, Klaus/Wieland, Günther: System der NS-Konzentrationslager 1933–1939, Berlin 1993
Der Historiker Drobisch und der Jurist Wieland haben schon zu DDR-Zeiten verschiedene Beiträge zur Geschichte der Konzentrationslager veröffentlicht, auf die sie sich hier stützen. Das Buch ist sehr materialreich, reicht aber nur bis 1939.

Eiber, Ludwig (Hrsg.): Verfolgung – Ausbeutung – Vernichtung. Die Lebens- und Arbeitsbedingungen der Häftlinge in deutschen Konzentrationslagern 1933–1945, Hannover 1985
Sammlung von Aufsätzen zu einzelnen inhaltlichen Aspekten der Geschichte der deutschen Konzentrationslager.

Gutman, Israel (Hrsg.): Enzyklopädie des Holocaust, Bd. I–IV München 1995

Diese Enzyklopädie ist hier deshalb zu erwähnen, weil sie knappe, aber sehr informative Beiträge zu allen Vernichtungs- und zu den wichtigsten Konzentrationslagern enthält.

Herbert, Ulrich (Hrsg.): Europa und der »Reichseinsatz«. Ausländische Zivilarbeiter, Kriegsgefangene und KZ-Häftlinge in Deutschland 1938–1945, Essen 1991

Der Sammelband ist hier deshalb zu erwähnen, weil er einige wichtige Aufsätze zu den in der letzten Phase des Krieges errichteten »Arbeits«- und Außenlagern der Konzentrationslager enthält, in denen KZ-Häftlinge als Arbeitssklaven eingesetzt waren.

Herbert, Ulrich/Orth, Karin/Dieckmann, Christoph (Hrsg.): Die nationalsozialistischen Konzentrationslager – Entwicklung und Struktur, Bd. 1–2 , Göttingen 1998

Die beiden umfangreichen Sammelbände enthalten die Referate einer wissenschaftlichen Tagung, die sich ausschließlich mit der Geschichte der Konzentrationslager bis 1945 beschäftigte. Die Nachgeschichte wurde ebenso ausgespart wie die Geschichte der anderen nationalsozialistischen Zwangslager. Die meisten Aufsätze behandeln sehr spezifische Themen.

Internationaler Suchdienst (Hrsg.): Verzeichnis der Häftstätten unter dem Reichsführer SS (1933–1945). Konzentrationslager und deren Außenkommandos sowie andere Häftstätten unter dem Reichsführer SS in Deutschland und deutsch besetzten Gebieten, Arolsen 1979

An diesem Verzeichnis haben sich die bundesrepublikanischen Wiedergutmachungsbehören orientiert. Es enthält zwar so gut wie alle Konzentrations- aber längst nicht alle der sogenannten anderen Zwangslager.

Kaminski, Andrzej: Konzentrationslager 1896 bis heute. Eine Analyse, Stuttgart 1982

Versuch einer Gesamtgeschichte aller Lager, die als »Konzentra-

tionslager« bezeichnet wurden. So wichtig die Hinweise auf die außerdeutschen Vorläufer sind, so sehr ist die Tendenz zu kritisieren, die nationalsozialistischen mit den übrigen Konzentrationslagern gleichzusetzen.

Kogon, Eugen: Der SS-Staat. Das System der deutschen Konzentrationslager, München 1974 (zuerst 1946)
Kogons Buch, das auf den Erfahrungen basiert, die der Verfasser als Häftling im KZ Buchenwald gewonnen hat, ist zum klassischen Werk über die Geschichte der Konzentrationslager insgesamt geworden.

Kühnrich, Heinz: Der KZ-Staat. Rolle und Entwicklung der faschistischen deutschen Konzentrationslager, 2. Aufl. Berlin 1980 (zuerst: 1960)
Eine Darstellung aus dogmatisch marxistischer Sicht, wobei die angeblich primär ökonomische Funktion und antikommunistische Zielsetzung der Konzentrationslager viel zu stark betont wird. Dies führt dazu, daß das Schicksal der anderen – weitaus zahlreicheren – Opfergruppen vernachlässigt und einige von ihnen sogar noch diffamiert werden.

Pingel, Falk: Häftlinge unter SS-Herrschaft. Widerstand, Selbstbehauptung und Vernichtung im KZ, Hamburg 1978
Das Buch ist deshalb so wichtig, weil es nicht das Verhalten der Täter, sondern vornehmlich das der Opfer beschreibt, von denen eben auch einige Widerstand geleistet haben. Es basiert jedoch vornehmlich auf gedruckten Quellen und der – älteren – Sekundärliteratur. Die Situation in den Lagern im Osten wird zu wenig berücksichtigt.

Rückerl, Adalbert: Nationalsozialistische Vernichtungslager im Spiegel deutscher Strafprozesse. Belzek, Sobibor, Treblinka, Chelmno, München 1977
Das Buch enthält mehr als der Titel verspricht: Neben einer Beschreibung und Bewertung der Prozesse über die Mordtaten in den Vernichtungslagern wird auch deren Geschichte skizziert.

Schwarz, Gudrun: Die nationalsozialistischen Lager, Frankfurt/M. 1990
Nach einer knappen Einführung in die Gesamtgeschichte folgen Kurzbeschreibungen der einzelnen Konzentrations- und der anderen Zwangslager. Zu letzteren werden auch die Fremdarbeiterlager, Ghettos und Heime für Kinder von Zwangsarbeitern gerechnet.

Sofsky, Wolfgang: Die Ordnung des Terrors: Das Konzentrationslager, Frankfurt/M. 1993
Bei diesem sehr gelobten Buch handelt es sich nicht um eine historische Darstellung der Geschichte der nationalsozialistischen Konzentrationslager (die übrigen Zwangslager werden nicht erwähnt), sondern um eine sogenannte »soziologische Situationsanalyse« der äußeren Gestalt und sozialen Struktur »des Konzentrationslagers«, wobei jedoch die räumlich und zeitlich bedingten Unterschiede zwischen den einzelnen Konzentrationslagern zu wenig beachtet werden.

Tuchel, Johannes: Konzentrationslager. Organisationsgeschichte und Funktion der »Inspektion der Konzentrationslager« 1934–1938, Boppard 1991
Behandelt werden sowohl die Entwicklung der Konzentrationslager wie die Organisationsgeschichte der »Inspektion der Konzentrationslager«. Beide Stränge laufen jedoch gewissermaßen nebeneinander her, um dann ziemlich unvermittelt 1938 abgebrochen zu werden. Das Buch ist durch zahlreiche historiographische Exkurse und ausführliche Quellenzitate sehr überfrachtet, weshalb sich seine Lektüre als schwierig gestaltet.

Weimann, Martin (Hrsg.): Das nationalsozialistische Lagersystem (CCP Catalogue of Camps and Prisons in Germany and in German-Occupied Territories 1939–1935), Frankfurt/M. 1990
Dieses mit einer ausführlichen Einleitung versehene Verzeichnis enthält nahezu alle während der Kriegszeit errichteten Konzentrations- und auch die meisten anderen Zwangslager.

Bailer, Galanda, Brigitte/Benz, Wolfgang/Neugebauer, Wolfgang (Hrsg.): Die Auschwitzleugner. »Revisionistische« Geschichtslüge und historische Wahrheit, Berlin 1996
In diesem Buch, an dem verschiedene deutsche und österreichische Historiker mitgewirkt haben, werden die Lügen der Revisionisten entlarvt und Hinweise gegeben, wie sie mit juristischen, politischen und didaktischen Methoden zu bekämpfen sind.

Bastian, Till: Auschwitz und die »Auschwitz-Lüge«. Massenmord und Geschichtsfälschung, München 1994
Dieses knappe Buch enthält einen kurzen Überblick über die »Endlösung« im allgemeinen, die Geschichte des Vernichtungslagers Auschwitz im besonderen, der leider einige sachliche Fehler enthält. Zur »Auschwitzlüge« und zur »revisionistischen« Literatur äußert sich Bastian nur auf 16 Seiten. Die abschließenden Bemerkungen über die »Motive der Träger« und die »Sozialpathologie vieler Mitläufer und stummen Dulder« sind nicht sehr erhellend.

Benz, Wolfgang (Hrsg.): Legenden, Lügen, Vorurteile. Ein Lexikon zur Zeitgeschichte, München 1990
Dies ist zwar kein Buch über die Konzentrationslager, dennoch werden verschiedene die Geschichte der Lager betreffende Lügen und Verdrehungen der historischen Realität in knapper, aber sehr informativer Weise widerlegt, weshalb dies Büchlein auch in diesem Zusammenhang sehr zu empfehlen ist.

Kershaw, Ian: Der NS-Staat. Geschichtsinterpretationen und Kontroversen im Überblick, Reinbek 1988
Bei den von Kershaw behandelten Kontroversen über das »Dritte Reich« tauchen die über die Konzentrations- und Vernichtungslager nur ganz am Rande auf.

Lipstadt, Deborah E. : Betrifft: Leugnen des Holocaust, Zürich 1994; zuerst: Denying the Holocaust. The Growing Assault on Truth and Memory, New York 1993

Die amerikanische Historikerin gibt einen guten Überblick über die Entwicklung des – von ihr allerdings nicht so genannten – Revisionismus in den USA. Die übrigen Revisionisten werden mehr am Rande erwähnt. Dabei konzentriert sie sich mehr oder minder ausschließlich auf die »radikalen Revisionisten«. Verbindungslinien zu den »gemäßigten« Revisionisten und anderen revisionistischen Themen werden kaum gezogen, da die Autorin sich offensichtlich in der NS-Forschung weniger gut auskennt.

Mecklenburg, Jens (Hrsg.): Handbuch Deutscher Rechtsextremismus, Berlin 1996
Das Buch enthält weit mehr als der Titel verspricht. Werden doch keineswegs nur Ursachen, Formen, Organisationen und Repräsentanten des »Rechtsextremismus« in umfang- und kenntnisreicher Weise beschrieben, einige Aufsätze gehen darüber hinaus auch auf die »Themen der Rechten« generell ein, wobei vor allem auf die Verfälschung und Relativierung der Geschichte der Konzentrationslager verwiesen wird.

Pressac, Jean-Claude: Die Krematorien von Auschwitz. Die Maschinerie des Massenmordes, München 1994
Akribische Widerlegung der lügnerischen Behauptungen der Revisionisten, wonach die Gaskammern und Krematorien von Auschwitz nicht funktionsfähig oder gar nicht vorhanden gewesen sein sollen. Ein wirklich furchtbares, aber wichtiges Buch.

Schwagerl, Hans-Joachim: Rechsextremes Denken. Merkmale und Methoden, Frankfurt/M. 1993
Der Verfasser war selber im Bereich des Verfassungsschutzes tätig und geht im Unterschied zu vielen Rechtsextremismusforschern sehr ausführlich und kenntnisreich auf die Ideologie des Rechtsextremismus ein, wobei er auch auf die Verfälschungen der NS-Geschichte im allgemeinen und die Leugnung der deutschen Kriegsschuld und des Rassenmordes im besonderen verweist. Dies wird mit Hinweisen sowohl auf die historiographische wie juristische Literatur kommentiert.

Zu Denkmälern und Gedenkstätten

Benz, Wolfgang/Distel, Barbara (Hrsg.): Erinnern oder Verweigern – Das schwierige Thema Nationalsozialismus, Dachau 1990 (= Dachauer Hefte 6)
Der Band enthält verschiedene Beiträge zur Geschichte einzelner Gedenkstätten und zur Gedenkstättenarbeit.

Ehmann, Annegret u.a. (Hrsg.): Praxis der Gedenkstättenpädagogik. Erfahrungen und Perspektiven, Opladen 1995
Der Band enthält Aufsätze von Personen, die in der Gedenkstättenarbeit tätig sind und einen guten Überblick über ihre gegenwärtige Arbeit geben.

Eichmann, Bernd: Versteinert – verharmlost – vergessen. KZ-Gedenkstätten in der Bundesrepublik Deutschland, Frankfurt/M. 1985
Die hier sehr kritisch beschriebenen Verhältnisse in den KZ-Gedenkstätten haben sich inzwischen etwas gebessert.

Garbe, Detlev (Hrsg.): Die vergessenen KZs? Gedenkstätten für die Opfer des NS-Terrors in der Bundesrepublik, Bornheim-Merten 1983
Garbe wies darauf hin, daß längst nicht alle Konzentrationslager auf dem Territorium der (alten) Bundesrepublik durch Denkmäler und Gedenkstätten gekennzeichnet waren.

Hoffmann, Detlev (Hrsg.): Das Gedächtnis der Dinge. KZ-Relikte und KZ-Denkmäler 1945–1995, Frankfurt/M. 1998.
Verschiedene Historiker, Kunsthistoriker und Gedenkstättenmitarbeiter behandeln in teilweise sehr ausführlicher Form die Geschichte der deutschen Gedenkstätten in Dachau, Buchenwald und Neuengamme. Weitere Beiträge gibt es zu Auschwitz und über den – desolaten – Zustand der südfranzösischen Lager.

Lehrke, Gisela: Gedenkstätten für die Opfer des Nationalsozialismus. Historisch-politische Bildung am Ort des Widerstandes, Frankfurt/M. 1988

Erwähnt werden nur Gedenkstätten in der (alten) Bundesrepublik, wobei das Schicksal der politischen Häftlinge im Mittelpunkt steht.

Marcuse, Harold/Schimmelpfennig, Frank/Spielmann, Jochen: Steine des Anstoßes – Nationalsozialismus und Zweiter Weltkrieg in Denkmalen 1945–1985, Hamburg 1985
Kritische Auseinandersetzung mit der Ideologie und Ikonographie von Denkmälern, die an die Opfer des Nationalsoziaismus erinnern sollen. Dabei gehen die Autoren auch auf Denkmäler in den ehemaligen Konzentrationslagern ein.

Matz, Reinhart: Die unsichtbaren Lager. Das Verschwinden der Vergangenheit im Gedenken, Reinbek 1993
Eindrucksvoller Photoband über den gegenwärtigen Zustand der ehemalige Konzentrationslager.

Puvogel, Ulrike: Gedenkstätten für die Opfer des Nationalsozialismus, Bonn 1987
Ein sehr nützliches Verzeichnis aller Gedenkstätten auf dem Territorium der (alten) Bundesrepublik. Die bereits angekündigte Neuauflage soll auch die ostdeutschen Gedenkstätten enthalten.

Schafft, G. E./Zeidler, Gerhard: Die KZ-Mahn- und Gedenkstätten in Deutschland, Berlin 1996
Eine sehr nützliche Beschreibung der wichtigsten Gedenkstätten in Deutschland. Dabei gehen die Autoren auch auf die Geschichte der einzelnen Konzentrationslager ein, wobei sie sich jedoch vornehmlich auf die ältere und die Literatur der DDR stützen.

Young, James E.: Formen des Erinnerns. Gedenkstätten des Holocaust, Wien 1997
Der amerikanische Historiker ist sicherlich der kompetenteste Kenner der Materie. Sein Buch behandelt die Geschichte der Denkmäler in Deutschland, Polen, Israel und Amerika, wobei sowohl auf das Wechselverhältnis von Relikt und Denkmal wie die jeweilige politische Legitimierungsbildung eingegangen wird.

Autoren- und Personenregister

Orts- und Sachregister

Der Autor

Wolfgang Wippermann, Jahrgang 1945, ist Professor für Neuere Geschichte an der Freien Universität Berlin. Verschiedene Veröffentlichungen zu den Themenbereichen Bonapartismus, Faschismus und Rassismus. Bei Elefanten Press sind von ihm bisher erschienen: »Wessen Schuld? Vom Historikerstreit zur Goldhagenkontroverse« (1997, 2. Aufl.), »›Wie die Zigeuner‹. Antisemitismus und Antiziganismus im Vergleich« (1997) und »Umstrittene Vergangenheit. Fakten und Kontroversen zum Nationalsozialismus« (1998).

Antifa Edition
herausgegeben von Jens Mecklenburg

Umschlaggestaltung Blank/Holtfreter
Gesetzt aus der Times
Agentur Marina Siegemund, Berlin
Druck Nørhaven A/S, Viborg
Printed in Denmark
ISBN 3-88520-728-1